Heinz Brill · Geopolitik heute

Heinz Brill

# GEOPOLITIK
# HEUTE

Deutschlands Chance?

Ullstein

© 1994 by Verlag Ullstein GmbH
Frankfurt/M. · Berlin
Alle Rechte vorbehalten
Satz: LVD, Berlin
Druck und Verarbeitung: Mohndruck, Gütersloh
Printed in Germany, 1994
ISBN 3 550 07064 0

Gedruckt auf alterungsbeständigem Papier
mit chlorfrei gebleichtem Zellstoff

Die Deutsche Bibliothek –
CIP-Einheitsaufnahme

*Brill, Heinz:*
Geopolitik heute: Deutschlands Chance? / Heinz Brill. –
Frankfurt/M.; Berlin: Ullstein, 1994
ISBN 3-550-07064-0

Für Helga

# Inhalt

7

# Vorwort des Verfassers

Die Disziplinen »Politische Geographie / Geopolitik / Geostrategie« gehören im deutschsprachigen Raum (vor allem bedingt durch historische Belastung) – im Gegensatz zu den USA, Großbritannien, Frankreich, Sowjetunion / Rußland, Volksrepublik China, aber selbst den lateinamerikanischen Staaten – zu den am meisten vernachlässigten Forschungsgebieten. Erste diskussionswürdige Arbeiten sind zwar seit Mitte der siebziger Jahre zu verzeichnen, doch es fehlen zu Beginn der neunziger Jahre noch immer allgemein anerkannte wissenschaftliche Grundlagenwerke. Gerade heute, nach der Vereinigung der beiden deutschen Staaten, sind aber Studien, die den Einfluß von »geopolitischen Theorien bzw. Interessen« und deren Umsetzung in die »politische Praxis« aufzeigen, nicht nur für die deutsche Sicherheitspolitik von besonderem Interesse.

Bei sicherheitspolitischen Grundsatzdiskussionen kann immer wieder die Feststellung getroffen werden, daß historisch relevante Kenntnisse kaum vorhanden sind. Die »Entscheidungsträger« sind fast ausschließlich an Gegenwartskenntnissen und künftigen Entwicklungen interessiert und lassen dabei weitgehend außer acht, wie das »Gegenwärtige« so geworden ist. Doch welche Gegenwart und Zukunft kann ohne die Vergangenheit verstanden werden?

Geopolitische Grundlagen (Prinzipien, Lehren, Theorien, Doktrinen etc.) können nicht aus aktuellen Tagesereignissen abgeleitet bzw. gewonnen werden – so wichtig diese im Einzelfall auch sein mögen –, sondern sie können nur aufgrund der Auswertung von Langzeitentwicklungen der Geschichte eines Staates bzw. derjenigen des internationalen Systems erfolgen. »Aufschlüsse über die Zukunft sind nicht in den Geheimdossiers der Regierungen zu finden, sondern in Vergangenheit und Kultur der Völker« (Raymond Aron).

Aus diesem Grund ist es eine wichtige Ergänzung zur bisherigen Studienarbeit, daß politische Doktrinen, geopolitische bzw. geostrategische Theorien und ihr Einfluß auf die Außen- und Sicherheitspolitik des jeweiligen Staates zum Gegenstand von Untersuchungen gemacht werden.

Die geopolitischen und geostrategischen Prinzipien in den deutschfranzösischen Beziehungen bilden in dieser Studie einen Schwerpunkt. Die Rechtfertigung dafür liegt in der geographischen Nachbarschaft und in der europäischen Geschichte der letzten Jahrhunderte, die von dem Verhältnis zwischen Deutschland und Frankreich nachdrücklich bestimmt worden ist. Geopolitische Lehren für Gegenwart und Zukunft sind aus diesem Verhältnis besonders gut ableitbar.

In Teil I der Studie, dem »Allgemeinen Teil«, wird der »Stand der geopolitischen und geostrategischen Forschung im deutschen Sprachraum« dargestellt und bewertet. Hierbei handelt es sich im wesentlichen um folgende Problemkreise:

– Geopolitische und geostrategische Forschung und deutsche Sicherheitspolitik,
– Systematisierung und Klärung der Begriffe »Politische Geographie, Geopolitik, Geostrategie«,
– Bewertung des geographischen Faktors im sicherheitspolitischen Entscheidungsprozeß.

In diesem Teil der Studie wird deutlich, daß der deutsche Sprachraum im Gegensatz zu anderen Regionen der Welt auf dem Gebiet der Geopolitik ein Forschungsdefizit aufweist.

In Teil II der Studie werden die »geopolitischen Strukturen der Weltpolitik« und die »geopolitischen Leitlinien der Super- und Großmächte gegenüber Deutschland« bis zum Vereinigungsprozeß im Jahre 1990 behandelt. Dieser Teil ist zugleich auch der Schwerpunkt der Studie. Seine zentralen Problemkreise umfassen:

– Systematische Darstellung des geopolitischen Denkens in den USA, Rußland/Sowjetunion, Frankreich und Großbritannien.
– Welche Folgen haben die in operative Politik umgesetzten geopolitischen und geostrategischen Interessen der genannten Staaten für den zentraleuropäischen Raum?
– Welche Konsequenzen/Optionen/Perspektiven ergeben sich daraus für die deutsche Außen- und Sicherheitspolitik?

Im einzelnen wird hier aufgezeigt, daß geopolitische Grundlagen nur

14

aufgrund der Auswertung von Langzeitentwicklungen der Geschichte eines Staates bzw. des internationalen Systems erarbeitet werden können.

Der Teil endet mit der Darlegung, wie sich die geopolitischen Interessen der Vier Mächte im »2 + 4-Vertrag« widerspiegeln.

In Teil III der Studie werden die geopolitischen und geostrategischen Grundprobleme deutscher Sicherheitspolitik zu Beginn der 90er Jahre aufgezeigt. Hierbei stehen die Entwicklung Deutschlands »vom Objekt zum Subjekt« der internationalen Politik und die veränderte geostrategische Lage, »vom Grenz- und Frontstaat zur neuen Mitte«, im Mittelpunkt des Interesses. Die veränderte Lage löst wiederum den Streit um Deutschlands künftige Rolle in der europäischen und internationalen Politik aus.

Ob Deutschlands neue geopolitische Lage auch zu einer neuen Politik führen wird, ist zur Zeit eine offene Frage. Die Chance besteht! Die andauernde Diskussion weist zahlreiche geopolitische Optionen und Perspektiven auf. Aufgrund der geringen Stabilität der neuen Raum-Mächte-Konstellation in Europa können die neuen geopolitischen Rahmenbedingungen deutscher Sicherheitspolitik zur Zeit nur partiell bestimmt werden. Aus diesem Grund beschränkt sich dieser Teil der Studie im wesentlichen auf die Darstellung von geopolitischen »Trendanalysen«.


Bensberg bei Köln, im Frühjahr 1994
Heinz Brill

# Teil I

# STAND DER
# GEOPOLITISCHEN FORSCHUNG IN DER
# BUNDESREPUBLIK DEUTSCHLAND

# Geopolitik und Geostrategie
## als Forschungsaufgabe

> »Wir Deutschen leiden seit 1945 an einem
> Defizit an weltpolitischer Perspektive.
> In Praxis und Theorie spürt dies die deutsche
> Politik gleichermaßen. Dagegen anzukämp-
> fen, scheint mir ein Gebot der Stunde.«
> *Waldemar Besson*

Es vergeht kaum ein Tag in der westlichen Welt, an dem nicht von Geopolitik, Geostrategie, geopolitischem Gleichgewicht oder geostrategischer Lage gesprochen wird. Wer im Hinblick auf die jeweilige weltpolitische Situation diese Begriffe verwendet, findet in der Regel
großes Interesse.[1] Im Frühjahr 1986 lud die »Washington Conference
on Strategic Issues and Strategic Information« (23. bis 26. Juni 1986)
zu einer Debatte zu den Themen »Geo-Strategy« und »Geo-Politics«
ein.[2] Im deutschsprachigen Raum hat die *Österreichische Militärische
Zeitschrift* (ÖMZ) immer wieder den Bereich Geopolitik und Geostrategie behandelt, und zwar sowohl rein abstrakt-wissenschaftlich[3], allgemein wissenschaftlich[4], auf einzelne Staaten bezogen als auch im
Rahmen der aktuellen Diskussion.

Die früher verwendeten Begriffe »Wehrgeopolitik«[5] und »Wehrgeographie«[6] sind im Vergleich zu dem im heutigen Sprachgebrauch oft
benutzten Begriffspaar »Geopolitik/Geostrategie«[7] auffallend zurück-
getreten. Gegenüber dieser Entwicklung hat die »Politische Geographie«[8] ihren seit nahezu einem Jahrhundert dominierenden Stellenwert behaupten können.

Die Problemstellung der Studie ergibt sich aus der Tatsache, daß der
Einfluß von »geopolitischen Theorien bzw. Interessen« und deren
Umsetzung in die »politische Praxis« in der politikwissenschaftlichen
Forschung der Bundesrepublik Deutschland ein wiederentdecktes
Arbeitsgebiet darstellt.[9] Die bisher vorliegenden Arbeiten zur »Politi-
schen Geographie« wurden im wesentlichen von Geographen erarbei-
tet.[10]

Der Begriff der »Geopolitik«, der bis zum Zweiten Weltkrieg eine bedeutende Rolle in der politischen Publizistik, in der Geographie und der Geschichtswissenschaft gespielt hat, war nach 1945 in öffentlichen Diskussionen über internationale Beziehungen insbesondere in Deutschland lange Zeit tabuisiert.[11] Die Ursache ist offenkundig: Die pseudowissenschaftlichen »Lebensraum«-Theorien deutscher Geopolitiker hatten der Führung des Dritten Reiches dazu gedient, ihre aggressive Außenpolitik zu legitimieren. Spätestens seit den 80er Jahren ist jedoch eine Wiederbelebung geopolitischer Ansätze zu beobachten, die vor allem von den USA ausging. So nutzte der ehemalige Außenminister Henry Kissinger diesen Begriff als Kurzformel für sein erklärtes Ziel, die Rivalität der Führungsmächte in einer Weise zu organisieren, die ein stabiles globales Mächtekonzert gewährleisten würde.

Mittlerweile bedienen sich zahlreiche Theoretiker und Praktiker der internationalen Beziehungen geopolitischer Vorstellungen, auch wenn sie den Begriff nicht ausdrücklich verwenden.[12] Charakteristisch für geopolitisch geprägte Weltbilder ist es, daß zwischen den wie auch immer definierten regionalen Einheiten eine zumindest latente Konkurrenz angenommen wird. Unter diesem Blickwinkel erscheinen globale Wandlungsprozesse nicht zuletzt als Ergebnis der Auseinandersetzung zwischen verschiedenen regional verankerten Kräften: zwischen Land- und Seemächten, zwischen der »freien« und der »unfreien Welt«, zwischen religiösen und kulturellen Strömungen oder zwischen wirtschaftlichen Wachstumspolen. Geopolitische Weltbilder sind daher auf Dynamik angelegt. Wie das frühere Beispiel der »deutschen Geopolitik«, aber auch jüngere amerikanische und westeuropäische Beiträge zeigen, werden sie sogar ausdrücklich mit diesem Ziel konzipiert. Damit unterscheiden sie sich auch deutlich von der Vielzahl anderer geographischer Welteinteilungen auf der Basis eher statischer Kategorien.[13]

Dieser Studie liegt der Begriff von »Geopolitik« zugrunde, welcher zuletzt in *Webster's New Encyclopedic Dictionary 1990* definiert wurde. Demzufolge ist »Geopolitik die Untersuchung des Einflusses von Faktoren wie Geographie, Ökonomie und Bevölkerungszahl auf die Politik, insbesondere die Außenpolitik eines Staates.« Ferner hat sich der Verfasser an Yves Lacostes Definition »Geopolitik ist die Rivalität um Macht und Territorium« und an der im deutschen Sprachraum geläufigen Begriffsbestimmung »Geopolitik ist die Lehre vom Einfluß des geographischen Raumes auf die Politik eines Staates« orientiert.

*Abb. 1 Geopolitik, Synonyme und Ersatzbegriffe*

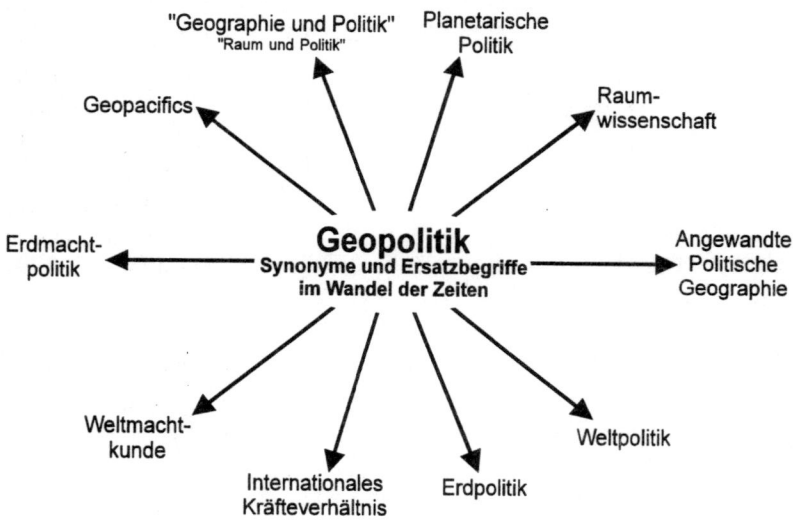

Entwurf: Heinz Brill

BEGRÜNDER GEOPOLITISCHER SCHULEN

Die große Bedeutung, die den geographischen Gegebenheiten für das staatliche Verhalten zukommt, haben neben den Geographen die hervorragenden Staatstheoretiker seit jeher betont. Plato und Aristoteles, Machiavelli, Bodin, Montesquieu, Hume und Kant[14], Herder und Hegel haben diese Einsicht dem Staat dienstbar gemacht.[15] Noch um

21

die Mitte des 19. Jahrhunderts besaß die »Staatstheorie« ein sehr klares Bewußtsein von der »Erdbeziehung des Staates«.[16] Erst in der Folgezeit wurden mit der allgemeinen Degeneration der Staatslehre diese – so wie viele andere – Zusammenhänge vernachlässigt. Am Ausgang des vorigen Jahrhunderts wird die »Politische Geographie« von Friedrich Ratzel[17] neu belebt und vertieft. Sie erfährt als »Geopolitik« während des Ersten Weltkrieges durch den Schweden Rudolf Kjellén[18] entscheidende Anregungen und weite Verbreitung.[19]

Nach Josef Matznetter[20] waren es im wesentlichen drei gedankliche Ansatzpunkte, von denen die »Politische Geographie/Geopolitik« um die Jahrhundertwende ausging. Es waren als ausschlaggebende Machtfaktoren das Meer und seine Beherrschung, dann die Landmasse unter dem gleichen Aspekt und drittens, letztlich zum maßgeblichen Bezugsfeld für die Politische Geographie/Geopolitik werdend, der Staat. Die wissenschaftliche Diskussion dieser Fragen wurde in den USA im wesentlichen von Admiral Alfred Thayer Mahan[21], in Großbritannien von Sir Halford Mackinder[22] und in Deutschland von Friedrich Ratzel[23] angeregt. Karl Haushofer[24], der eigentliche Begründer der deutschen geopolitischen Schule nach dem Ersten Weltkrieg, sah in der Geopolitik das Studium der Auswirkungen der geographischen Lage auf die Politik einer Nation. Sein geopolitisches Gedankengut ist stark von den Geographen und Militärhistorikern Alfred Thayer Mahan und Sir Halford Mackinder beeinflußt, auf die er sich häufig berufen hat.

DEGENERATION UND VERSUCHE DER WIEDERBELEBUNG

In der Tat verfolgte die deutsche Geopolitik in der Zeit von 1919 bis 1932 Ziele, die sich durchaus mit angelsächsischen Zielen jener Zeit vergleichen lassen. Während der Zeit des Dritten Reiches änderte sich dies jedoch völlig. Peter Schöller[25] sprach im Jahre 1957 der deutschen Geopolitik jeden wissenschaftlichen Wert ab. Nicht nur wegen ihrer politischen Dienstbarkeit, ihrer Verschwommenheit und ihres Mangels an Logik, sondern vor allem wegen ihrer grundsätzlichen These: »Der Staat ist ein Organismus«.

22

*Abb. 2 Mackinders Weltsicht (1904)*

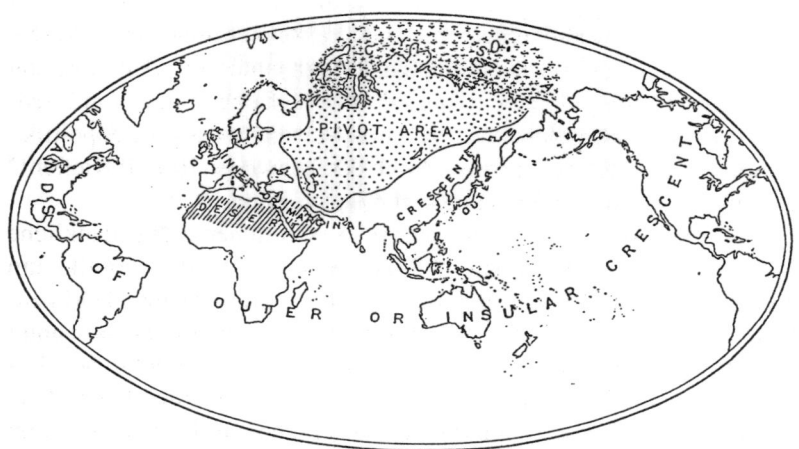

Die Natürlichen Sitze der Macht.
Drehpunktgebiet (pivot area) – gänzlich kontinental. Äußerer Bogen – gänzlich ozeanisch.
Innerer Bogen – teils kontinental, teils ozeanisch.

Quelle: Halford J. Mackinder: The Geographical Pivot of History.
In: The Geographical Journal, Bd. XXIII, 1904.

Was Karl Haushofer nicht gelungen war, der allen Mißdeutungen und propagandistischen Ausnutzungsmöglichkeiten ausgesetzten Geopolitik ein gesichertes methodologisches Fundament zu geben und ihr damit die Grundlage als eigenständige wissenschaftliche Disziplin zu schaffen, machte sich sein Sohn Albrecht Haushofer zur Aufgabe. Im Hinblick auf dieses Ziel hat Albrecht Haushofer sein wissenschaftliches Hauptwerk, die »Allgemeine Politische Geographie und Geopolitik«[26], begonnen. Er wollte – wie Ursula Laack-Michel[27] in ihrer Studie über Albrecht Haushofer überzeugend herausgearbeitet hat – damit das fehlende allgemeinverbindliche wissenschaftliche Handbuch als Grundlage für den Ausbau und die weitere Entwicklung des Bereiches der wissenschaftlichen Forschung vorlegen, dem sein Vater und er selbst ihre Bemühungen gewidmet hatten. Es sollte die auf den Bereich strenger Wissenschaftlichkeit eingrenzende, systematische Fundierung

23

zum Lebenswerk des Vaters bilden, der, stets in der lebendigen Auseinandersetzung mit tagespolitischen Erfordernissen stehend, weder
die innere noch die äußere Ruhe dazu hatte finden können, und es sollte
zugleich die Basis für alle weitere wissenschaftliche geopolitische
Forschung sein.

Karl Haushofer selbst schreibt in seiner »Apologie der deutschen
Geopolitik« vom 5. und 6. Oktober 1945 zu dem leider nur ein Torso
gebliebenen Buch seines Sohnes Albrecht: »Das nur im I. Band als
Handschrift gedruckte Handbuch meines von der Gestapo ermordeten
Sohnes über ›Politische Geographie‹ (es ist erst 1951 in Heidelberg
herausgegeben worden) könnte ebensogut in geistigen geopolitischen
Werkstätten des Auslandes irgendeiner der alliierten Nationen entstanden sein. Er hat es während eines Ferienaufenthaltes im Elternhaus
geschrieben, wir haben es gemeinsam durchdacht, es hat meine volle
Billigung gefunden, – nur hätte ich es nicht schreiben können, weil mir
die methodologische Anlage und Schulung dafür fehlte, so brauchbar
ich vielleicht als Anreger gewesen bin.«

Thomas Greenwood[28] hat Albrecht Haushofers letztes wissenschaftliches Werk in einer Rezension als »wissenschaftliches Testament eines Verfassers« und als »ein systematisches Zeugnis der Wie-
dergeburt der deutschen Geopolitik« gewürdigt. Die neueren Versuche
von Ulrich Noack[29], Adolf Grabowsky[30] und anderen, die Geopolitik
wiederzubeleben, setzen für Ursula Laack-Michel allerdings nicht das
fort, was Albrecht Haushofer begonnen hatte, jedoch nicht mehr voll-
enden konnte. »Sie kehren – wie Grabowsky – zu der scharfen Schei-
dung von Politischer Geographie und Geopolitik zurück und machen
die Geopolitik im Gegensatz zu dem, was Albrecht Haushofer an-
strebte, zur ›politischen Hilfswissenschaft und bloßen Methode‹.«[31]

Die »Politische Geographie / Geopolitik / Geostrategie« verzeichnet
zwar heute im deutschsprachigen Raum gewisse Neuansätze[32], doch
hat sie (vor allem bedingt durch historische Belastung!) – im Gegensatz zu den USA[33], Großbritannien[34], Frankreich[35], UdSSR[36], Volksrepublik China[37], aber selbst zu den lateinamerikanischen Staaten[38] –
kaum noch wissenschaftliche Bedeutung. Dies ist in einer Zeit um so
weniger verständlich, als schon der Blick in den tagespolitischen wie
wirtschaftlichen Teil der Morgenzeitung ihre Daseinsberechtigung

nachweist (Josef Matznetter). Die Gegebenheit, daß auch der politische Mensch auf einem Territorium lebt, mußte daher von der deutschen Politikwissenschaft (auf dem X. Weltkongreß der Politologen, der im Jahre 1976 unter dem Motto »Zeit, Raum und Politik« in Edinburgh stattfand) neu zur Kenntnis genommen werden.[39] Aus diesem Grund soll mit dieser Studie der Versuch unternommen werden, die internationale Diskussion aufzugreifen und das Thema für die deutsche Sicherheitspolitik und damit auch für die Politikwissenschaft zu erschließen.

Hierbei soll auch auf das immer noch unbefriedigende Verhältnis der deutschen Politikwissenschaft zur Geographie bzw. zum Raum eingegangen werden. Bereits Friedrich Ratzel, der allgemein als der eigentliche Begründer der »Politischen Geographie« anerkannt wird, bedauerte im Jahre 1897 in der Vorrede zu seinem berühmten Standardwerk gleichen Namens, daß die »Wissenschaft von der Politik kaum eine Spur von geographischen Einflüssen zeige und für manche Staatswissenschaftler und Soziologen der Staat geradeso in der Luft stehe wie für viele Historiker«. Aber auch heute, fast hundert Jahre nach Ratzels Kritik, ist das Verhältnis zwischen »Politikwissenschaft« und »Politischer Geographie« auf wissenschaftlicher Ebene außerordentlich unbefriedigend.

## JOSEF MATZNETTERS KRITIK AN DER POLITIKWISSENSCHAFT

Der Geograph Josef Matznetter übte wegen dieses Mißstandes bereits in den siebziger Jahren außerordentlich scharfe Kritik an der deutschen Politikwissenschaft: »Es ist ein eigenartiges Phänomen, daß sich gleichzeitig mit dem So-gut-wie-Verschwinden der Politischen Geographie in Mitteleuropa und weiteren Teilen des Kontinents ein auffallender Aufstieg der Politologie vollzog.« Matznetter hält es allerdings für zu einfach, diese Erscheinung so erklären zu wollen, »als habe die eine Wissenschaft die andere nur verdrängt. Dies ist um so weniger der Fall, als die Wissenschaft von der Politik gegenwärtig im deutschen Sprachraum vorwiegend ideologisch ausgerichtet ist und nur mehr sehr wenig an geographischen Gedankengängen enthält; dementsprechend ist ein Verhältnis zwischen Politologie und Politischer Geographie auf wissenschaftlicher Ebene bis dato schlechtweg inexistent. Es wäre nun ungerecht, wollte der Geograph die Ursache für diesen für beide Teile letzten Endes unbefriedigenden Zustand nur bei der anderen Seite suchen. Zum einen gab es [...] für die Politologen wenig Gesprächspartner und Anregungen bei den Geographen. Zum anderen allerdings scheinen die Politologen einen solchen Kontakt auch kaum gesucht zu haben, da in den beiden letzten Jahrzehnten im Bereiche der Geistes-, Gesellschafts- und z.T. sogar der Wirtschaftswissenschaften ein eigenartiger Schwund an erdräumlicher und historisch-genetischer Vorstellung eintrat und zu einer als ›a‹-geographisch und ›a‹-historisch zu bezeichnenden Grundtendenz des Denkens führte, die verständlicherweise auch die Politologie mit einschließt. Nun vollzieht sich aber der Gegenstand dieser Wissenschaft, nämlich die Politik, sowohl nach Veranlassung als auch in ihren Auswirkungen nicht zum wenigsten innerhalb des erdräumlichen Bereiches, ja sie wird durch dessen Gegebenheiten sogar maßgeblich mitbestimmt. Gerade das zu untersuchen und darzustellen, bemüht sich die Politische Geographie. Da nun aber – immer auf mitteleuropäische Verhältnisse bezogen – in der Politologie der Gegenwart fast jeder auch nur irgendwie geartete geographische Bezug fehlt, ergibt es sich geradezu wie selbstverständlich, daß gar nicht wenige ihrer Anschauungen und Forschungsergebnisse, an der Wirklichkeit gemessen, unrealistisch erscheinen. Es läßt sich demnach auch erwarten, daß in absehbarer Zeit die Politologie in die Zwangslage versetzt werden wird, auch geographische Elemente in größerem Ausmaß in ihre Forschung mit einzubauen. Die unumgängliche Voraussetzung, daß dann entsprechend aufbereitetes Material zur Verfügung steht, hängt freilich davon ab, daß eine inzwischen wieder zu vollem Leben erwachte Politische Geographie dieses Material überhaupt anbieten kann. Für später läßt sich dann eine fruchtbare Zusammenarbeit zwischen Politologie und Politischer Geographie erhoffen.«[40]

26

Wenn auch dieses unbefriedigende »Verhältnis« auf die oben erwähnten »Wege und Irrwege« der Politischen Geographie und Geopolitik und auf gewisse Berührungsängste beider Wissenschaften zurückzuführen ist, so gilt es doch heute, die Wichtigkeit des geographischen Faktors in der Politik und des politischen Faktors in der Geographie zu überdenken.

Selbst ein Kritiker der Geopolitik – wie der Historiker Hans-Ulrich Wehler – bemerkt in seiner Studie »Entsorgung der deutschen Vergangenheit? Ein polemischer Essay zum ›Historikerstreit‹«: »Eine moderne Geschichte der deutschen Geopolitik von Friedrich Ratzels ›Politischer Geographie‹ (München 1897/1923) über Robert Kjelléns einschlägige Schriften, die Rezeption Mackinders und Mahans bis zu Haushofer und seinen Adepten fehlt noch immer. Gerade jetzt wäre sie sehr erwünscht.«[41]

An dieser Stelle ist anzumerken, daß eine geplante größere Untersuchung des Geographen Karl-Georg Faber über die deutsche und amerikanische Geopolitik durch den frühen Tod des Wissenschaftlers nicht zustande kam. Die Forschung kann lediglich auf seine Geschichte der Geopolitik zurückgreifen.[42] So wird seine Urteilskraft und theoretische Begabung in der gegenwärtigen Theoriediskussion vermißt.[43]

Ungeachtet der Kritik des Geographen Matznetter und des Historikers Wehler hat der Politikwissenschaftler Adolf Grabowsky – einer der Begründer der *Zeitschrift für Politik* – bereits in den fünfziger Jahren die Bedeutung des Raumes für die Politik dahingehend gewürdigt, daß er die »Geopolitik« für die »Wissenschaft von der Politik« als eine »Aufgabe deutscher Forschung« ansah. In einem von der »Arbeitsgemeinschaft für Forschung des Landes Nordrhein-Westfalen« erarbeiteten Sammelband schreibt Grabowsky: »[...] Die auswärtige Politik setzt auch eine Hinzuziehung der Geographie voraus, insbesondere der Politischen Geographie, dahingehend, daß diese für die Bedürfnisse der Politik aufbereitet werden muß. Der Begriff ›Geopolitik‹ ist bei uns durch die einesteils dilettantische, andernteils propagandistische Ausdeutung in Verruf gekommen, der Sinn des Begriffes jedoch, wie ihn

27

der Schwede Rudolf Kjellén geprägt hat, ist nach wie vor gültig und wird neuerdings immer mehr in den angelsächsischen Ländern anerkannt, dort, wo man den Begriff nicht mißbraucht hat. Wie die wissenschaftliche Politik den bewegten Staat betrachtet, so betrachtet die Geopolitik den bewegten Raum. Aus der Untersuchung der Raumgebundenheit folgt bei ihr die der Raumbewältigung und der Raumüberwindung.«[44]

In einer Bewertung zu der von Grabowsky vertretenen Stellungnahme ist anzumerken, daß die unter dem Titel »Aufgaben der deutschen Forschung« von Staatssekretär Professor Leo Brandt herausgegebenen Aufsatzsammlungen nicht als Zielprojektionen staatlicher Wissenschaftspolitik aufzufassen sind; dennoch bieten die persönlichen Auffassungen anerkannter Wissenschaftler einen nützlichen Überblick anstehender Forschungsaufgaben.

Neben Adolf Grabowsky beurteilte der Berliner Politologe Otto Heinrich von der Gablentz etwa zur gleichen Zeit die »Analyse der Weltpolitik« »als den schwächsten Punkt der deutschen politischen Wissenschaft«.[45] Otto Heinrich von der Gablentz schreibt: »Abgesehen von einigen Kenntnissen über Rußland und Amerika läßt sich der Zustand nur als provinziell bezeichnen [...]. Der wissenschaftliche Nachwuchs wurde nach 1933 vertrieben, auf andere Gebiete abgedrängt oder verlor durch Anpassung Charakter und Leistungsfähigkeit zugleich. *Hierbei wurde die Fragestellung der Geopolitik so diskreditiert, daß sie bisher in der ernsten Wissenschaft nicht wieder aufgenommen worden ist.*[46] Menschen, die zugleich über die intime Kenntnis eines fremden Landes, die Beherrschung wissenschaftlicher Methoden und die Möglichkeit, ihre Arbeiten reifen zu lassen, verfügen, sind heute noch kaum vorhanden.«[47] Aus heutiger Sicht ist festzustellen, daß die von Grabowsky vertretene geopolitische Forschungsaufgabe von der deutschen Politikwissenschaft lediglich in Ansätzen aufgegriffen wurde[48], nicht jedoch grundsätzlich. Der Bonner Politikwissenschaftler Hans-Peter Schwarz, der dieses Forschungsdefizit ebenfalls bedauert, schreibt dazu in seiner Streitschrift »Die gezähmten Deutschen«: »Das theoretische Vakuum, das nach verdienter Diskreditierung der einseitig machtpolitischen Theorien (etwa der Geopolitik) eingetreten war, ist eben trotz mancher Bemühungen, zu denen besonders auch die Arbeiten Arnold Bergstraessers[49] gehörten, nicht recht aufgefüllt worden.«[50]

Die hier getroffenen Feststellungen treffen auch auf die geopolitischen Arbeiten von Hans-Adolf Jacobsen zu. Jacobsen ging es bei seinen Studien über Leben und Werk von Karl Haushofer[51] nicht um eine Neubewertung der Geopolitik für die Politikwissenschaft, wie man auf den ersten Blick meinen könnte, sondern er beabsichtigt mit seinen Forschungen einen Beitrag zu den Denk- und Verhaltensweisen deutscher konservativer Führungseliten in der ersten Hälfte des 20. Jahrhunderts zu leisten. Mit anderen Worten: Sein Forschungsmotiv ist primär historisch zu bewerten, zumal er den Begriff »Geopolitik« lediglich als heute »noch immer gebräuchlich« ansieht und den Versuch einer Neuinterpretation unterläßt.

## ZUR LAGE DER FACHDISZIPLIN »POLITISCHE GEOGRAPHIE« AN DEUTSCHEN UNIVERSITÄTEN

Nach dem VADEMECUM Deutscher Lehr- und Forschungsstätten (9. Auflage, Stuttgart 1989) ist die Fachdisziplin »Politische Geographie« in der Bundesrepublik Deutschland lediglich in den Geowissenschaftlichen Fachbereichen der Universitäten Bonn, FU Berlin und Siegen vertreten. Was hingegen die sozialwissenschaftlichen Fachbereiche der Universitäten in der Bundesrepublik Deutschland betrifft, so kann dem VADEMECUM nicht entnommen werden, wo die Disziplinen »Politische Geographie und Geopolitik« wissenschaftliche Anerkennung gefunden haben. Auch in neueren politikwissenschaftlichen Lexika sucht man die Artikel »Politische Geographie« und »Geopolitik« in der Regel vergeblich. Diese Feststellung scheint eine Bestätigung dafür zu sein, daß zumindest die Disziplin »Politische Geographie« – obwohl sie im Prinzip der Politikwissenschaft zuzuordnen ist – ausschließlich von Geographen besetzt ist. Andererseits kann wiederum die Feststellung getroffen werden: Wenn die Disziplin »Politische Geographie« von der Politikwissenschaft bisher auch vernachlässigt behandelt wurde, so schließt dieser Umstand doch nicht aus, daß von Geographen und Politikwissenschaftlern Untersuchungen durchgeführt werden, die ganz oder teilweise auch unter die genannte Doppelbezeichnung bzw. das Begriffspaar fallen.

Als Ergebnis kann hinsichtlich des Begriffspaares »Politische Geographie/Geopolitik« als Forschungs- bzw. wissenschaftliche Disziplin in der Bundesrepublik Deutschland folgende Feststellung getroffen werden: Während die »Politische Geographie« in der geographischen Wissenschaft eine unstrittige Disziplin ist, wird die »Geopolitik« weder von der Geographie noch der Politikwissenschaft als wissenschaftliches Fach anerkannt. Dabei ist nicht zu bestreiten – wie selbst ein Kritiker wie Peter Schöller zugesteht –, daß sich aus einer vertieften geographischen Betrachtung der Staatenwelt und des politischen Lebens auch für die Politik selbst neue Erkenntnisse gewinnen lassen.

## Welche Aufgaben kann die Politische Geographie/Geopolitik/Geostrategie leisten?

Nach der Skizzierung der »Forschungslücke« erhebt sich die Frage, welche grundsätzlichen und welche konkreten Aufgaben denn von den geopolitischen Forschungen im einzelnen wahrgenommen werden könnten. Hier dürfte ein Katalog von Interesse sein, den der emeritierte Münsteraner Historiker Heinz Gollwitzer im Rahmen seiner Studien zur »Geschichte des weltpolitischen Denkens«[52] entwickelt hat. Ausgehend von der Prämisse, daß das weltpolitische Denken meist mehr oder minder unsystematisch vor sich geht und erst als Gegenstand der Wissenschaft im nachhinein systematisiert wird, nimmt Gollwitzer folgende Formalprinzipien und Verfahrenskriterien als konstitutiv für dieses Denken an:

– Zusammenschau und kritische Analyse der jeweiligen weltpolitischen Situation,
– Programmatik,
– Herauslösen des spezifisch »Weltpolitischen« aus der Weltwirt-

schaft, den Weltreligionen, der Weltzivilisation und anderen Welt-faktoren,
- Prognostik,
- Brückenschlag von der Theorie zur Praxeologie und umgekehrt, obschon von Theoriebildung, die diese Bezeichnung voll verdient, nur in Ausnahmefällen die Rede sein kann.

Die fünf genannten Punkte skizzieren für Gollwitzer in äußerster Abstraktion die Funktionsweise weltpolitischen Denkens. Als keineswegs erschöpfend gilt ihm folgender Katalog, der über einige stets wiederkehrende Fragestellungen weltpolitischen Denkens informieren soll:

- Das Verhältnis von Weltpolitik als vorwiegendem Rivalitäts- und Universalismus als vorwiegendem Loyalitätsphänomen
- Einheit und Pluralität, Harmonie und Rivalität als antagonistische Motive im weltpolitischen Handeln
- Weltpolitische Wechselwirkung ideologischer und nichtideologischer Antriebe
- Kontinuität und Neubildungen, Konstanten und Variablen und deren gegenseitiges Verhältnis
- Subjekte und Objekte weltpolitischen Handelns
- Stil- und Methodenwandel der Weltpolitik
- Verhältnis von Ozeanität und Kontinentalität in der Weltpolitik
- Europäische »Balance of Power«-Vorstellung und Idee eines Weltgleichgewichts
- Die europäisch-außereuropäischen Beziehungen und die in ihrem Rahmen sich ergebenden Schwerpunktveränderungen
- Weltwirkungen der Emanzipation der afro-asiatischen Völker
- Bildung weltweiter Blöcke, Fronten, Föderationen; mondiale Solidarisierung oder Verfeindung auf der Grundlage gemeinsamer bzw. entgegengesetzter Prinzipien und Interessen
- Konfrontation traditioneller Machtpolitik und ideologischer Prinzipienpolitik, von skeptischem Realismus und kosmopolitischer Euphorie im weltpolitischen Rahmen; damit zusammenhängend das Verhältnis von Weltpolitik und internationaler Organisation

- Versuche, Weltpolitik in Weltökonomie, Weltmission, Theokratie, Weltzivilisation, Rechtspolitik zu transformieren und umgekehrt
- Weltpolitisch-strategisch-wirtschaftliche Zonenbildung und Abgrenzung von Interessensphären; Schnittpunkte, Überschneidungen, Überlagerungen
- Aristokratische und demokratische, konservative und revolutionäre Züge im weltpolitischen Kräftespiel
- Isolationismus, Neutralismus, Koexistenz, Allianzen, Expansionen, Imperialismus und andere Formen weltpolitischen Verhaltens
- Geographische und zeitliche Fixierung weltpolitischer Denkweisen und ihre Übertragung in andere Bereiche
- Die Rolle von Klassen- und Rassenkämpfen, »Panbewegungen«, nationaler und sozialer Emanzipation und Behauptung von Herrschaftsverhältnissen; Auseinandersetzungen zwischen alten und jungen Völkern, Arm und Reich im Weltrahmen; Auftreten von »Weltfeinden«
- Weltpolitisches Sendungsbewußtsein und weltpolitischer Pragmatismus
- Verhältnis von Interdependenz und Exklusivität in der Weltpolitik, insbesondere das Vorhandensein weltpolitischer Regionen und das Ausmaß ihrer gegenseitigen Durchlässigkeit oder Abschließung

Heinz Gollwitzers Werk ist die erste zusammenfassende Darstellung des weltpolitischen Denkens von den Anfängen im 16. und 17. Jahrhundert bis zum Ende des Zweiten Weltkrieges.[53] Die Fortsetzung des Werkes bzw. die Tradition von Gollwitzer, das weltpolitische Denken seit 1945 darzustellen und zu untersuchen, ist von der Zeitgeschichtsforschung noch nicht aufgegriffen worden. Es gibt also nicht nur für die Politikwissenschaft geopolitische Fragen, die als Aufgaben deutscher Forschung bezeichnet werden können, sondern auch für die Geschichtswissenschaft bzw. Zeitgeschichtsforschung.[54]

Interdisziplinäre Forschungsdefizite sind kein spezifisches Problem im Verhältnis der Politikwissenschaft zur Geographie.[55] Diese Defizite können auch im Bereich der Nachbarwissenschaften Geschichte und Friedensforschung im Verhältnis zur Geographie festgestellt werden. Erst seit kurzer Zeit sind seitens der Geschichtswissenschaft Bemühungen zu erkennen, diese »Defizite« abzubauen. So stand zum Beispiel der 36. Deutsche Historikertag, der im Oktober 1986 in Trier veranstaltet wurde, unter dem zentralen Thema: »Räume der Geschichte – Geschichte des Raumes«.[56] Die Historiker haben damit zum Ausdruck gebracht, daß dieser Problemstellung mehr Aufmerksamkeit gewidmet werden sollte.[57]

Daß die deutschsprachige Geographie sich in der Nachkriegszeit so auffällig wenig an der Friedensforschung beteiligte, führt der Münchner Geograph Heiner Dürr weniger auf forschungslogische, sondern vielmehr auf forschungssoziologische und externe Gründe zurück.[58] In seiner Abhandlung »Geographie und Friedensforschung ...« setzt sich Dürr grundsätzlich mit dem Verhältnis seines Faches – der »Geographie« – zu den »Sozialwissenschaften« auseinander und scheut auch nicht vor harter Selbstkritik zurück, indem er schreibt:

»Es dürfte auch mit den traumatischen Erfahrungen der Geographie im Dritten Reich zu tun haben, daß in der Geographie heute starke Berührungsängste in horizontaler Richtung herrschen, das heißt gegenüber bestimmten Teilfeldern der benachbarten Fächer Soziologie und Politikwissenschaft. Während die interdisziplinäre Kooperation mit diesen auf ›harmloseren‹ Gebieten wie Innovationsdiffusion oder Migration (zum Beispiel Land-Stadt-Wanderung) recht eng ist, wurde das weite Feld der Macht- und Herrschaftstheorien von der deutschen Geographie viel weniger beachtet und auf räumliche Problemstellungen kaum angewendet. Vor diesem Hintergrund erscheint es noch weniger zufällig, daß die Geographie in der ansonsten breit gefächerten Friedens- und Konfliktforschung über ein Randdasein nicht hinausgekommen ist.«

Hierfür erscheint Dürr ein weiterer Grundzug geographischer Forschungspraxis bedeutsam: »Ihre verbreitete Scheu vor normativen

Aussagen. Der wichtige sogenannte Werturteilsstreit in den Sozialwissenschaften ist ohne aktive Teilnahme von Geographen geführt und bis heute im Fach kaum rezipiert und diskutiert worden. Unterscheidet man mit Jürgen Habermas zwischen Wahrheits-, Geschmacks- und Gerechtigkeitsfragen, so hat sich die Geographie ganz überwiegend mit ersteren befaßt.«[59]

Zusammenfassend urteilt Dürr, die Geographie habe das Thema »Konflikt, Frieden und Raum« nicht etwa zufällig vernachlässigt. Vielmehr sei dafür eine Vielzahl miteinander verzahnter wissenschaftslogischer, -historischer und -soziologischer Gründe verantwortlich. Von dieser Basis aus einen Blick in die Zukunft zu richten, heiße wohl: Euphorie vermeiden, Hoffnungen dämpfen! Auch im Fach Geographie herrsche ein starker Überhang an Nachwuchswissenschaftlern und demzufolge ein großer Druck auf die wenigen freiwerdenden Stellen. Für sie empfehle man sich – unter sonst gleichen Bedingungen – nicht gerade dadurch, daß man unbequeme, »politisch getönte« Themen aus geographischer Perspektive aufgreife. Man dürfe also nicht zuviel von einer künftigen »Konflikt- und Friedens-Geographie« erwarten.[60]


## ERGEBNIS

Zusammenfassend ist festzustellen, daß die Politische Geographie und Geopolitik als Aufgabe deutscher politikwissenschaftlicher Forschung im Grundsatz erkannt wird; doch wurden bisher von der Fachwelt die Arbeiten von Albrecht Haushofer, Adolf Grabowsky und die Grundlagenarbeit von Heinz Gollwitzer weder aufgegriffen noch fortgeführt. Diese Defizite gelten analog für die politikwissenschaftlichen Nachbardisziplinen. Darüber hinaus muß konstatiert werden, daß eine interdisziplinäre Zusammenarbeit nicht stattfindet bzw. nur schwer in Gang kommt. Nach den bisherigen Erfahrungen scheint eine fruchtbare interdisziplinäre Zusammenarbeit nur dann möglich zu sein, wenn die Politikwissenschaft sich als »Integrationswissenschaft«[61] im Sinne von Ernst Fraenkel und Otto Heinrich von der Gablentz verstünde und im Sinne von Wilhelm Sacher als »Staatsführungslehre«[62] voll anerkannt würde. Keine Frage: Wissenschaftstheoretische Auseinandersetzungen sind in der Politikwissenschaft, der Geographie wie in anderen Wissenschaften ein »Sauerteig«; dennoch müssen sie zur Orientierung und Objektivierung der Forschung immer wieder geführt werden.[63]

Das Verhältnis von Politik und Raum, vom Politischen und Räumlichen kann mit verschiedenen Begriffen belegt werden. In der Diskussion sind: Politische Geographie, Geopolitik, Wehrgeopolitik/Geostrategie und Staatengeographie. Untersuchungsobjekte der Politischen Geographie sind die politischen Handlungen des Menschen im Raum und die entsprechenden Raummuster, Beziehungen und Prozesse. Mehrheitlich wird die Raum und Politik verknüpfende Thematik als »politisch-geographisch« bezeichnet.[64]

Der relativ unbefriedigende Stand der Begriffsdefinitionen spiegelt in Studie und Anlagen den derzeitigen Forschungsstand wider. Die Darlegung der Entwicklungsgeschichte der einzelnen geopolitischen Grundbegriffe macht deutlich, daß es zur Zeit keine allgemein anerkannten Definitionen gibt. Hierbei zeigt sich eine weitere grundsätzliche Forschungslücke: Es fehlt für die sicherheitspolitische Forschung ein »Standardwörterbuch«, das gerade bei Strukturveränderungen in der Weltpolitik von erheblichem Nutzen wäre. Die bisher im deutschen Sprachraum vorliegenden »Wörterbücher zur Sicherheitspolitik«[65] behandeln geopolitische Grundbegriffe nur am Rande und sind daher lediglich als »Torsi« anzusehen.

# Geopolitische und geostrategische Forschung
# und deutsche Sicherheitspolitik

»Die Bedeutung der Bundesrepublik
Deutschland muß auch, obwohl dieses Wort
als ominös gilt, geopolitisch, geostrategisch
und militärgeographisch gesehen werden.
Es ist einer der Fehler der Bonner Politik,
auch jener seit 1982, daß sie dafür einfach
keinen rechten Blick hat.«

*Franz-Josef Strauß*

Die geringe Beachtung, welche die »Politische Geographie« innerhalb
der deutschen Politikwissenschaft erfährt, ist für die »Geopolitik und
Geostrategie« und analog auch für die sicherheitspolitische Planung
im Regierungssystem der Bundesrepublik Deutschland sowie die
sicherheitspolitische Forschung generell festzustellen. Wie Klaus Ritter in seinem Festvortrag zum 25-jährigen Bestehen der Stiftung Wissenschaft und Politik zu verstehen gab, gedeiht die Sicherheitspolitik
als Thema praxisrelevanter Forschung – mit wenigen Ausnahmen – an
deutschen Universitäten nur in geringem Umfang.[66] Von ca. 190 Lehr-
stühlen für Politikwissenschaft befassen sich bestenfalls fünf oder
sechs eingehender mit sicherheitspolitischen Fragen.[67] Historische
Erfahrung, mangelnde Souveränität[68] und weitgehende Interessenidentität mit der westlichen Führungsmacht USA führten in der Bundesrepublik Deutschland lange Zeit zu einer nahezu totalen Blockie-
rung des Nachdenkens über alternative Verteidigungskonzeptionen[69],
die Bedeutung nuklearer Waffen[70], geostrategische Probleme[71], ja
strategische Fragen[72] überhaupt. Die wenigen Versuche, die es gegeben hat, erregten meist das Mißfallen höchster Regierungsstellen im
Inland, Mißtrauen im Ausland und Mißverständnis bei den Experten.

Es ist daher nicht verwunderlich, daß die deutschen Fachzeitschrif-
ten sich jahrzehntelang vorwiegend mit kriegsgeschichtlichen und
praktischen Themen beschäftigten. So schrieb Graf Baudissin 1966:

»Die strategische Diskussion beschränkt sich gemeinhin auf Verteidigung oder Ablehnung ausländischer Gedanken beziehungsweise auf
die Vorbereitung der Öffentlichkeit zum nächsten politischen Ent-

36

schluß [...]; nur wenige Journalisten von Rang bemühen sich um die Darlegung der Probleme. Man reagiert auf Vorstellungen anderer, lebt aus der Hand in den Mund und verabsäumt, sich dem Gesamtkomplex heutiger Strategie mit geeigneten Mitteln und Methoden zu stellen und sich für das Mögliche zu entscheiden. Auf solche Art geraten wir ins Hintertreffen und stehen in Gefahr, uns jeglicher aktiven Teilhabe an der geistig-politischen Entwicklung einer in Bewegung geratenen Welt zu begeben.«[73]

Damit die Bundesrepublik Deutschland zu eigenständigen Beiträgen fähig wird, forderte Baudissin:
– wissenschaftliche Institute, die sich der strategischen Probleme unter den verschiedenen Gesichtspunkten annehmen;
– eine genügend breite und qualifizierte Fachpresse, die die wissenschaftlichen Ergebnisse aufnimmt, sie publiziert und sich politisch mit ihnen auseinandersetzt;
– eine politische Öffentlichkeit, die sich bemüht, an den politischen Entscheidungen mitzuwirken, zumindest aber auf dem laufenden zu bleiben.

Jahre vergingen, bevor die zahlreichen Institutsgründungen für Friedens- und Konfliktforschung[74] und Sicherheitspolitik den Anschluß an das internationale Niveau fanden. Erst mit der umfassenden Studie »Kriegsfolgen und Kriegsverhütung« beteiligten wir uns an der internationalen sicherheitspolitischen Debatte[75], die in den frühen siebziger Jahren vor allem in den Vereinigten Staaten, aber auch in Großbritannien, Frankreich und der Sowjetunion mit Nachdruck geführt wurde. Die Studie wertete man allgemein als den ersten großen westdeutschen Beitrag zu einer sich an der Praxis orientierenden Friedensforschung. Sie wurde daher zu Recht gleichzeitig in englischer Sprache publiziert. Die Kerngedanken der Studie zeigen aber auch die außerordentliche Verwundbarkeit unseres Landes und die weitgehende Abhängigkeit von seinen Verbündeten auf, da die Frage der Sicherheit der Bundesrepublik Deutschland im Mittelpunkt nahezu aller darin enthaltenen Analysen stand.

Die für unsere Verteidigung wesentliche Frage, welches Verteidigungskonzept der NATO die nationalen Interessen der Bundesrepublik

Deutschland am besten berücksichtigt, wurde bei uns lange Zeit kaum gestellt.[76] Die »politische Klasse« ging bedenklich oft und unbekümmert von einer nahezu selbstverständlichen »Interessenidentität« mit den Westmächten aus. Es verfestigte sich der Eindruck, daß die Unterordnung immer gleich, die Politik immer identisch und die Entscheidung eines einzelnen immer den Interessen aller entspricht.

Sieht man hingegen die Frage der Sicherheit und Militärstrategie im zentraleuropäischen Raum unter den noch keineswegs ausreichend erfaßten geostrategischen Aspekten, so stellt sie sich für den kritischen deutschen Betrachter in vieler Hinsicht anders als für unsere Hauptbündnispartner in der NATO. General a.D. Trettner hat es einmal als »einen ganz natürlichen Sachverhalt bezeichnet, [...] daß die Bundesrepublik Deutschland für jeden unserer Partner etwas anderes bedeutet als für uns selbst.«[77]

Der Mangel an einer kritischen Bestimmung des deutschen geostrategischen Standortes hat verschiedene Ursachen. Den im ersten Abschnitt dieser Betrachtung bereits genannten Gründen seien zwei weitere hinzugefügt. Zum einen wird die Geopolitik im deutschen Sprachraum »im Gegensatz zu Frankreich und zu den angelsächsischen Ländern [...], kaum noch gepflegt«.[78] Und zum anderen wurde bei der Beurteilung der außenpolitisch-strategischen Situation der Bundesrepublik Deutschland immer wieder der Fehler begangen, das Wehrmotiv des Raumes gegenüber dem Wehrmotiv der Idee allzu gering einzuschätzen.[79] Lediglich aus den USA, wo parallel mit den macht- und wehrpolitischen Vorgängen seit 1941 eine Hochblüte der Geopolitik einsetzte, waren von Zeit zu Zeit Inspirationen zu verzeichnen.[80] Allerdings soll nicht verkannt werden, daß es immer wieder Offiziere der Marine waren, die verstärkt seit Mitte der achtziger Jahre Versuche unternahmen, geopolitische und geostrategische Faktoren und Aspekte für die deutsche Sicherheitspolitik nutzbar zu machen und zu erschließen.[81] Von den Heeresoffizieren sind lediglich die Generale Heinz Trettner und Graf Johann Adolf Kielmansegg zu nennen, die bei ihren Lagebeurteilungen den geopolitischen Faktor würdigten; von Generalen der Luftwaffe liegen entsprechende Studien nicht vor.

Für die »operative Politik« ist im internationalen Vergleich nicht zu bestreiten, daß die Außenpolitik eines jeden Staates den Einwirkungen bestimmter konstanter und variabler Faktoren unterliegt.[82] Wurde auch nach dem Zweiten Weltkrieg – insbesondere in der Bundesrepublik Deutschland – vor einer Überschätzung der Naturfaktoren hinreichend gewarnt, so kann auf der anderen Seite den »geographischen Gegebenheiten« eine gewisse kriegsverursachende Wirkung nicht abgesprochen werden.[83] Insbesondere dann nicht, wenn zur vorsorglichen Sicherung des Staates mit Hilfe der sogenannten »Wehr-Geopolitik« militärische Ziele verfolgt werden.[84] Imperialistische Aspekte sind dieser Politik eigen, sofern aus ihr die Forderung nach dem Erwerb von fremden Gebieten zur Verbesserung strategischer Positionen oder zur Einrichtung von Stützpunkten abgeleitet wird.[85] Diese in der europäischen Geschichte und in der Kolonialgeschichte gar nicht seltene Erscheinung könnte man als »Geo-Strategie« bezeichnen.[86] Anders gesagt: Bilden die »geographischen Gegebenheiten«[87] auch nur einen Teil jener Faktoren, welche eine enge Verknüpfung zwischen der Außenpolitik und Militärstrategie herzustellen vermögen, so wäre es nicht richtig, sie im Verhältnis zu anderen Faktoren zu verabsolutieren. Es ist aber eine Erfahrungssache, daß die geographische Lage bestimmte außenpolitische Orientierungen nahelegt.[88]

So mußten Deutschlands Nachbarn aufgrund der geopolitischen Gegebenheiten in einer Einkreisungspolitik gegenüber dem Deutschen Reich immer ein plausibles Konzept erkennen. Konrad Adenauer versuchte diese Gefahr durch die »Politik der Westintegration« zu relativieren. Dieser Vorteil wurde aber lange Zeit durch Teilung des deutschen Volkes, fremde Truppenmassierung in beiden deutschen Staaten[89] und die nicht zuletzt dadurch bedingte Gewißheit, ein potentielles Gefechtsfeld[90] von Anfang an zu sein, weitgehend aufgewogen.

Sind auch bezüglich »der inneren Auseinandersetzung um die militärische und außenpolitische Orientierung der Bundesrepublik Deutschland«[91], der »internationalen Auseinandersetzung um die Rolle der Deutschen in Europa«[92] und der »alliierten Militärstrategie als Themen deutscher Politik«[93] erste Analysen geleistet worden, so befinden sich Forschungsprojekte, die die »Unvereinbarkeit hegemonialer und nationaler Sicherheitsinteressen« untersuchen, erst in den Anfangsstadien. Dies ist um so bedauerlicher, als sich die »Interessen und Strategien« der Westmächte und der UdSSR seit der Wiederbewaffnung der deutschen Staaten – bis zur Vereinigung der beiden deutschen Staaten im Jahre 1990 – grundsätzlich nicht geändert hatten. Bezüglich der Bundesrepublik Deutschland vergegenwärtige man sich nur die von Klaus von Schubert[94] herausgearbeitete Priorität der Hauptmotive, von denen her die Wiederbewaffnung bei den Westmächten betrachtet wurde:

| Vereinigte Staaten von Amerika | Großbritannien | Frankreich |
|---|---|---|
| 1. militärische Stärkung | 1. Lastenteilung | 1. Kontrolle |
| 2. Lastenteilung | 2. militärische Stärkung | 2. Lastenteilung |
| 3. Kontrolle | 3. Kontrolle | 3. militärische Stärkung |

Militärpolitische Blockbildungen, die verheerende Wirkung moderner Waffensysteme und die Spannungen in Konflikträumen verlangen aber geradezu nach Analysen der Konfliktmöglichkeiten als Basis einer Friedenspolitik.[95] Erst seit Anfang der siebziger Jahre werden die spezifischen deutschen geostrategischen Sicherheitsinteressen für Forschungsvorhaben als würdig befunden.[96]

# Die Geographie als Faktor der internationalen Beziehungen

Unterschiedlichste Faktoren bestimmen einzeln oder gemeinsam das Staatsinteresse. Sie können wirtschaftlicher, sozialer, geographischer, physikalischer, ethnischer, ideologischer, moralischer, ethischer, religiöser Natur sein.[97] Da fast alle Faktoren, die das Staatsinteresse eines Landes beeinflussen, insbesondere die sozialen Machtstrukturen, Wandlungen unterworfen sind, verändert sich auch das Verständnis vom Staatsinteresse eines Landes in unterschiedlichen historischen Situationen.[98]

Politische Akteure und wissenschaftliche Untersuchungen verwenden bei der Darstellung oder Analyse von Bestimmungsfaktoren auswärtiger Politik Begriffe wie »Staatsinteresse« oder »nationales Interesse«. Dieser Ansatz geht davon aus, daß es für jeden Nationalstaat bzw. seine Gesellschaft unbestreitbare, mehr oder weniger langfristig wirkende Faktoren gebe, die jede Regierung zu berücksichtigen habe, unabhängig von ihrer aktuellen politischen Orientierung. In der Wissenschaft ist es insbesondere die »realistische Schule« in den USA gewesen, die mit ihrem Vertreter Hans Morgenthau die Idee vom nationalen Interesse neu belebte und ihre ausgeprägte Anwendung bei der Handhabung praktischer amerikanischer Außenpolitik forderte. Als nationales Interesse oder Staatsinteresse gelten die Sicherheit und Existenz des Staates und seiner Gesellschaft (bisweilen einschließlich seiner Regierung) sowie das Wohlergehen der in ihm lebenden Bürger. Es umfaßt also Faktoren, die innerhalb wie auch außerhalb eines Staates liegen und zudem als konstante und variable Größen auftreten. Natürliche Ressourcen eines Staates und seine geographische Lage bilden z.B. zwei für seine Außenbeziehungen fundamentale Konstanten, da von ihnen das nationalstaatliche und geographische Umfeld ebenso vorgegeben ist wie Wirtschafts- und Handelspotenzen.[99]

Als Staatsinteresse kann auch die Aufrechterhaltung einer bestimmten außenpolitischen Konstellation gelten. Ein Beispiel dafür ist die »balance-of-power policy« Englands. Das gleiche gilt für den bis zum Zweiten Weltkrieg wirksamen amerikanischen »Isolationismus«.[100] Das Festhalten an der »Monroe-Doktrin« des Jahres 1823 (»Amerika den Amerikanern«) stellt ein traditionelles Element der amerikanischen Außenpolitik dar. Sie wird bis heute gleichzeitig als Teil des Staatsinteresses der USA verstanden. Traditionelle und historische Faktoren wiegen in der Außenpolitik eines Landes besonders schwer, weil die verantwortlichen Politiker erfahrungsgemäß vor außerordentlichen Schwierigkeiten stehen, wenn von ihnen abgewichen werden soll. Zudem läßt sich kein außenpolitisches Problem isoliert, allein mit Gegenwartsaspekten, gerecht beurteilen; es bedarf immer auch der Frage nach seinen historischen Kausalitäten.[101]

Die Erfahrung zeigt allerdings, daß mit diesen Überlegungen gebrochen wird, wenn sie in einer neuen Situation dem Staatsinteresse entgegenstehen. Lediglich beim geographischen Faktor tritt keine Veränderung ein. Er ist die einzige »Konstante«. Verändern kann sich im Hinblick auf den geographischen Faktor von Zeit zu Zeit die »Raum-Mächte-Konstellation«. Dann spricht man von einer neuen geopolitischen oder geostrategischen Lage. Es ist daher völlig unzutreffend, bei Lagebeurteilungen von »geopolitischen und geostrategischen Konstanten« zu sprechen.[102]

Ein Blick in die heute gebräuchlichen Lehrbücher der Politikwissenschaft lehrt, daß die Frage nach den Bestimmungsgründen politischen Handelns nur geringe Beachtung findet.[103] Zu den wenigen Autoren, die in ihren Arbeiten die Bestimmungsgründe politischen Handelns überzeugend herausgearbeitet haben, gehört der französische Politikwissenschaftler Maurice Duverger.[104] Duverger unterscheidet in seiner »Einführung in die Politik« zwischen den »facteurs démographiques«, den »facteurs géographiques«, den »facteurs socio-économiques« und den »facteurs culturels«.[105] In Anlehnung an Maurice Duverger hat der deutsche Politikwissenschaftler Johann Baptist

Müller in seiner Studie »Determinanten politischer Entscheidung«[106] den Versuch unternommen, sechs besonders oft angewendete Erklärungsvarianten politischen Handelns zu untersuchen. Bei den einzelnen Determinanten und Bestimmungsfaktoren, die eine politische Entscheidung bedingen können, handelt es sich im einzelnen um ökonomische, geopolitische, ethnische, biologische, psychologische und religiöse Motive. Müller analysiert jede dieser Varianten unter folgenden methodologischen Aspekten: Er fragt zunächst, ob die These des jeweils in Rede stehenden Autors deterministisch oder probabilistisch strukturiert ist. Darüber hinaus leitet er das Forschungsinteresse auf das Problem, ob der in Rede stehende Erklärungsansatz einen oder mehrere Bestimmungsfaktoren aufweist, ob er monokausal oder multikausal strukturiert ist.

Skepsis äußert Müller gegenüber den Autoren, die versuchen, Bestimmungsfaktoren im Politik- und Gesellschaftsleben ausfindig zu machen, die zum Ziel haben, die gesellschaftliche Entwicklung auf Verlaufgesetze zu reduzieren. Dies verdeutlicht Müller an verschiedenen Beispielen: So dachte Marx, als er den ökonomischen Determinismus vertrat, das Wesen eines Menschen werde letztlich durch die Bedingungen, unter denen er arbeiten muß, bestimmt.[107] Auch Freud offenbarte solches Denken mit seiner Lehre, nach der die Zivilisation eine Reaktion primitiver menschlicher Impulse auf den hemmenden Druck sozialer Institutionen ist.[108] Ähnlich war (bzw. ist) für viele Geopolitiker die »Gesetzesbetrachtung« die Richtschnur ihres Strebens.[109]

Die Intention der Müllerschen Studie erschöpft sich allerdings nicht im minuziösen Nachweis von Fehlurteilen und Falschprognosen. Vielmehr bekunde sich im Nachweis der »Unwissenschaftlichkeit« des dogmatisch-eindimensionalen Denkens, wie Müller meint, zugleich die Einsicht, daß dem wissenschaftlichen auch der politische Dogmatismus entspricht. Nicht zuletzt aus diesem Grund ist allen neueren Ansätzen die rigorose Ablehnung eines Determinismus – auf welcher Basis auch immer – gemein.[110] Zugleich werden die »Theorien«, die bei der politischen Entscheidungsfindung einen »prädominanten Faktor« favorisieren, verworfen.[111] Im Hinblick auf die »geopolitische Lage eines Staates« als Determinante politischer Entscheidung stellte der Staatsrechtslehrer und Politologe Hermann Heller bereits in seiner im Jahre 1934 erschienenen »Staatslehre« fest: »Von ›unabänderlichen Naturgesetzen‹, von einem ehernen Gesetz der geographischen Einflüsse kann bei den hier zu behandelnden Problemkreisen keine Rede sein. Denn niemals ist das Territorium unabhängig vom Menschen ein ›politischer Faktor‹. Erst durch das Handeln des Menschen kommt einer geographischen Gegebenheit politische Bedeutung zu.«[112] Siehe hierzu im Anhang »Faktoren und Determinanten politischer Entscheidung«.

# TEIL II

## GEOPOLITISCHE LEITLINIEN DER SUPER- UND GROSSMÄCHTE GEGENÜBER DEUTSCHLAND

### URSPRÜNGE – DOKTRINEN – INTERESSEN

# Strukturfragen der Weltpolitik im 19. und 20. Jahrhundert

»Ich nenne bipolar eine Gestaltung des Kräfteverhältnisses dergestalt, daß die meisten politischen Einheiten sich um zwei von ihnen gruppieren, deren Kräfte die der anderen überragen. Die Unterscheidung zwischen multipolarer Gestaltung und bipolarer Gestaltung drängt sich dem Beobachter aufgrund der logischen und historischen Folgerungen auf, die jede dieser Gestaltungen mit sich bringt. Welches auch immer die Gestaltung sein mag, das allgemeinste Gesetz des Gleichgewichts läßt sich darauf anwenden: das Ziel der Hauptbeteiligten ist es, nicht der Gnade oder Ungnade des anderen ausgesetzt zu sein. Da aber die beiden ›Großen‹ das Spiel anführen und da die Kleinen, selbst wenn sie sich vereinigen, keinen der beiden Großen ausbalancieren können, läßt sich das Gleichgewichtsprinzip auf die Beziehungen zwischen den Koalitionen anwenden, deren jede sich um einen der Spielführer ordnet. Jede Koalition hat das oberste Ziel, dem anderen zu untersagen, Mittel zu erwerben, die den ihren überlegen sind. In einem solchen System kann man drei Arten von Mithandelnden (und nicht nur die ›Kleinen‹ und die ›Großen‹) unterscheiden. Die beiden Koalitionsführer, die Staaten, die gezwungen sind, Partei zu ergreifen und dem einen oder dem anderen der Führer Gefolgschaft zu leisten, und schließlich die Staaten, die außerhalb des Konflikts bleiben können und wollen. Diese drei Arten von Beteiligten handeln nach verschiedenen Regeln.«[1]

*Raymond Aron*

## DIE NEUORDNUNG DES EUROPÄISCHEN STAATENSYSTEMS NACH 1945

Die Grundprinzipien und die Entwicklung des europäischen Staatensystems unter besonderer Berücksichtigung des Aufstiegs der beiden »Flügelmächte« USA und Rußland bis zur Mitte unseres Jahrhunderts hat der deutsche Historiker Ludwig Dehio in seiner berühmten Studie »Gleichgewicht und Hegemonie«[2] kurz nach dem Ende des Zweiten Weltkrieges umfassend dargestellt. Dehios Studie gilt auch heute noch als eine Grundlagenarbeit zur Beurteilung der neueren Staatengeschichte. Dehios und später vor allem Andreas Hillgrubers Studien

*Abb. 3: Blöcke-Dualismus 1947–1955 (»Kalter Krieg«)*

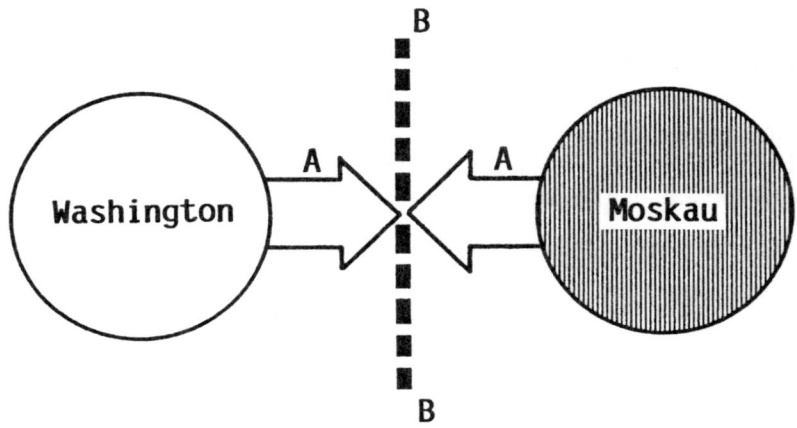

In der Ausnahmesituation des »Kalten Krieges« zerfällt die Welt in zwei in sich ideologisch einheitliche Blöcke, die von Washington und Moskau gesteuert werden. Der ideologische Gegner ist mit dem politischen Gegner identisch. Der politische Druck ist äußerst stark, da sämtliche politischen Energien sich in einem einzigen Bette (A) stauen. Es gibt eine einzige »Welttrennungslinie« (B), die sich durch Deutschland, Indochina und Korea hindurchzieht. Unruhe in Indochina hat automatisch ein Steigen der Temperatur in Berlin zur Folge.

Quelle: Armin Mohler: Was die Deutschen fürchten. Angst vor der Politik; Angst vor der Geschichte; Angst vor der Macht, Berlin 1966, S. 46.

machen deutlich, daß sich mit der Beendigung des Zweiten Weltkrieges das Weltstaatensystem der Vorkriegszeit grundlegend geändert hat.[3] Die weltpolitischen Entscheidungen wurden und werden nicht mehr von den europäischen Großmächten, sondern eindeutig von den beiden Supermächten, den USA und der UdSSR, bestimmt.[4] Das multipolar gefügte Weltstaatensystem der Zwischenkriegszeit wurde abgelöst von einer Zweiteilung der Welt, von einer bipolaren weltpolitischen Konstellation, für die sich die Epochenbegriffe »Kalter Krieg« oder »Ost-West-Konflikt« durchgesetzt haben.[5] Sie ist entstanden aus ordnungspolitischen und ideologischen, in der Struktur schon vor dem Zweiten Weltkrieg geprägten Differenzen, aus dem Gegensatz zwischen der »One-World«-Konzeption der USA und dem auf einseitige

48

Durchsetzung von Kontrollrechten abgestimmten Einflußzonen-Konzept der sowjetischen Sicherheitspolitik.[6] Mit anderen Worten: Die Nationalstaaten Europas, bis zum Zweiten Weltkrieg die zentralen Faktoren der internationalen Politik, wurden somit zum »Objekt Europa«, das seine politische Selbständigkeit aufgeben mußte und damit auf ein Minimum seiner früheren Bedeutung reduziert wurde. »Europäische Sicherheit« war daher vor allem ein Produkt des gegenseitigen Verhaltens beider Welthegemonialmächte.[8]

## WELTPOLITIK IM UMBRUCH: VON DER BIPOLAREN ZUR MULTIPOLAREN WELT

Befindet sich die Weltpolitik in einem Umbruch? Unter dieser Fragestellung wurde im Wintersemester 1988/89 an der Universität Marburg eine Ringvorlesung durchgeführt. Für Klaus-Peter Weiner, einen der Mitveranstalter dieser Reihe, schienen damals zumindest zwei Tendenzen darauf hinzudeuten. »Erstens haben die letzten Jahre gezeigt, daß in der Weltpolitik mit militärischen Mitteln gegenwärtig keine nennenswerten Vorteile zu erzielen sind: weder konnten die USA und die UdSSR ihren sich Ende der siebziger Jahre zuspitzenden Rüstungswettbewerb aufrechterhalten, noch konnten der Iran und der Irak ihren Konflikt militärisch lösen. Statt dessen wird für regionale Krisenherde nach politischen Lösungen gesucht. Rüstungskosten werden zunehmend deutlicher als wirtschaftliche Belastung und industriepolitisches Handicap gesehen. Zweitens löst sich die Nachkriegsordnung in Gestalt einer politisch, militärisch und ökonomisch strukturierten Bipolarität zunehmend in Richtung multipolarer und komplexerer Strukturen auf: Der relative Macht- und Einflußverlust der Großmächte USA und UdSSR und der Aufstieg anderer Regionen wie Westeuropa und Staaten wie Japan und China verändern das Gefüge des internationalen Systems. Zugleich nehmen die Differenzierungsprozesse in der Dritten Welt (Herausbildung von Schwellenländern und Subzentren einerseits, weitere Verarmung andererseits) sowie daraus erwachsende Konfliktformationen zu.« Angesichts der derzeitigen

*Abb. 4 Aufsprengung des Dualismus 1955*

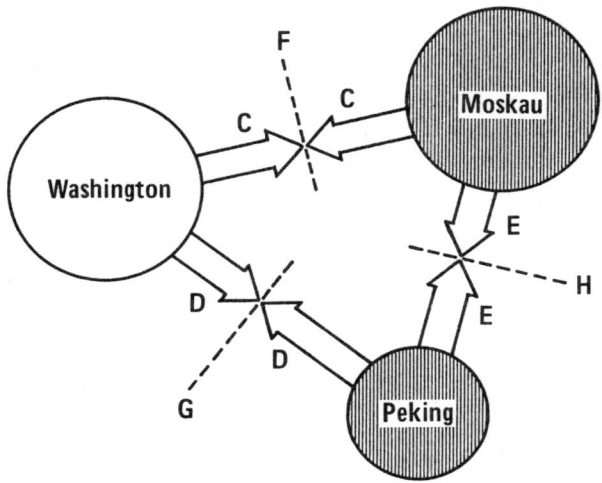

Das Ausscheren Pekings aus der Vormundschaft Moskaus sprengt den Blöcke-Dualismus. Der politische Druck vermindert sich, da die politischen Energien sich nun auf drei verschiedene Bahnen (C, D, E) verteilen. Der Druck vermindert sich auch deshalb, weil es nun nicht mehr eine einzige Welttrennungslinie gibt, sondern drei verschiedene Trennungslinien (F, G, H). Welche dieser Trennungslinien die entscheidende ist, läßt sich nicht eindeutig festlegen. Das politische Bild der Welt beginnt sich wieder zu differenzieren: Unruhe in Korea hat nicht mehr automatisch ein Steigen der politischen Temperatur in Berlin zur Folge.

Quelle: Armin Mohler: Was die Deutschen fürchten. Angst vor der Politik; Angst vor der Geschichte; Angst vor der Macht. Berlin 1966, S. 47.

ökonomischen, ökologischen und entwicklungspolitischen Probleme bleibt es auch für Klaus-Peter Weiner eine zentrale Frage, in welche Richtung sich die internationalen Strukturveränderungen entwickeln werden.[10]

In der gegenwärtig in der Bundesrepublik Deutschland geführten Diskussion herrscht die Meinung vor, daß sich in den letzten zwanzig Jahren ein grundlegender Wandel des internationalen Systems vollzogen hat. Zu diesem Ergebnis gelangt u.a. auch Lennart Souchon in

## *Abb. 5 Pluralismus (oder Polyzentrismus)*

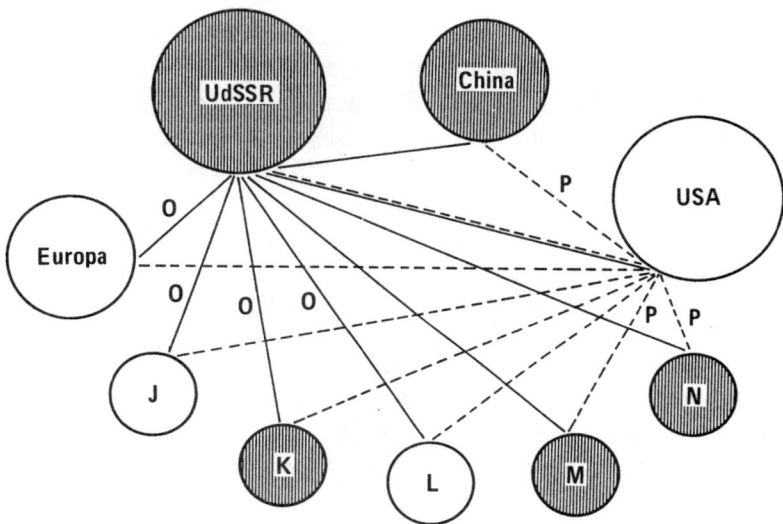

Der Zustand der Welt, auf den wir uns zubewegen, ist der eines neuen »Pluralismus« oder »Polyzentrismus«: die Welt differenziert sich nicht nur, sondern sie wird auch wieder komplizierter und unübersichtlicher – eine neue Vielfalt bildet sich heraus.

Die USA und die UdSSR sind nach wie vor Kolosse, die mit ihrem Potential alles andere überragen. Daneben finden wir zwei »Kolosse in Potenz«: Rotchina, wenn ihm die Industrialisierung gelingt, und Europa, wenn ihm die Einigung gelingt. Um diese vier »Großen« gruppieren sich eine Reihe von »mittleren Einheiten« (J, K, L, M, N), die in der komplizierter gewordenen Welt eine relative Eigenständigkeit gewonnen haben: Indien, die arabische Welt, das »Schwarze Afrika« südlich der Sahara, Lateinamerika, der indonesische Bereich, Australien-Neuseeland und andere mehr. Das Beispiel des »schwachen Riesen« Indien zeigt dabei, daß diese Eigenständigkeit weniger eine Funktion des Potentials der betreffenden »mittleren Einheit« ist als vielmehr eine ihrer Stellung im Netz der internationalen Beziehungen.

Dieses Netz ist wieder sehr vielfältig geworden; es konnten hier nur das Beziehungsnetz der UdSSR (O) und der USA (P) eingezeichnet werden; ein Einzeichnen des Beziehungsnetzes auch der übrigen Mächtegruppen hätte die Zeichnung so unübersichtlich gemacht, wie die Welt wieder geworden ist. Den neuen Zustand im Gegensatz zum Blöcke-Dualismus des Kalten Krieges einen »Blöcke-Pluralismus« zu nennen, wäre ungenau – es handelt sich vielmehr um einen Pluralismus verschieden großer Machtgebilde.

Kennzeichnend für diesen Zustand ist das Zurücktreten der ideologischen Gegensätze (Gegensatz von schraffierten und nicht schraffierten Kreisen), da nun konkurrierend auch wieder »Sachzwänge« (Raum, Klima, Bevölkerungsdruck, ethnische Gegensätze, wirtschaftliche Unterentwicklung usw.) zu Faktoren der Politik werden.

Quelle: Armin Mohler: Was die Deutschen fürchten. Angst vor der Politik; Angst vor der Geschichte; Angst vor der Macht, Berlin 1966, S. 47ff.

51

seiner beachtenswerten Studie »Neue deutsche Sicherheitspolitik«.[11] Lennart Souchon schreibt:»Der Trend, fort von Bipolarität hin zum Polyzentrismus, geschieht im Zeichen wachsender Süd-Süd-Konflikte und Nord-Süd-Konfrontation und bei anhaltender Dominanz auch künftig konkurrierender Mächte der nördlichen Hemisphäre, die mit dem abgestimmten Abbau ihrer Militärpotentiale begonnen haben.«[12] Zu einem ähnlichen Ergebnis gelangte Anfang Februar 1989 ein Symposium, das aus Anlaß des 25-jährigen Bestehens des OECD-Entwicklungszentrums organisiert wurde und zu dem Vertreter aller Kontinente eingeladen worden waren.[13]

Aufgrund der internationalen Strukturveränderungen, des geopolitischen Umbruchs in Zentral- und Osteuropa sowie der Einigung Deutschlands hat sich der Schwerpunkt der sicherheitspolitischen Interessenlage geändert. Heute steht der europäische Einigungsprozeß und Deutschlands künftige Rolle in der Europa- und Weltpolitik im Mittelpunkt der sicherheitspolitischen Diskussion in der Bundesrepublik Deutschland.

## DIE ZEIT DES »PARADIGMENWECHSELS«

Thomas S. Kuhn hat in seinem Buch »Die Struktur wissenschaftlicher Revolutionen«[14] den Begriff des Paradigmas in dem Sinne verwendet, daß er damit eine Anzahl wissenschaftlicher Grundüberzeugungen umreißt, welche zu teilen die Mitgliedschaft in der »scientific community«, der anerkannten Gilde von Wissenschaftlern und gebildeten Laien, bedeute.[15] Ein so verstandenes Paradigma konstituierte Kuhn zufolge eine Zeit »normaler Wissenschaft«, innerhalb deren die Wissenschaftler in der Lage waren, in Analogien zu denken. Die Zeit des »Paradigmenwechsels« bezeichnet hingegen eine Grundlagenkrise, innerhalb deren die Grundprinzipien, aber auch logische Folgerungsarten als nicht mehr selbstverständlich diskutiert werden können.[16] Auf die gegenwärtigen Strukturveränderungen in den internationalen Beziehungen übertragen, bedeutet dies, daß sich das internationale System auf dem Weg zu einer »Neuen Weltordnung« befindet. Nach dem Münchner Dozenten Bernd Malunat ist »die ›Neue Weltordnung‹ ein rhetorischer Topos, der – immer wieder – aktualisiert wird. Seine materielle Substanz spiegelt sich vor dem Hintergrund der ›alten Weltordnung‹, die durch kontemporäre Ereignisse bewegt wird, wider. Darüber hinaus läßt sich ein objektivierbarer Bedarf an neuen Ordnungselementen konstatieren, die sich durch globale Entwicklungen abzeichnen. Zu erörtern sind die Veränderungen im West-Ost- und im Nord-Süd-Verhältnis, im Fernen und im Nahen Osten sowie innerhalb Europas. Davon betroffen sind jeweils die wirtschaftliche Kooperation, die militärische Konfrontation und nicht zuletzt die ökologische Globalkrise sowie die Stellung der Vereinten Nationen.«[17]

# Zentraleuropa im geopolitischen Kraftfeld
# der Super- und Großmächte (1945–1990)

## VEREINIGTE STAATEN VON AMERIKA

*Knud Krakau,* Referent am Institut für Auswärtige Politik in Hamburg, schreibt in seiner Studie »Missionsbewußtsein und Völkerrechtsdoktrin in den Vereinigten Staaten von Amerika« zu der Bedeutung von »Doktrinen« in der amerikanischen Politik: »Eine spezifisch amerikanische Technik des Handelns im internationalen politischen und rechtlichen Bereich ist der häufige Gebrauch von Doktrinen, die sich auf die verschiedensten Gegenstände beziehen: Monroe-, Harmon-, Hay-, Wilson- (vierzehn Punkte), Stimson-, Truman-, Eisenhower-Doktrinen. Diese Aufzählung ist nicht einmal erschöpfend. Das einzigartig Amerikanische daran wird erst sichtbar, wenn man überlegt, wie wenig denkbar es wäre, von einer Talleyrand-, Bismarck- oder Churchill-Doktrin zu sprechen. Die Skepsis, der vielerorts die Hallstein-Doktrin der jüngeren deutschen Vergangenheit begegnet, bestätigt noch die amerikanische Eigenart. Die Ursachen der Vorliebe für ihre Verwendung hängen unmittelbar mit dem amerikanischen (aus Puritanismus und demokratischer Theorie stammenden) Moralismus und Legalismus, der Bedeutung des ›fundamental law‹ und des demokratischen Instrumentalismus, schließlich mit der Führung der Außenpolitik in einem von diesen Elementen geprägten demokratischen Staatswesen zusammen. Diese Doktrinen tragen dazu bei, die Mission des amerikanischen Credo in der Welt zu verwirklichen.«[18]

## *Ursprünge des raumpolitischen Denkens*

Die Vereinigten Staaten von Amerika befinden sich in einer einzigartig günstigen geostrategischen Lage:
– Sie nehmen den größten Teil eines weiten Kontinents ein;
– sie verfügen in ihrem Land und in der westlichen Hemisphäre über gewaltige Rohstoffreserven;
– ihre Vormachtstellung kann weder von Anrainern noch von einem anderen Staat der westlichen Hemisphäre ernstlich in Frage gestellt werden;
– der nordamerikanische Kontinent ist ringsum von Meeren umgeben,

deren Seewege ihn auf dem nördlichen Globus nach Osten hin mit den Gegenküsten des europäischen Kontinents und im Westen mit der pazifischen Insel- und Kontinentalwelt (Australien) sowie den ostasiatischen Gegenküsten verbinden. Das bedeutet natürliche Isolierung und zugleich maritime Bewegungsfreiheit[19];
– die günstige geopolitische Lage der USA ist die Ausgangsposition für das Wehrpotential mit den Kennzeichen einer See- und Luftmacht.

Bedingt durch die geographische Lage, wird in der amerikanischen Außen- und Sicherheitspolitik dem »Seemacht-Denken«[20] eine hohe Priorität eingeräumt, dessen geistige Anregung auf Admiral Alfred Thayer Mahan und dessen praktische Durchführung im wesentlichen auf Senator Henry Cabot Lodge und Theodore Roosevelt (damals stellvertretender Marineminister) zurückzuführen ist. Vorab einige Bemerkungen über den prägenden Einfluß von Admiral Alfred Thayer Mahan auf die amerikanische Sicherheitspolitik:

Neben General Mitchell von der Luftwaffe (er war der erste Kriegstheoretiker, der den Einsatz der Luftwaffe unter globalen Aspekten erfaßte), General Emory Upton vom Heer und Professor Denis Hart Mahan von der Militärakademie gehört Admiral Alfred Thayer Mahan[21] zu den großen Kriegsphilosophen und Kriegstheoretikern der Vereinigten Staaten von Amerika. Nach Meinung von Margaret Sprout hat keine andere Einzelpersönlichkeit einen so unmittelbaren und tiefen Einfluß auf die Theorie der Seemacht und Seestrategie ausgeübt wie Alfred Thayer Mahan.[22] Die große deutsche Autorität der Geopolitik, Karl Haushofer, urteilte, »daß Admiral Mahan die führenden amerikanischen Politiker so belehrt habe, daß sie in Begriffen von Weltmacht und globalen Räumen zu denken begannen«.[23]

Kein Zweifel: Beginnend mit seinem klassischen Werk »Der Einfluß der Seemacht auf die Geschichte« (1890), hat Mahan in einer Serie von Büchern und Artikeln nicht nur eine historische Chronik des Seekrieges geliefert, sondern auch theoretische Regeln für die Anwendung der Seemacht in einem solchen Ausmaß entwickelt, daß man ihn mit Recht als den Schöpfer des ersten einheitlichen Systems von Theorie und Doktrin bezeichnen kann.[24] Er hat bis auf den heutigen Tag starken

*Abb. 6 Politische Entwicklung der USA*

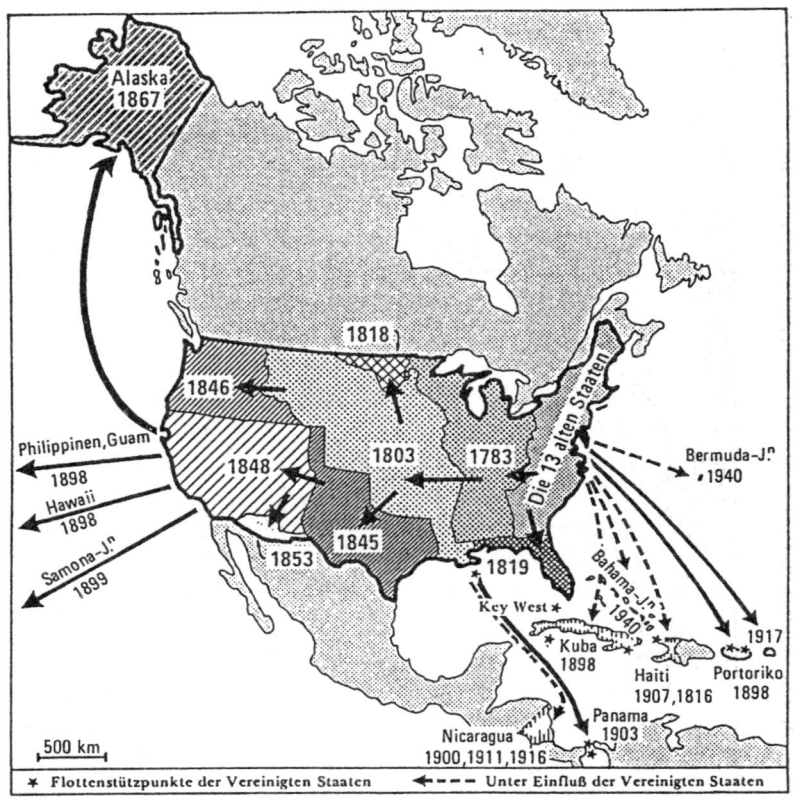

Quelle: Erdkunde. Weg zur Reifeprüfung. 3.Teil.
Verlag Ferdinand Hirt. Breslau/Leipzig 1943.

Einfluß auf das Planen und Handeln der Staatsmänner, Politiker und Soldaten großer Nationen ausgeübt. In Deutschland ließ Kaiser Wilhelm II. das Werk übersetzen, um gemeinsam mit den führenden Marinekreisen die Theorien des »Clausewitz der See« zu studieren.[25]

Aber auch heute sollte sich, wenn auch aus anderen Motiven, die Sicherheitspolitik der Bundesrepublik Deutschland dem amerikani-

56

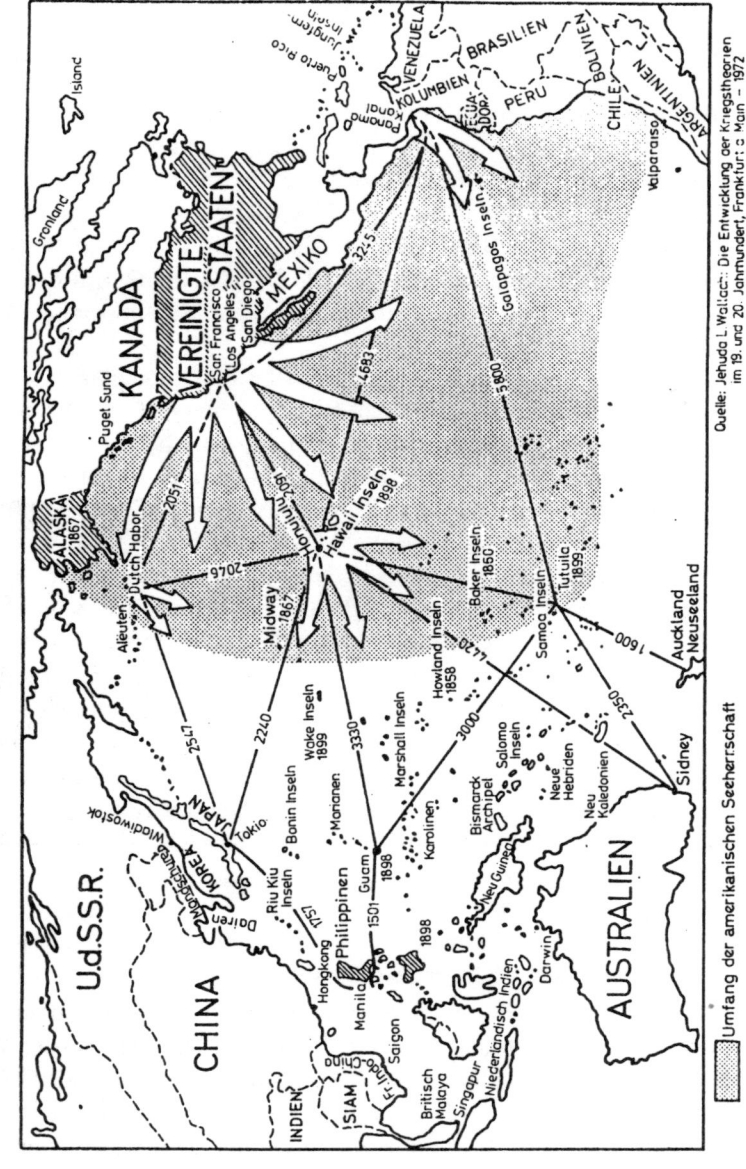

*Abb. 7 Geographie und amerikanische Seemacht im Pazifik seit der zweiten Hälfte des 19. Jahrhunderts*

Quelle: Jehuda L. Wallach: Die Entwicklung der Kriegstheorien
im 19. und 20. Jahrhundert, Frankfurt: c Main – 1972

Umfang der amerikanischen Seeherrschaft

schen Klassiker der Seestrategie nicht verschließen. Der Wunsch nach einem ungestörten Seeverkehr sollte Anlaß sein, uns mit der Gedankenwelt Mahans erneut intensiv zu beschäftigen. Denn »das Verständnis der See und die Kenntnis ihres besonderen Einflusses in den politischen, wirtschaftlichen und militärischen Bereichen sind unerläßliche Grundlagen zur Beurteilung unserer Lage. Bei ihrer Erarbeitung ergeben sich Einsichten, die geeignet sind, aus der Enge bloß national und kontinental bedingter Sicht hinauszuführen und den Blick für weltweite Zusammenhänge zu schärfen. Die Beschäftigung mit den Seekriegserfahrungen, die Mahan aufzeichnet, kann für ein solches Weltbild die Perspektiven eröffnen.«[26]

Allerdings ist »das Interesse der USA an den Gegenküsten« – so schreibt Vizeadmiral a.D. Friedrich Ruge in seinem Werk »Seemacht und Sicherheit« – erst spät erwacht. »Solange die Nation wuchs und das ihr zugefallene riesige Gebiet erschloß und in sich verband, hatte sie das größte Interesse daran, in Ruhe gelassen und nicht in Konflikte in anderen Erdteilen hineingezogen zu werden.«[27] George Washington warnte in seinem Testament vor den »entangling alliances« (die damals nur mit europäischen Staaten möglich waren), und Monroe erklärte 1823 in der nach ihm benannten Doktrin die gegenseitige Nichteinmischung zwischen den beiden Kontinenten zur Richtlinie der amerikanischen Politik. Im Pazifik gingen die USA unbekümmerter vor.[28] Bereits 1854 erreichten sie, daß Japan ihrem Handel zwei Häfen öffnete. 1898 besetzten sie Hawaii und vertrieben die Spanier von den Philippinen, die sie unter ihre Verwaltung nahmen. Ebenso blieben sie in Guam. Die innere Verbindung mit England war doch so eng, daß sie 1917 und dann wieder 1941 in den Krieg eintraten, um es zu unterstützen. Nach dem Zweiten Weltkrieg begannen sie eine entschlossene Politik, um die Gegenküste zu sichern. Das gilt sowohl für den Nordatlantik durch die NATO, für den Pazifik mit den Bündnissen SEATO und ANZUS, mit Japan, Südkorea und dem Stützpunkt Okinawa, wie für das Eingreifen in Korea und in Süd-Vietnam. Hier lernten die USA die Gefahr kennen, die darin liegt, daß man an der Gegenküste in Landkriege hineingezogen wird, die dem Charakter der Seemacht widersprechen und sie sehr festlegen.[29] Mit anderen Worten: Heute verlaufen die vordersten Verteidigungslinien dieser natürlichen »Fortress

*Abb. 8 Kollektive Verteidigungssysteme der USA*

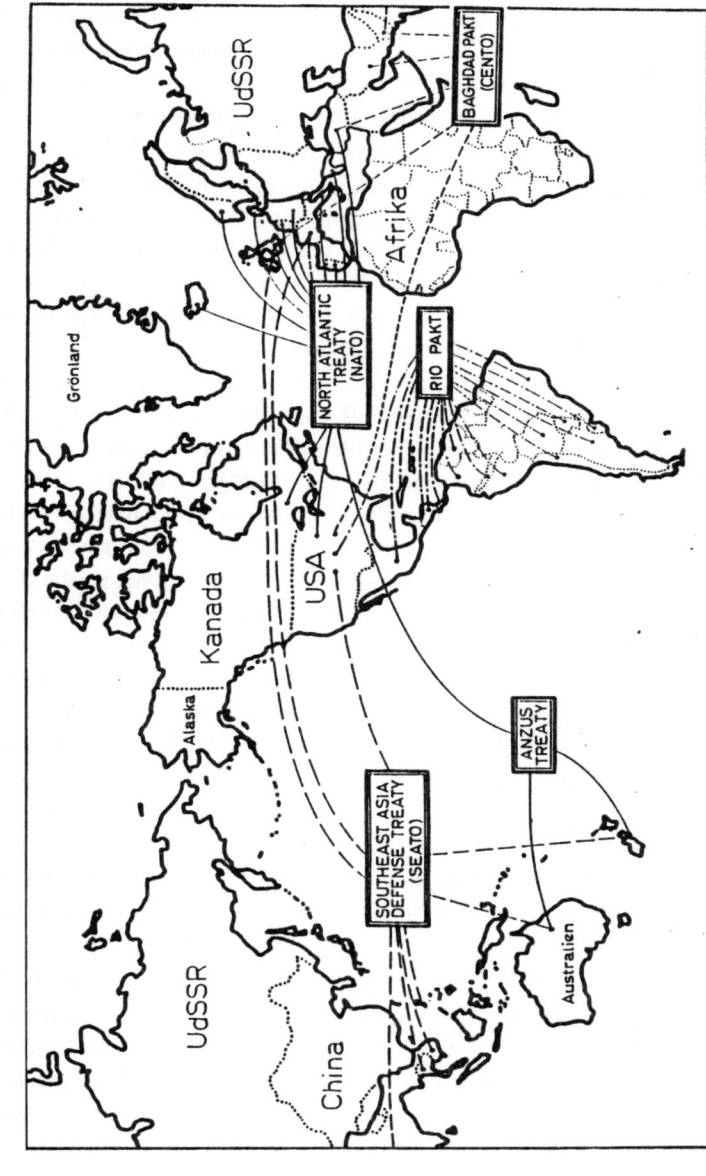

Quelle: SEA POWER. A Naval History. Editor E.B. Potter and Chester W. Nimitz. Prentice-Hall, Inc., Englewood Cliffs, N.J. 1960, p. 884.

59

America« an den Gegenküsten[30] am Rande der Kontinente der potentiellen Gegner. Atlantik und Pazifik sind Verbindungs- und Operati-
onsräume zugleich; sie werden durch Sicherungskräfte (Expeditions-
korps) kontrolliert.[31] Gegenküste und Meere bilden also das Vorfeld
und die Verbindungszone eines nahezu autarken Kontinents.[32] Ob
jedoch das amerikanische Luftverteidigungssystem auch Angriffe aus
der Luft sicher abzuschlagen vermag, muß bezweifelt werden. Aber
abgesehen von dieser offensichtlich schwachen Stelle des amerikanischen Verteidigungssystems gilt auch im Zeitalter der raumgreifenden
und flächendeckenden Waffen für die Sicherheit einer Insel (selbst
wenn sie ein Kontinent ist), daß die Verteidigungslinie an der strategischen Gegenküste zu liegen hat.[33]

Kurzum: Von den Vereinigten Staaten aus gesehen, stellt sich die
Gegenküste »Westeuropa« als ein Brückenkopf auf dem eurasischen
Kontinent dar, »der kaum noch die notwendige Tiefe hat, wobei die
strategische Einheit dieses Gebietes und die Beherrschung der umlie-
genden Seeräume selbstverständliche und unerläßliche Voraussetzungen für eine erfolgreiche Verteidigung sind. Am äußersten Rande dieses Brückenkopfes liegt ein schmaler Streifen Landes, die Bundesrepublik Deutschland.«[34]

Festzustellen ist, daß Seemächte, besonders in Insellage, ein besonderes machtpolitisches Interesse für die Gegenküste zeigen.[35] Beispiele dafür sind Schweden, Spanien, England und in unserer Zeit die
Vereinigten Staaten von Amerika.[36]

### Historische Grundmuster und Interpretationsmodelle
### amerikanischer Außen- und Sicherheitspolitik

Von Zeit zu Zeit konzentriert sich die Fragestellung allerdings auch auf
das Thema, das Nicholas J. Spykman[37] als »das älteste Problem der
amerikanischen Außenpolitik« bezeichnet hat: Soll die Verteidigung
der USA diesseits oder jenseits der Ozeane beginnen? In zahlreichen
historischen Darstellungen, die sich ebenfalls auf die geographische
Lage berufen, wird hierbei im Gegensatz zu den »Seemachtsdoktri-
nen« der Isolationismus als besonderes Kennzeichen der diplomati-

schen Geschichte der USA hervorgehoben.[38] Als eine klassische Formulierung dieser Prinzipien gilt George Washingtons politisches Testament, die »Farewell Address« von 1776 (»... unsere geopolitische Distanz lädt dazu ein und ermöglicht es uns, einen anderen Kurs zu verfolgen...«).[39] Die von Washington, Jefferson und Monroe (westliche Hemisphäre) verkündeten Grundsätze der Bündnislosigkeit, Neutralität und Nicht-Intervention, kurz, die Abgrenzung gegenüber Europa, konnten aber während des 19. Jahrhunderts als Leitlinie der amerikanischen Diplomatie letztlich nur wirksam bleiben – wie bereits oben hervorgehoben wurde –, weil es externe Faktoren erlaubten: Das Mächtegleichgewicht zwischen den europäischen Staaten und die Vorherrschaft der britischen Flotte auf dem Atlantik trugen entscheidend zur Sicherheit der USA bei und ermöglichten es ihnen, an einer isolationistischen Politik festzuhalten.[40]

Der Eintritt in die Weltpolitik um die Jahrhundertwende bedeutete keineswegs die Preisgabe der traditionellen isolationistischen Haltung gegenüber Europa. Nach dem Ausbruch des Ersten wie des Zweiten Weltkrieges lehnte die Mehrheit der amerikanischen Bürger eine Teilnahme am europäischen Konflikt trotz ihrer Sympathien für die westlichen Demokratien ab. Mit der Gefahr eines von den Achsenmächten beherrschten Europa zeichnete sich jedoch etwa seit Mitte 1940 ein Stimmungswandel ab, der Präsident Roosevelt eine Politik der schrittweisen Intervention ermöglichte. Aber erst Pearl Harbor und die Kriegserklärungen Deutschlands und Italiens zerstörten den Glauben an die Unangreifbarkeit Amerikas und damit einen Grundpfeiler der isolationistischen Tradition.[41] Seit Ende des Zweiten Weltkrieges wird die amerikanische Sicherheitspolitik gegenüber Eurasien weitgehend von der rasant fortschreitenden Waffentechnologie und den Herausforderungen durch die Sowjetunion bzw. deren Nachfolgestaaten und die Volksrepublik China bestimmt.

61

*Brzezinski und Gray zur amerikanischen geopolitischen Strategie*
*Ende der achtziger Jahre*

Im Sommer 1978 verfaßte der USA-Korrespondent der *Frankfurter Allgemeinen Zeitung*, Jan Reifenberg, einen längeren Aufsatz über die Rolle von Zbigniew Brzezinski. Darin beschrieb er auch in allen Einzelheiten das imposante Arbeitszimmer des Sicherheitsberaters des amerikanischen Präsidenten in Washington mit statistischen und kartographischen Darstellungen, »auf denen mit Pfeilen in hellen Farben die geopolitischen Stoßrichtungen« in der Weltpolitik angedeutet würden, um sodann hinzuzufügen: »Der Geopolitiker Karl Haushofer hätte seine Freude daran gehabt.« Bis in die Gegenwart hinein haben Politiker, Journalisten und Autoren aus vielen Ländern immer wieder geopolitische Argumente bei der Erklärung politischer Zusammenhänge benutzt, freilich ohne daß sie es für notwendig gehalten hätten, klarzulegen, was sie unter Geopolitik verstehen.[42]

Ende der achtziger Jahre fanden zwei amerikanische Studien zur Geopolitik der Supermächte besondere Beachtung. Es handelt sich um »The Geopolitics of Super Power«[43] von Colin S. Gray und um Brzezinskis »Planspiel«[44]. Beide Autoren gehören zur geopolitischen Elite der USA und hatten Ende der achtziger Jahre wesentlichen Einfluß auf die amerikanische Außen- und Sicherheitspolitik. Während Gray Präsident des »National Institute for Public Policy« in Fairfax (Virginia) ist, gehörte der frühere Sicherheitsberater Jimmy Carters, Brzezinski, auch zum engsten Mitarbeiterstab von Präsident George Bush.

Die Studien von Gray und Brzezinski stellen einen Versuch dar, die grundlegenden Leitlinien der nationalen Sicherheitspolitik der Vereinigten Staaten weiterzuführen. Beide Studien sind der amerikanischen realistischen Schule zuzurechnen, die, um Hans Morgenthau zu zitieren, die Politik zwischen den Nationen als Kampf um Macht betrachtet. Da die Nachkriegsära durch die Existenz von zwei Supermächten charakterisiert wurde, nämlich den Vereinigten Staaten und der Sowjetunion, manifestierte sich der internationale Kampf um die Macht zwischen diesen beiden. Daher, so argumentierte Gray, sei die Sowjetunion per definitionem »die Hauptvariable der außenpolitischen Sicherheitslage der Vereinigten Staaten« gewesen.

In seinem Buch »Planspiel«, das bereits in der amerikanischen Originalausgabe großes Aufsehen erregt hat, beschreibt Brzezinski das Ringen der beiden Supermächte um die Weltherrschaft. Obwohl die Originalausgabe schon 1986 erschien, haben die Grundthesen dieses Buches nichts an ihrer Bedeutung verloren. Brzezinski stellt drei zentrale Problemkreise heraus, und zwar:

– die künftige strategische Doktrin, bei der es um die Frage geht, wie die Vereinigten Staaten ihre nationale Sicherheit am besten erhöhen können;

– die geopolitischen Zwänge, die ausschlaggebend dafür sind, in welchen Regionen die Vereinigten Staaten sich schwerpunktmäßig engagieren; und

– die globale Rolle Amerikas, bei der es darum geht, wie Amerika seinen weltweiten Einfluß ausüben sollte.

In beiden Studien wird die These vertreten, daß jede Strategie der Vereinigten Staaten in der Überzeugung verwurzelt sein müßte, daß »die strategische Beziehung zwischen den Vereinigten Staaten und der Sowjetunion im wesentlichen antagonistisch ist«. So schreibt Brzezinski: »Die amerikanisch-sowjetische Auseinandersetzung ist nicht ein zeitweiliger Irrweg, sondern ein lang andauernder geschichtlicher Gegensatz globalen Ausmaßes, jedoch mit klaren geopolitischen Prioritäten; und wenn die Vereinigten Staaten ihn bestehen wollen, müssen sie den Kampf auf der Basis einer folgerichtigen und breit angelegten strategischen Perspektive führen.« Mit anderen Worten: Brzezinski geht von einem unveränderten Interessengegensatz zwischen West und Ost aus. Auch wenn der amerikanisch-sowjetische Konflikt globales Ausmaß besitze, liege sein Schwerpunkt doch in Eurasien und hier in den sogenannten »Schlüsselstaaten« des Randlandes (Spykman) der zentralen Landmasse. Der Kampf um Eurasien werde an drei strategischen Hauptfronten geführt: der westlichen, der fernöstlichen und der südwestlichen. Die Schlüsselstaaten in den »Randzonen« der beiden Supermächte seien Polen und die Bundesrepublik Deutschland an der westlichen Front, Südkorea und die Philippinen an der fernöstlichen und Iran oder Afghanistan in Verbindung mit Pakistan an der südwestlichen Front.

*Abb. 9 Geopolitik: Regionalsicht nach Spykman*

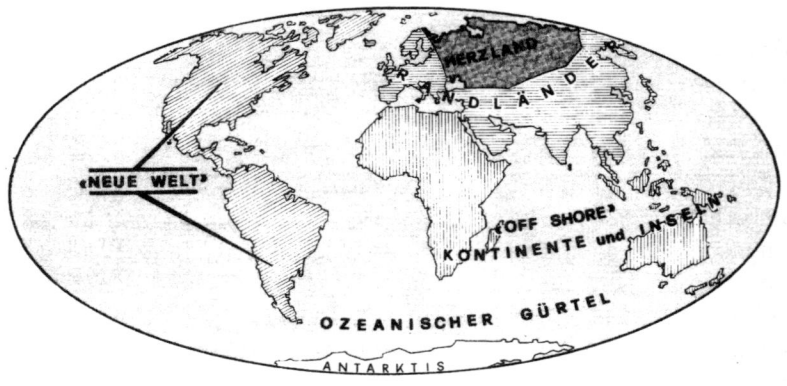

Quelle: Archiv/ÖMZ

Abschließend ist festzustellen: Brzezinski beurteilte in seinem Grundlagenwerk die Absichten und Fähigkeiten der Sowjetunion und stellte Stärken und Schwächen beider Supermächte heraus. Seine Empfehlung für den Westen: die machtpolitischen Akzente müssen so gesetzt werden, daß die von Kennan begründete Politik der Eindämmung (containment)[45] auch künftig amerikanische Geopolitik bleiben sollte. Zum selben Ergebnis gelangt übrigens auch Colin S. Gray. Darüber hinaus hat Brzezinskis Buch für den deutschen Leser eine besondere Bedeutung: Bei den Veränderungen in der ehemaligen Sowjetunion schien ihm die Kraft der nationalen Frage bestimmend. Er ging davon aus, daß der Ostblock auseinanderbrechen und daß Mitteleuropa sich neu formieren werde. Diese Prognose ist inzwischen eingetroffen.

*Die amerikanische geopolitische Diskussion nach dem*
*Ende des »Kalten Krieges«*

Trotz des Zusammenbruchs der kommunistischen Regierungssysteme in Osteuropa und der verminderten Spannungen zwischen Ost und West setzte Präsident Bush weiter auf eine »Politik militärischer Stärke«. »Die USA müsse ihre Militärpräsenz in Europa und Asien aufrechterhalten.« Diese Zielsetzung amerikanischer Außen- und Sicherheitspolitik gab Präsident Bush im August 1991 in einer Stellungnahme zum »Sicherheits- und Strategiebericht« an den Kongreß.[46] Er ging bei seiner Begründung von folgender Einschätzung der weltpolitischen Lage aus: Obwohl die Bedrohung durch die Sowjetunion geringer geworden sei, bleibe die Welt immer noch »ein gefährlicher Ort«, an dem ethnische Gegensätze, nationale Rivalitäten, religiöse Spannungen, die zunehmende Verbreitung von Waffen, persönlicher Ehrgeiz und autoritäre Regime ein ständiges Gefahrenpotential darstellen. Allerdings erfordere der Zusammenbruch des Kommunismus von den Vereinigten Staaten eine Neugewichtung ihrer Sicherheitsstrategie mit dem Ziel, die nach dem Ende des Kalten Krieges ausgebrochenen regionalen und nationalen Feindseligkeiten einzudämmen. Die Sowjetunion werde auch nach dem Ende des Warschauer Pakts eine militärische Supermacht bleiben, deren Potential nicht irrelevant werde.[47]

In der vom Nationalen Sicherheitsrat des Präsidenten erarbeiteten Studie heißt es weiter: »Mehr als 40 Jahre lang war die amerikanische Globalstrategie des Containment (›Eindämmung‹) der Reflex auf die Ära des sowjetischen Machtexpansionismus, der sowjetischen Aggression und des sowjetischen Kommunismus. Nun ist indes festzustellen, daß die Sowjetunion weit mehr auf die Verhältnisse im Innern konzentriert ist, mit Krisen im Innern ringt.«[48] Niemand könne freilich sagen, »welchen Weg die Sowjetunion am Ende geht«. Aber die Rückkehr zum gleichen Feindbild wie vor 40 Jahren sei »unwahrscheinlich«. Globalpolitisch werde eine Modifizierung der mehr als vierzig Jahre lang gültigen amerikanischen Strategie der Eindämmung, ebenso wie ein neues Verteidigungskonzept des westlichen Bündnisses und eine neue NATO-Streitkräftestruktur, die der veränderten Lage in der Sowjetunion sowie allgemein der in Osteuropa angepaßt sei, erforderlich sein.[50] Die neue internationale Lage eröffne für die USA Möglichkeiten, wie sie nur wenigen Generationen zuvor geboten worden seien, bemerkte Bush. Es biete sich die Chance, »ein neues internationales System zu schaffen, das mit unseren Werten und Idealen in Einklang steht«.[51] Er erwähnte in diesem Zusammenhang die Zusammenarbeit zwischen Washington und Moskau und die Allianzen während des Golf-Krieges. Im Blick auf die neuen sicherheitspolitischen Probleme durch die Veränderungen in Mittel- und Osteuropa vermerkte der Bericht, die USA befürworteten die Weiterentwicklung der Konferenz über Sicherheit und Zusammenarbeit in Europa (KSZE), speziell auch bei der Lösung ethnischer und nationaler Probleme auf dem europäischen Kontinent. Als besonders beunruhigend wurden in diesem Zusammenhang die »mächtigen zentrifugalen (auseinanderstrebenden) Kräfte in Jugoslawien« bezeichnet.[52] Der NATO wird in dem Bericht eine Schlüsselrolle für die Sicherheit des »neuen Europa« zugewiesen.[53] Washington werde innerhalb des Bündnisses auf eine eigene europäische Sicherheitsstruktur hinarbeiten, damit »die Europäer größere Verantwortung für die Verteidigung Europas« übernehmen.[54]

Was die amerikanische militärische Präsenz in der Bundesrepublik Deutschland betrifft, so kann davon ausgegangen werden, daß amerikanische Streitkräfte auch in Zukunft – in »beachtlicher Größe« – in Zentraleuropa disloziert bleiben werden. Dies vor allem deswegen, weil Deutschland für die Logistik der Vereinigten Staaten, wie neuerlich der Golfkrieg im Jahre 1991 zeigte, erhebliche geostrategische Bedeutung besitzt.[55] Die USA verstehen ihre militärische Präsenz in Deutschland aber nicht nur als Vorsorge gegen eine bestimmte Bedrohung, sondern ebenso als Ausdruck ihres politischen Engagements in Europa.[56] Aufgrund der geopolitischen und geostrategischen Veränderungen in Eurasien und Nordafrika liegt eine starke amerikanische militärische Präsenz in Zentraleuropa aber ebenso im deutschen Interesse.[57]

*Grundprinzipien amerikanischer Geopolitik und ihre Auswirkungen auf Zentraleuropa*

Die Frage, welche geopolitischen und geostrategischen Leitlinien die amerikanische Außen- und Sicherheitspolitik kennzeichnen, kann wie folgt beantwortet werden:
- Geopolitische und völkerrechtliche Doktrinen sind die »Handlungsmaximen«;
- das raumpolitische Denken begann mit George Washingtons »Farewell Address«;
- es folgte das Denken in Doktrinen (Monroe-Doktrin etc.);
- das 19. Jahrhundert war außer von doktrinärem Denken von der amerikanischen Westexpansion (»Manifest Destiny«) bestimmt;
- die geopolitischen Ideen Alfred Thayer Mahans zur »Seemachtslehre« fallen um die Jahrhundertwende mit dem Eintritt der USA in die Weltpolitik zusammen;
- das außenpolitische Verhalten der USA in der ersten Hälfte des 20. Jahrhunderts war von »Isolationismus und Intervention« geprägt;
- die Zeit seit dem Zweiten Weltkrieg bis Ende der achtziger Jahre war über mehr als vier Jahrzehnte von einer »Politik der Eindämmung« gegenüber der Sowjetunion gekennzeichnet.

In der hier zu untersuchenden geopolitischen Grundlagenarbeit hatte die Bundesrepublik Deutschland im Rahmen der amerikanischen »Globalstrategie« eine Reihe geopolitischer und geostrategischer Funktionen zu erfüllen. Im einzelnen lagen diese im Bereich der
- Balance of Power
- Containment-Politik
- Randland-Politik
- Allianz-Partnerschaft
- Sicherung der Gegenküste als See- und Luftmacht und als
- geostrategische Drehscheibe für Interventionen in Krisengebieten (Nordafrika und Naher Osten).

Seit Ende der achtziger Jahre hat sich die Weltpolitik radikal verändert. Die Vereinigten Staaten von Amerika sind aufgrund ihres Machtpotentials als einzige handlungsfähige Supermacht übriggeblieben. Dennoch wird auch in den Vereinigten Staaten unter Politikern wie Politologen über die Neudefinition des nationalen Interesses intensiv diskutiert. Im Kern der Diskussion steht die Frage nach Anpassung der amerikanischen Verhältnisse an die veränderten Machtstrukturen internationaler Politik. Im Ergebnis bewegt sich die amerikanische Außenpolitik an der Schwelle zum 21. Jahrhundert zwischen Kontinuität und Wandel.[58]

## GROSSBRITANNIEN

Der Politologe *Hans-Adolf Jacobsen* schreibt über die britische Außenpolitik: »In der neueren Staatengeschichte ist insbesondere die britische Außen- und Sicherheitspolitik von der Anwendung des Prinzips ›Balance of Power‹ geprägt. Die britische Politik war ständig bemüht, die Unterwerfung des Kontinents durch eine einzige Macht zu verhindern, ohne dabei den Anspruch zu erheben, diesen selbst beherrschen zu wollen. Jedem Versuch, die Hegemonie in Europa zu errichten, hat sich Großbritannien erfolgreich entgegengestellt. So schloß es mit Frankreich und der Türkei ein Bündnis gegen Karl V. im 17. Jahrhundert, ein solches mit den Niederlanden gegen Ludwig XIV., während es gleichzeitig seine Stellung als überseeische Handelsvormacht ausbaute. Sein Eingreifen in die Kriege 1914 und 1939 entsprang den gleichen Motiven.«[59]

*Balance of Power:*
*Ein Grundprinzip britischer Außen- und Sicherheitspolitik*

Die grundlegenden Prinzipien[60] der britischen Außenpolitik und ihren Erfolg in der britischen Außen- und Sicherheitspolitik führt der englische Politikwissenschaftler Joseph Frankel auf Großbritanniens »geographische Lage« zurück:

»Obwohl dem Kontinent unmittelbar vorgelagert, war es kein Teil von ihm. Diese Trennung wie auch die gelegentliche Verquickung von überseeischen und europäischen Unternehmungen drückt sich am eindeutigsten in Großbritanniens strategischen Auffassungen aus. Diese trafen eine klare Unterscheidung zwischen See-Strategie, bei der Großbritannien unmißverständlich einen Anspruch auf Vorherrschaft erhob, und einer Kontinental-Strategie, die auf dem Prinzip der ›Balance of Power‹ beruhte. Diese unterschiedlichen Auffassungen wirken – wenn auch nicht so deutlich ausgesprochen – im Konzept der offiziellen Außenpolitik fort. Das Prinzip der ›Balance of Power‹ wurde zwar als allgemeingültig verkündet, blieb aber in seiner Anwendung auf den Kontinent beschränkt. Mit dem nur scheinbar ähnlichen Gegenstück zum Prinzip der Forderung nach ›Freiheit der Meere‹ verhielt es sich nicht anders. Auf ihr beruhte Großbritanniens Seeherrschaft, während die ›Balance of Power‹ das negative Ziel hatte, keiner europäischen Macht eine Hegemonialstellung auf dem Kontinent zuzugestehen.«[61]

David Hume hat in seinem 1741 erschienenen Essay »On the Balance of Power«[62] Englands Rolle bei der Aufrechterhaltung des kontinentalen Gleichgewichts gepriesen und als Zweck dieser Politik nicht allein die Friedenssicherung, sondern vor allem auch die Aufrechterhaltung der Freiheit der europäischen Staaten bezeichnet. Durch seinen erfolgreichen Kampf gegen die französische Hegemonie habe England sich als »guardian of the general liberties of Europe and patron of mankind« bewährt. Dieser Aspekt der Gleichgewichts-Theorie kommt noch deutlicher in Friedrich Gentz' »Fragmenten aus der neuesten Geschichte des politischen Gleichgewichts in Europa« (1806)[63] zum Ausdruck.

Das erwünschte Gleichgewicht der Kräfte konnte in der Regel durch geschickte diplomatische Manöver aufrechterhalten werden, die nur gelegentlich militärische Eingriffe gegen die auf eine Vormachtstellung drängenden Mächte notwendig machten. Solche »Ausbrecher-Staaten« waren zu ihrer Zeit die Habsburger, Frankreich unter Louis XIV., Napoleon und im zwanzigsten Jahrhundert Deutschland unter Wilhelm II. und Hitler.[64] Das Leitbild der »Balance of Power« war die Anwendung des Begriffes der Harmonisierung im politisch-strategischen Raum. Es wurde von Sir Eyre Crowe so beschrieben: »Es ist fast eine geschichtliche Selbstverständlichkeit geworden, die Aufrechterhaltung dieses Gleichgewichts mit Englands traditioneller Politik zu identifizieren, die ihr Gewicht einmal in diese, einmal in jene Waagschale wirft, unweigerlich aber in die, die einer politischen Diktatur des stärkeren Staates oder Staatenbundes entgegensteht.«[65] Diese

Politik hing notwendigerweise davon ab, wieviel Macht und Einfluß Großbritannien durch die Entwicklung und den Ausbau seiner Interessen in Übersee gewinnen konnte; zuerst in Indien und auf dem nordamerikanischen Kontinent, später in Afrika und in Fernost. Der Ausgang und die Auswirkungen des Ersten Weltkrieges hielten Großbritannien dazu an, die traditionelle Außenpolitik zu stärken, seine Abhängigkeit von den Staaten des Commonwealth zu erhöhen und den Anstrengungen für ein wohlabgewogenes Gleichgewicht der Kräfte in Kontinentaleuropa neuen Auftrieb zu geben.[66] Mit anderen Worten: Durch die Minderung der strategischen Bedeutung des Englischen Kanals, insbesondere infolge der Entwicklung der militärischen Luftfahrt, wurde die Bedeutung einer ausgewogenen Kräfteverteilung in Europa nach 1918 für Großbritanniens Sicherheit so wichtig wie nie zuvor.[67] An eine grundsätzliche Revision seiner Außen- und Sicherheitspolitik brauchte Großbritannien in dieser Situation daher noch nicht zu denken.

*Hinwendung zum Kontinent*

Erst mit der Veränderung der internationalen Machtkonstellation nach dem Zweiten Weltkrieg sah sich Großbritannien gezwungen, eine Neuinterpretation seiner »nationalen Interessen« vorzunehmen.[68] So hat Großbritannien mit der Tradition gebrochen (bzw. brechen müssen), das Schwergewicht auf die überseeische Politik zu legen, und ist auch von dem Prinzip abgegangen, in Friedenszeiten keine militärischen Verpflichtungen auf dem Kontinent einzugehen. Die spezielle britische Aufenthaltspflicht, die ursprünglich auf französischen Wunsch begründet wurde, um ein Gegengewicht gegen die entstehenden deutschen Streitkräfte zu etablieren, war allerdings in zweifacher Hinsicht beschränkt:

1. war Großbritannien im Falle eines akuten Notstandes nicht daran gebunden;
2. konnte die britische Regierung den Nordatlantikrat um Überprüfung der finanziellen Bedingungen für den Unterhalt ihrer Ver-

*Abb. 10 Die geographische Lage Großbritanniens als Ausgangslage geostrategischer Interessen (1945–1990)*

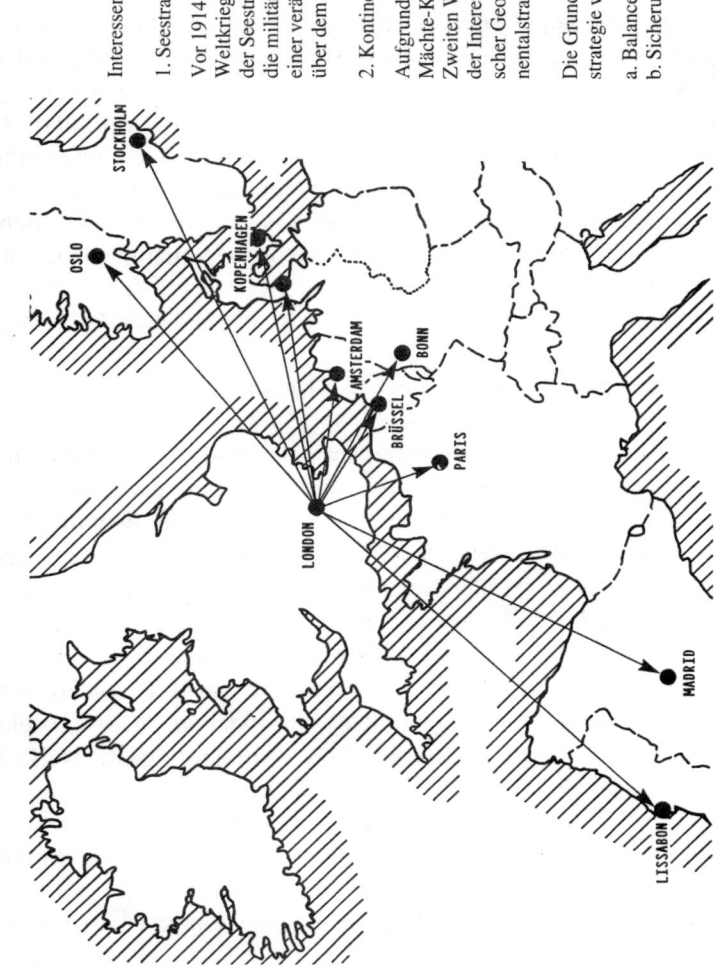

Interessenschwerpunkte

1. Seestrategie

Vor 1914 und zwischen den beiden Weltkriegen lag die Dominanz bei der Seestrategie, doch insbesondere die militärische Luftfahrt führte zu einer veränderten Strategie gegenüber dem europäischen Kontinent.

2. Kontinentalstrategie

Aufgrund der veränderten Raum-Mächte-Konstellation nach dem Zweiten Weltkrieg verlagerte sich der Interessenschwerpunkt britischer Geostrategie auf eine Kontinentalstrategie.

Die Grundprinzipien britischer Geostrategie waren

a. Balance of Power
b. Sicherung der Gegenküste

Entwurf: Georg Klöcker

71

bände auf dem europäischen Festland ersuchen, wenn daraus eine zu schwere Belastung der »auswärtigen Finanzen des Vereinigten Königreichs« erwuchs.[69]

Langsam, aber unaufhörlich wurde die ozeanische Politik durch eine europäische ersetzt. Dies geschah nicht zuletzt deswegen, weil Großbritannien in diesem Raum seine Sicherheitsinteressen am unmittelbarsten bedroht sah.[70] So war der Plan, Deutschland nach dem Zweiten Weltkrieg in dem Sinne zu »neutralisieren«, daß es außerstand gesetzt würde, seine eigenen Interessen wahrzunehmen und dadurch die weltpolitische Entwicklung zu beeinflussen, angelsächsischen Ursprungs. Der Plan ergab sich für die Angelsachsen aus dem europäischen Sicherheitssystem[71], dessen Einrichtung im Rahmen der Organisation der Vereinten Nationen beschlossen wurde, nachdem Churchills Vorschlag eines europäischen Staatenbundes abgelehnt worden war. Diesem europäischen Sicherheitssystem wurde von Washington und im Anschluß daran auch von London eine dreifache Aufgabe zugedacht:

1. zwischen den Alliierten nach dem Kriege die völkerrechtliche Bindung zu schaffen, durch die sie verpflichtet werden sollten, aufkommende Gegensätze auf einer der Machtpolitik souveräner Staaten übergeordneten Ebene auszutragen;
2. zwischen den angelsächsischen und sowjetischen Europainteressen einen Vergleich herbeizuführen;
3. das zur Errichtung und Aufrechterhaltung der Neutralität Deutschlands unerläßliche Einvernehmen zu gewährleisten.[72]

In der nächsten Phase britischer Deutschlandpolitik fand der Gedanke, die verfahrene Situation in Zentraleuropa militärisch aufzulockern und die Chancen der Wiedervereinigung Deutschlands durch Disengagement-Pläne zu aktualisieren, lebhaftes Interesse.[73] Liddell Hart bemerkt hierzu in seinem Buch »Abschreckung oder Abwehr. Gedanken zur Verteidigung des Westens«[74]: »Der allgemeine Grundgedanke eines ›Disengagement‹ schwelt aber schon seit langem und ist von führenden Politikern verschiedener Länder, insbesondere Großbritanniens, immer wieder in die Debatte geworfen worden in dem Bemühen,

*Abb. 11 Britische Streitkräfte in Zentraleuropa*

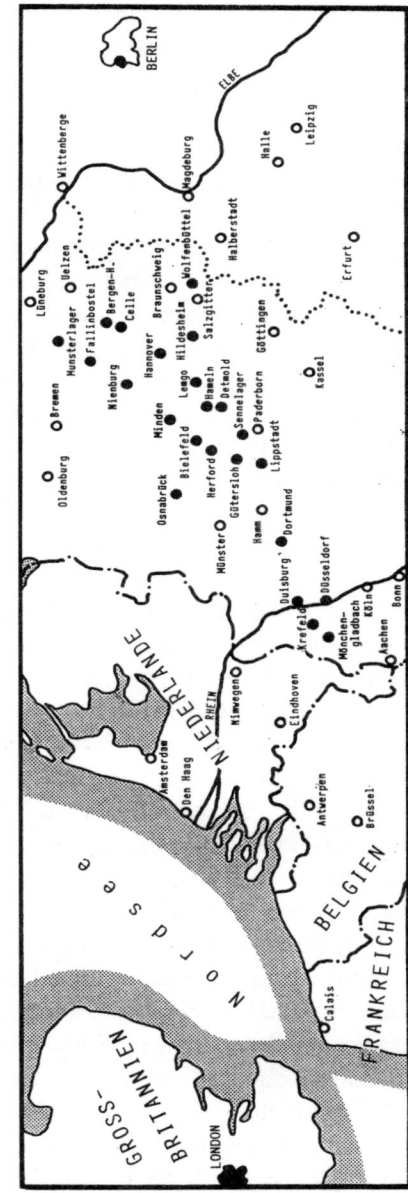

Quelle: »Information für die Truppe«, 3/71, S. 300

73

die Gefahren der gegenwärtigen Weltlage zu entschärfen.« 1955 warf Sir Anthony Eden den Gedanken in der Genfer Konferenz auf. Schon zuvor oder später verlangten Hugh Gaitskell, Aneurin Bevan und Denis Healey namens der Labour-Partei in Großbritannien etwas Ähnliches. Der Grundgedanke machte zudem einen wichtigen Teil des 1954 von Luftmarschall Sir John Slessor[75] ausgearbeiteten Planes aus. ,Auch Lester Pearson, der gedankenreichste und einflußreichste kanadische Sprecher in internationalen Fragen, ist ein bekannter Verfechter dieser Idee. Macmillan zeigte gewisse Neigungen dazu. Das Abschlußkommuniqué über seine Gespräche mit Chruschtschow im Jahr 1959 führt bezeichnenderweise aus, daß die Staatsmänner »übereinkamen, daß weitere Studien für eine mögliche stärkere Sicherheit nützlich sein könnten, und zwar auf dem Weg einer Begrenzung der Truppenstärke und der konventionellen und atomaren Waffen in einem bestimmten Teil Europas, verbunden mit einem geeigneten Überwachungssystem«.[76] Die Disengagement-Vorschläge von Eden, Gaitskell, Healey, Liddell Hart, Feldmarschall Montgomery, Sir John Slessor sowie der Plan der Labour Party und des britischen Gewerkschafts-Kongresses bezogen sich ausdrücklich auf den zentraleuropäischen Raum und schlossen eine weitere Stationierung amerikanischer Truppen auf dem Kontinent nicht aus.

### Der Kontinent als Brückenkopf

Auch in späterer Zeit lagen die entscheidenden Sicherheitsinteressen Großbritanniens in Europa. So betonte der britische Außenminister Sir Alec Douglas-Home in seiner Rede vor dem britischen Unterhaus am 6. Juli 1970: »Permanente Aufgabe britischer Außenpolitik sei es, zu verhindern, daß das Zentrum Europas von einer einzelnen Macht beherrscht wird.«[77] Dieses Postulat hat ebenso politische wie militärische Gründe. Der Umfang der »Rheinarmee« entspricht dem eines kommandotechnisch gut zu handhabenden und einsatzmäßig genügend starken Armeekorps. Damit läßt sich auch der Anspruch auf führende Positionen in der Kommandostruktur der NATO in Zentraleuropa weiterhin begründen. Zugleich ist der Beitrag wichtig genug, um die britische Präsenz auf dem Kontinent zu demonstrieren und ein politisches Mitspracherecht im Verhältnis zur Bundesrepublik Deutschland zu rechtfertigen.[78]

In Anwendung dieser Maxime war die britische Nachkriegspolitik gegenüber der Bundesrepublik Deutschland im wesentlichen von zwei Motiven[79] bestimmt:

1. durch die Furcht vor einer deutschen Rapallo-Politik, d.h. Kontrolle bzw. Verhinderung einer deutschen Öffnung zur Sowjetunion außerhalb der NATO;
2. durch das Streben nach Sicherung Westdeutschlands als militärischen Glacis gegen die Sowjetunion.

In der in Großbritannien nach dem Zweiten Weltkrieg geführten Strategie-Diskussion hieß es immer: »Großbritannien wird am Rhein verteidigt.« Später sprach man von der Elbe[80], aber der Gedanke war der gleiche. Es war immer Ziel der britischen Politik und Kriegführung, zu verhindern, daß eine starke Kontinentalmacht sich am Kanal festsetzt. Auch heute noch ist diese Wasserstraße für alle konventionellen Operationen ein gewaltiges Hindernis und damit für Großbritannien ein Sicherheitsfaktor erster Ordnung. Dabei kommt es nicht so sehr darauf an, wo dem andrängenden Gegner Halt geboten wird, an der Elbe, der Weser, dem Rhein oder erst an der Maas, sondern daß er eben nicht in den Besitz der »Gegenküste« gelangt.[81]

Die Prinzipien britischer Politik, »Sicherung der Gegenküste« und »Balance of Power«, kamen auch während des deutschen Einigungsprozesses im Jahre 1990 deutlich zum Ausdruck.[82] Die Hauptfragen, die sich die Kritiker[83] der Einheit Deutschlands in Großbritannien stellten, waren: Hat sich Deutschland geändert? Wird Deutschland sein vermehrtes Gewicht verstärkt in der EG nutzen? Wird das vereinte Deutschland, das nicht mit der alten Bundesrepublik Deutschland gleichgesetzt werden kann, seinen bisher »westlich bestimmten« Schwerpunkt aufgeben und statt dessen neue Partnerschaften in West *und* Ost suchen?

Die Aufforderungen nicht nur aus der ehemaligen Sowjetunion, das vereinte Deutschland solle seinen Platz als »Großmacht« wieder einnehmen, eine besondere Rolle beim Ausgleich zwischen Ost und West spielen und, seiner Bedeutung entsprechend, einen ständigen Sitz im Sicherheitsrat der Vereinten Nationen erhalten, haben in Whitehall

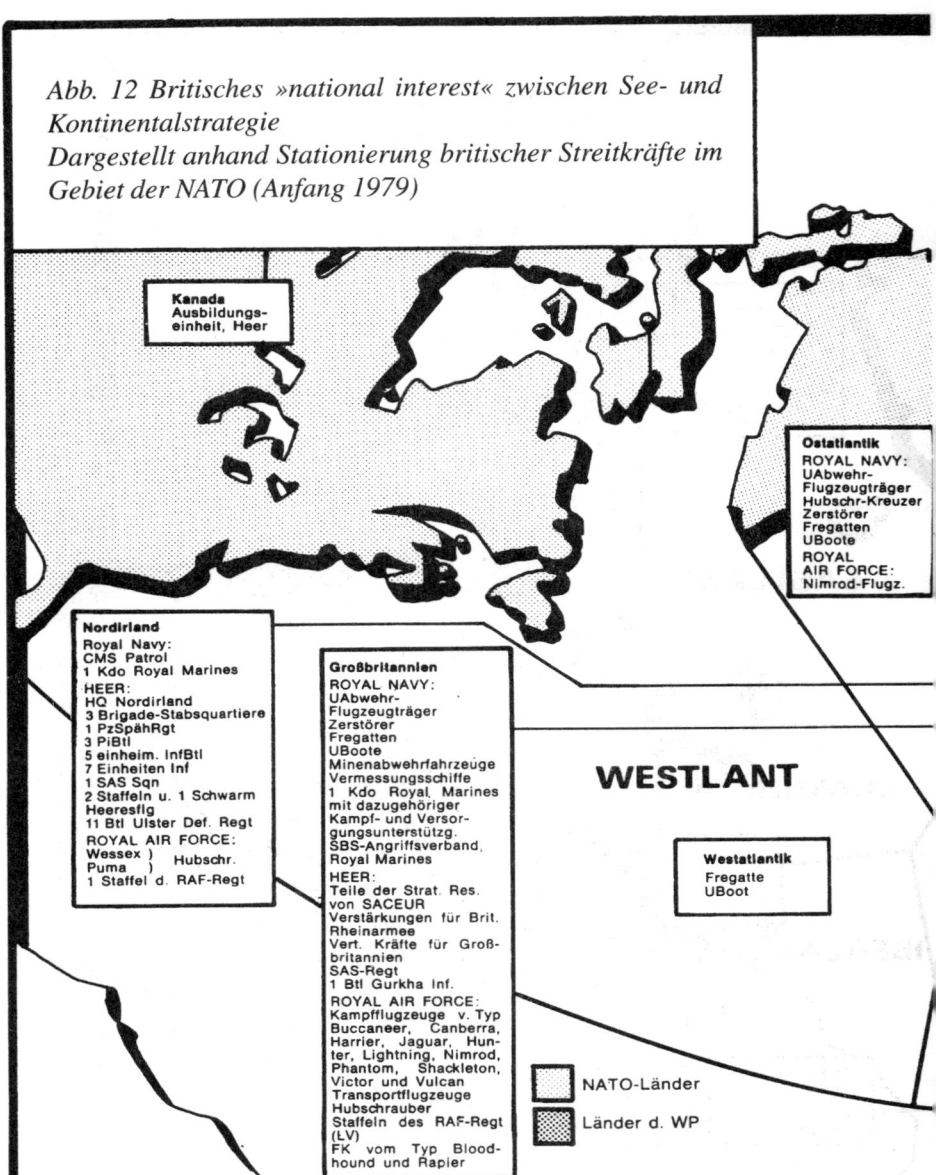

*Abb. 12 Britisches »national interest« zwischen See- und Kontinentalstrategie*
*Dargestellt anhand Stationierung britischer Streitkräfte im Gebiet der NATO (Anfang 1979)*

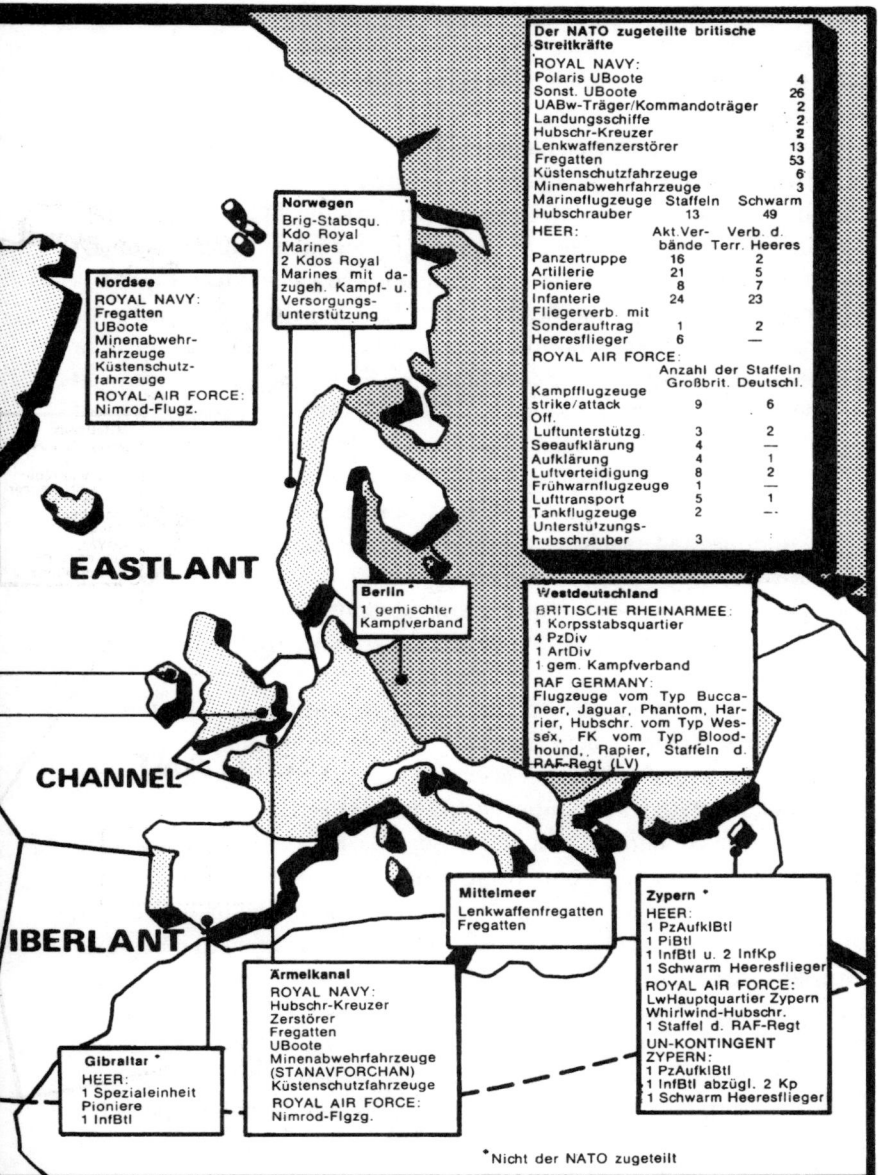

**Norwegen**
Brig-Stabsqu.
Kdo Royal
Marines
2 Kdos Royal
Marines mit da-
zugeh. Kampf- u.
Versorgungs-
unterstützung

**Nordsee**
ROYAL NAVY:
Fregatten
UBoote
Minenabwehr-
fahrzeuge
Küstenschutz-
fahrzeuge
ROYAL AIR FORCE:
Nimrod-Flugz.

**EASTLANT**

**Berlin** *
1 gemischter
Kampfverband

**Der NATO zugeteilte britische
Streitkräfte**

ROYAL NAVY:
| | |
|---|---:|
| Polaris UBoote | 4 |
| Sonst. UBoote | 26 |
| UABw-Träger/Kommandoträger | 2 |
| Landungsschiffe | 2 |
| Hubschr-Kreuzer | 2 |
| Lenkwaffenzerstörer | 13 |
| Fregatten | 53 |
| Küstenschutzfahrzeuge | 6 |
| Minenabwehrfahrzeuge | 3 |

| Marineflugzeuge | Staffeln | Schwarm |
|---|---|---|
| Hubschrauber | 13 | 49 |

| HEER: | Akt.Ver- | Verb. d. |
| | bände | Terr. Heeres |
|---|---|---|
| Panzertruppe | 16 | 2 |
| Artillerie | 21 | 5 |
| Pioniere | 8 | 7 |
| Infanterie | 24 | 23 |
| Fliegerverb. mit | | |
| Sonderauftrag | 1 | 2 |
| Heeresflieger | 6 | — |

ROYAL AIR FORCE:
| | Anzahl der Staffeln | |
| | Großbrit. | Deutschl. |
|---|---|---|
| Kampfflugzeuge | | |
| strike/attack | 9 | 6 |
| Off. | | |
| Luftunterstützg. | 3 | 2 |
| Seeaufklärung | 4 | — |
| Aufklärung | 4 | 1 |
| Luftverteidigung | 8 | 2 |
| Frühwarnflugzeuge | 1 | — |
| Lufttransport | 5 | 1 |
| Tankflugzeuge | 2 | —· |
| Unterstützungs- | | |
| hubschrauber | 3 | |

**Westdeutschland**
BRITISCHE RHEINARMEE:
1 Korpsstabsquartier
4 PzDiv
1 ArtDiv
1 gem. Kampfverband

RAF GERMANY:
Flugzeuge vom Typ Bucca-
neer, Jaguar, Phantom, Har-
rier, Hubschr. vom Typ Wes-
sex, FK vom Typ Blood-
hound, Rapier, Staffeln d.
RAF-Regt (LV)

**CHANNEL**

**IBERLANT**

**Gibraltar** *
HEER:
1 Spezialeinheit
Pioniere
1 InfBtl

**Ärmelkanal**
ROYAL NAVY:
Hubschr-Kreuzer
Zerstörer
Fregatten
UBoote
Minenabwehrfahrzeuge
(STANAVFORCHAN)
Küstenschutzfahrzeuge
ROYAL AIR FORCE:
Nimrod-Flgzg.

**Mittelmeer**
Lenkwaffenfregatten
Fregatten

**Zypern** *
HEER:
1 PzAufklBtl
1 PiBtl
1 InfBtl u. 2 InfKp
1 Schwarm Heeresflieger
ROYAL AIR FORCE:
LwHauptquartier Zypern
Whirlwind-Hubschr.
1 Staffel d. RAF-Regt
UN-KONTINGENT
ZYPERN:
1 PzAufklBtl
1 InfBtl abzügl. 2 Kp
1 Schwarm Heeresflieger

*Nicht der NATO zugeteilt

Quelle: In »Information für die Truppe«, 8/80, S. 68/69.

mehr Sorgen als Freude ausgelöst. Keine Frage: Die Schwierigkeiten, die Großbritannien und Deutschland heute miteinander haben, hängen wesentlich damit zusammen, daß beide Länder ihre Rolle neu bestimmen müssen.[84]

Fazit: Seit Jahrhunderten hat Großbritannien »den größten Wert darauf gelegt, daß die ›low countries‹, also etwa das heutige Belgien und die Niederlande, nicht in die Gewalt einer Großmacht gerieten. [...] Es hat fünf Hegemonialkriege geführt, immer gegen die Macht, die nach Vorherrschaft auf dem Festland strebte und die Gegenküste Englands bedrohte oder auch schon besetzt hatte. [...] In seiner Geschichte als Seemacht ist sich England meist darüber klar gewesen, daß es mehr Zeit hatte als die Mächte auf dem Festland. Es hat eine Politik des ›wait and see‹ verfolgt, und es hat sich nicht dazu verleiten lassen, sich auf dem Weg über die Gegenküste zu tief in die Händel auf dem Festland zu verstricken, vielleicht mit Ausnahme des Ersten Weltkrieges. Da dürfte aber weniger politische Absicht als zu starke operativ-technische Bindung die Ursache gewesen sein.«[85] Großbritannien hielt seine Stellung als führende Seemacht fast 300 Jahre lang und verlor sie endgültig erst durch den Zweiten Weltkrieg. Damit hat sich seine Stellung zur Gegenküste gewandelt, und es vollzog grundsätzlich den Anschluß an den Kontinent.[86]

Jochen Löser und Ulrike Schilling gelangten Mitte der 80er Jahre in einer Untersuchung zu dem Ergebnis: »Großbritannien ist keine Weltmacht mehr. Es hat sich damit abfinden müssen, als Juniorpartner der Vereinigten Staaten die atlantische Allianz als den Rahmen anzusehen, in dem seine Sicherheit gestaltet wird. Der Frieden in Europa wird nach der Überzeugung Londons gewahrt, wenn die NATO funktionsfähig bleibt und ihre Abschreckungskraft nicht nachläßt. London glaubt nicht daran, daß ein europäisches Sicherheitssystem ohne massive amerikanische Präsenz an die Stelle des westlichen Bündnisses treten könnte. Bei dieser Einschätzung mag die Tatsache eine Rolle spielen, daß die Briten die Probleme des Kontinents noch immer aus einigem Abstand betrachten. Es genügt ihnen, den Status quo zu stabilisieren, weil dessen Beschwernisse allein die Mitteleuropäer bedrücken, während den britischen Interessen voll Rechnung getragen wird, wenn alles beim alten bleibt.«[87]

Die Rolle als zweite Führungsmacht, die Großbritannien nach den USA in der NATO immer gespielt hat und noch spielt, gründet sich u. a. auf sein Nuklearpotential, aber auch immer noch auf ansehnliche konventionelle Streitkräfte in Kontinentaleuropa. Das bestätigt heute die britische Absicht, in einer völlig geänderten Lage Teile der Rheinarmee im Rahmen der multinationalen Eingreiftruppen der NATO, deren Befehlshaber ein Brite sein wird, auf dem Kontinent zu belassen.[88]

*Grundmaximen bzw. Grundprinzipien britischer Politik*

Im Rahmen der hier zu untersuchenden geopolitischen Grundlagenarbeit können für die spezifisch britisch-deutschen Beziehungen folgende geopolitische bzw. geostrategische Prinzipien festgestellt werden:

- Balance of Power
- Einfluß bzw. Kontrolle der europäischen Mitte
  (Bündnis mit west- und osteuropäischen Staaten)
- Einkreisungspolitik
- Sicherung der Gegenküste (Glacis-Politik)
- »Special relationship« mit den USA

Bei der Anwendung dieser Prinzipien ist zu bedenken, welche Grundmaximen von der britischen »politischen Klasse« vertreten werden. Für die Beurteilung sind von der deutschen Geschichtswissenschaft folgende Einschätzungen herausgearbeitet worden: »Der britischen Entscheidungselite wird keine natürliche Legitimation zur Herrschaft konzediert, wohl aber ein Maß an Verständnis und Stilempfinden im Umgang mit der Macht attestiert, wie es in Deutschland nur Bismarck beherrschte. So sind Großbritannien die unheilvollen Erschütterungen der deutschen Geschichte erspart geblieben. Britische Geschichte belegt eine Grundmaxime historischer Erkenntnis: Nur bei steter Anpassung an den Wandel der Zeiten, nur bei rechtzeitiger Antizipation des Unaufhaltsamen kann die Individualität einer bestimmten politischen Kultur bewahrt werden. Diese Einsicht ist zu selbstverständlich, wenn nicht auch die Konsequenzen mitbedacht werden: der intellektuelle Verzicht auf eine ideologische Festlegung der Zukunft, die Bereitschaft zur Teilung der Macht im Inneren wie im Äußeren, ein ausgeprägter Sinn für Wert und Unwert des Überkommenen.«[89] Außerdem gehört es zu den wichtigsten Grundsätzen der britischen Diplomatie,»nur das mögliche Minimum an definitiven Verpflichtungen einzugehen«.[90]

Obwohl sich bei Disraeli, Palmerston, Sir Edward Grey oder Churchill in sich schlüssige politische Konzeptionen finden lassen, sind der britischen Tradition doch großangelegte außenpolitische Planungen, wie sie Peter der Große, Napoleon, Bismarck oder Hitler verfolgten, fremd. In der Nachkriegszeit gelang es keinem britischen Staatsmann, umfassende und in sich schlüssige politische Pläne zu entwickeln, die sich mit denen eines de Gaulle oder eines Adenauer vergleichen ließen.[91]

FRANKREICH

*François Mitterrand* in der *ZEIT* zum deutsch-französischen Verhältnis während der Zeit des»Wiedervereinigungsprozesses« (März 1990):»Erinnern Sie sich an das Wort Napoleons: ›Jeder Staat macht die Politik seiner Geographie.‹ ... Zu unserer Geographie gehört der deutsche Nachbar. Dann gibt es da noch andere Nachbarn, kurz, Europa.«

## *Die Entstehung des deutsch-französischen Gegensatzes im 15. Jahrhundert*

»Das Leben Frankreichs hängt zu einem großen Teil von der Nachbarschaft zu Deutschland und vom Zustand der französisch-deutschen Beziehungen ab, ob die Franzosen sich dessen bewußt sind oder nicht: die Geographie bestimmt die Geschichte. Dieser Grundfaktor hat insbesondere seit dem 19. Jahrhundert allergrößte Bedeutung erhalten, seit das geeinte Deutschland zuerst durch sein bevölkerungspolitisches, dann durch sein wirtschaftliches und schließlich durch sein militärisches Gewicht zum ersten Partner Frankreichs im internationalen Leben wurde, sei es nun im Krieg oder im Frieden.«[92] Mit diesen Sätzen beginnt Jaques Bariety, Professor für Geschichte an der Universität Straßburg, sein großes Werk, mit dem er neue, gewichtige Akzente in der Geschichtsschreibung der Beziehungen der beiden Völker setzt.[93]

Doch auch schon in früheren Zeiten bestimmte die Geographie weitgehend die deutsch-französischen Beziehungen.[94] Ernst Weidenfeld[95] arbeitet in seinen Studien drei Perioden und Entwicklungen französischer Geschichte heraus, die in Deutschland mit besonderem Interesse verfolgt wurden: Da war die naheliegende Frage, welche Ursachen und Kräfte dazu führten, daß der französische Nachbar so früh eine Nation wurde – ein Prozeß, der spätestens im 15. Jahrhundert seinen sicheren Verlauf nahm. Im 16. Jahrhundert gab es den ersten großen Interessenkonflikt des auf nationale Ausformung drängenden Königreichs Frankreich unter Franz I. von Angoulême mit den imperialen Ansprüchen des Habsburgerreichs unter Karl V. Hierbei spielte Frankreichs Koalition mit der Türkei gegen das Reich eine wesentliche Rolle. Später waren es die Koalitionen Richelieus[96] und Mazarins mit deutschen Fürsten in und nach den Wirren des 30jährigen Krieges gegen das Reich, die Frankreichs Vormachtstellung auf dem Kontinent bis zum Jahre 1813 sicherten.

Wie die drei von Ernst Weidenfeld herausgearbeiteten Perioden und Entwicklungen verdeutlichen, sind bereits die ersten deutsch-französischen Konfliktperioden zwischen Franz I. und dem Habsburgerreich geopolitischen Ursprungs.[97] So betrieb Franz I. eine Abwehrpolitik gegen die Einkreisung, der er sich durch die Vereinigung der habsburgischen Erblande Österreich, Niederlande und Spanien ausgesetzt sah und die schließlich zum militärischen Konflikt mit den Habsburgern führte.[98] Auch der französische Historiker de Bertier sieht den Anlaß der Auseinandersetzung darin, daß die habsburgischen Besitzungen »Frankreich praktisch von Flandern bis zu den Pyrenäen umklammerten«. Er sieht in den Kriegszielen Franz' I. ferner bereits die Tendenz zu einer »Politik der natürlichen Grenzen, deren Ziel im Osten der Lauf des Rheins war«.[99]

*Abb. 13 Frankreich schließt mit dem Osmanenreich das erste Bündnis gegen die Mitte Europas*

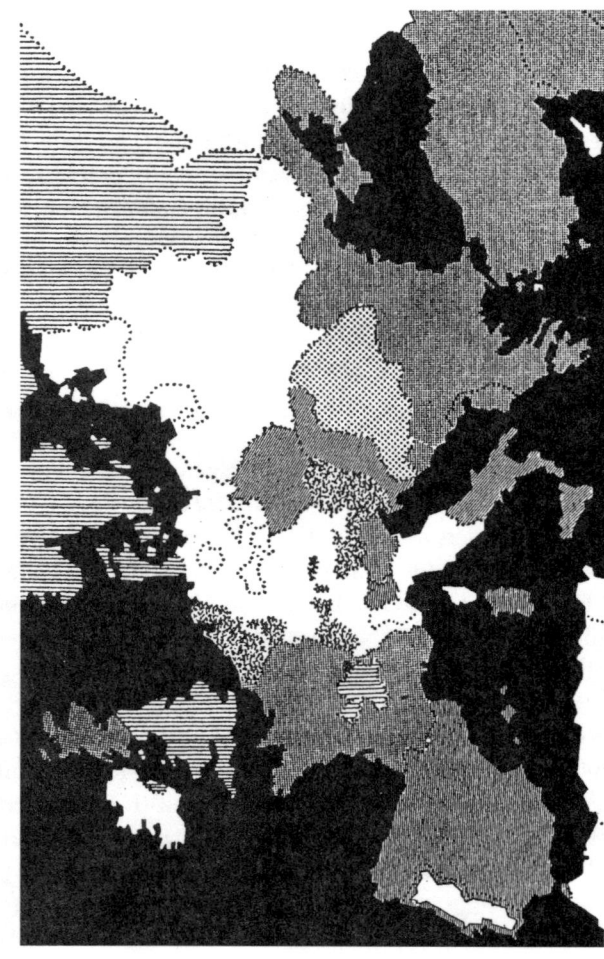

Aus der Umklammerung durch das habsburgische »Universalreiche reicht Frankreich dem außereuropäischen und europafeindlichen Osmanenreich die Hand (Liga von Cognac 1526, französisch-türkisches Bündnis 1535) – das ist die erste politisch bewußte Fühlungnahme des Westens mit dem Osten gegen die Mitte. Sie behält bis zum Ende des Zweiten Weltkrieges, 1945, ihre Gültigkeit.

Quelle: Tibor Simany: Der Raub Europas. Biographie eines Kontinents, Wien/Frankfurt/Zürich 1967, S. 38f.

## Politische Doktrin der »natürlichen Grenze«, dargestellt an der französischen Rheinpolitik

Am Ende des 16. Jahrhunderts unterschied sich die Ostgrenze Frankreichs nur in Einzelheiten von der des Mittelalters, und diese wiederum war im wesentlichen die Linie, die im Vertrag von Verdun festgelegt war.[100] Die einzige auffällige Änderung hatte zwischen der Rhône und den Alpen stattgefunden, wo die Provinzen Dauphiné und Provence zu Frankreich hinzugekommen waren.[101]

Im 17. Jahrhundert kamen zwei neue Begriffe auf: die strategische und die nationale Grenze; Linien, die leicht zu verteidigen waren beziehungsweise alle Menschen einer bestimmten Sprache und Kultur umschlossen. Die Verkündung der Doktrin der »natürlichen Grenzen« wird Richelieu[102] zugeschrieben. Schriften hierüber, die ihm früher zugerechnet wurden, sind jetzt entweder als Interpolationen oder Fälschungen erkannt worden. Gleichwohl hat sich solch eine Vorstellung von »les limites naturelles« in Frankreich behauptet und während der Französischen Revolution sieghaften Ausdruck gewonnen.[103] So haben wir letztlich die politische Doktrin von der »natürlichen Grenze«, wie man sie in Frankreich, Spanien, Italien, Irland und den vielen anderen Ländern findet, die danach strebten, Gebiete abzurunden, die sie als politische Einheit ansahen.[104]

Am Ende des Dreißigjährigen Krieges erwarb Frankreich die habsburgischen Gebiete im Elsaß mit dem reichen Sundgau zwischen Basel und Montbéliard.[105] Die Französische Revolution gab dem Drang Frankreichs zum Rhein neuen Auftrieb. Der Strom, bis dahin Grenze nur von Basel bis zu einem Punkte nahe Karlsruhe, wurde Grenze bis Emmerich.[106] Die österreichischen Niederlande wurden Frankreich einverleibt. Holland wurde zur Batavischen Republik, die die Rheinmündungen beherrschte.[107]

Der Elan der Revolutionskriege wuchs aus der Verteidigung des bedrohten Bodens. Der strategische Sinn napoleonischen Sicherheitsverlangens ging dahin, außerhalb der »natürlichen Grenzen« Frankreichs auf einem Glacis anzutreten, d.h. rechtsrheinisch zu kämpfen, Deutschland in seinen Grenzen niederzuwerfen und es gegebenenfalls als Durchzugsland zu benutzen.[108]

Abb. 14 Das Vordringen Frankreichs zum Rhein, 1500–1789

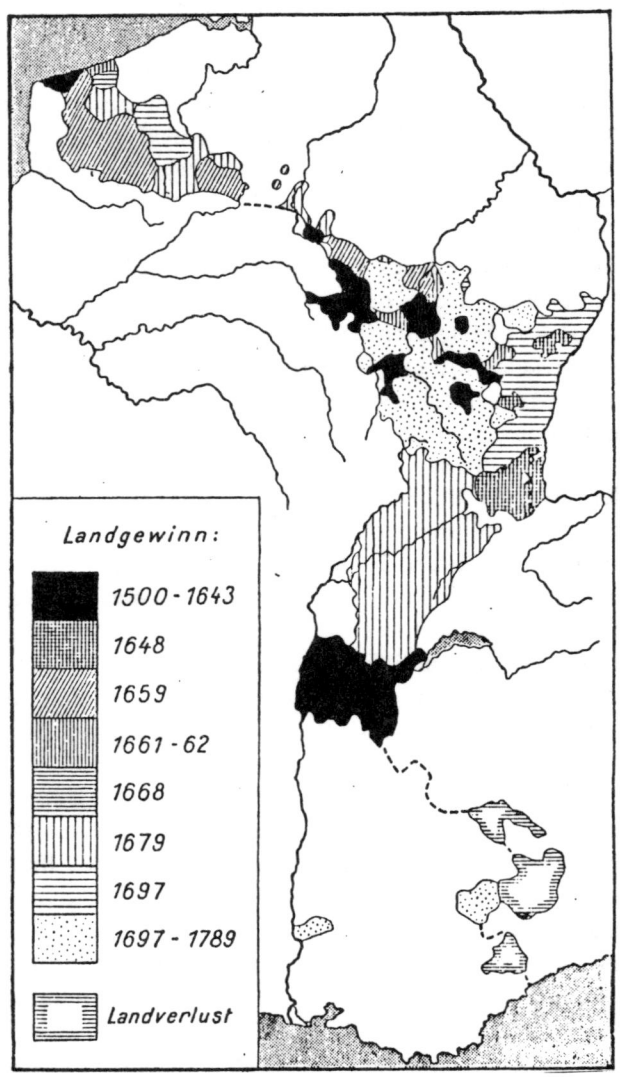

Landgewinn:

| | |
|---|---|
| ■ | 1500 - 1643 |
| | 1648 |
| | 1659 |
| | 1661 - 62 |
| | 1668 |
| | 1679 |
| | 1697 |
| | 1697 - 1789 |
| | Landverlust |

Quelle: N.J.G. Pounds: Historische und politische Geographie von Europa, Braunschweig 1950, S. 187.

*Exkurs: Anmerkungen zur politischen Diskussion der »natürlichen Grenze« in Deutschland zu Anfang des 19. Jahrhunderts*

Obwohl in der in Deutschland geführten politischen Diskussion weniger von »natürlichen Grenzen«, sondern mehr von »Sprachgrenzen« gesprochen wurde, spielten Grenzüberlegungen – zumindest zeitlich – durchaus eine beachtliche Rolle. So nannte Ernst Moritz Arndt im Gegensatz zu der in Frankreich geführten Diskussion den »Rhein einen deutschen Strom – nicht Deutschlands Grenze«; entwarf Karl Reichsfreiherr von und zum Stein für Deutschland eine Grenze entlang der Maas, Mosel und der Vogesen; schrieb Joseph von Görres im November 1813: »Die nationale Sicherheit Deutschlands verlangt als Grenze die Vogesen und die Ardennen.«[109] Und Jahrzehnte später diskutierten Karl Marx und Friedrich Engels über »Po und Rhein« als Deutschlands »natürliche Grenzen«.[110]

Nach Waterloo (1815) wurden die französischen Grenzen von 1789 wiederhergestellt, hier und dort berichtigt und Zeitwidrigkeiten, wie der kaiserliche Besitz im Elsaß, beseitigt. Seitdem sind territoriale Veränderungen an den französischen Grenzen auf den Verlust (1870) und die Rückgabe (1918) des Elsaß und eines Teiles von Lothringen sowie die Abtretung von Nizza und Savoyen an Frankreich im Jahre 1860 beschränkt geblieben.[111]

Wenn auch Frankreichs »Staatsgrenzen« seit dieser Zeit relativ konstant blieben, so war doch die Diskussion um Frankreichs »natürliche« bzw. »Sicherheitsgrenzen« keineswegs beendet. So umriß der französische Dichter und Politiker Chateaubriand in einer Denkschrift aus dem Jahre 1828 Frankreichs Aufgabe mit den Worten: »Wir wollen die Rheinlinie von Straßburg bis Köln. Das ist unser gerechter Anspruch. Dorthin muß Frankreich seine Grenzen verlegen, ebensosehr seiner Ehre halber als um seiner Sicherheit willen!«[112] Und während der Zeit des Bürgerkönigtums (1840) forderte der extreme französische Sozialist Proudhon als Sprecher verschiedener politischer Richtungen die Rheingrenze: »Nicht aus Eroberungsdrang, sondern aus dem tief in seinem Herzen wurzelnden Bedürfnis nach Sicherheit strebt das französische Volk nach dem linken Rheinufer.«[113]

Die ehrgeizigen territorialen Ansprüche Napoleons wuchsen. Er wollte nicht nur das römische Gallien wieder schaffen, sein Ziel war, das Reich der Karolinger wieder aufzurichten.[114] Frankreichs Grenzen wurden nach Nordosten ausgedehnt, um bis zur Ostsee einschließlich Lübeck vorzudringen. Der abhängige Rheinbund umfaßte Deutschland zwischen dem Rhein im Westen und Mecklenburg, Sachsen und Bayern im Osten.[115]

*Abb. 15 Die französische Grenze im Jahre 1803 mit den abhängigen Staaten*

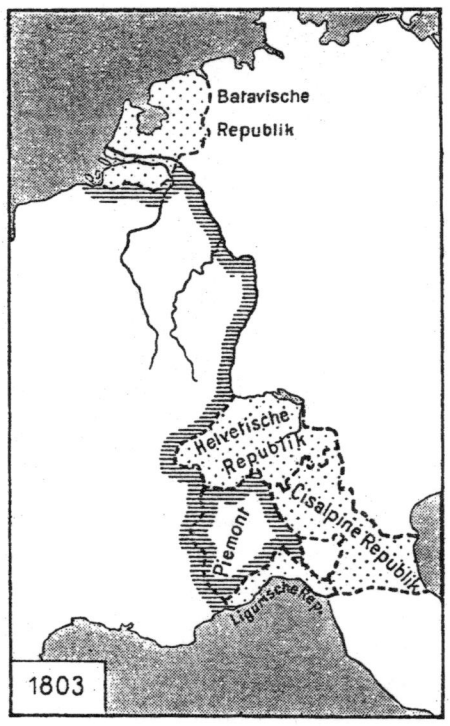

Quelle: N.J.G. Pounds, Historische und politische Geographie von Europa. Braunschweig 1950, S. 188.

86

Abb. 16 Europa im Jahre 1810

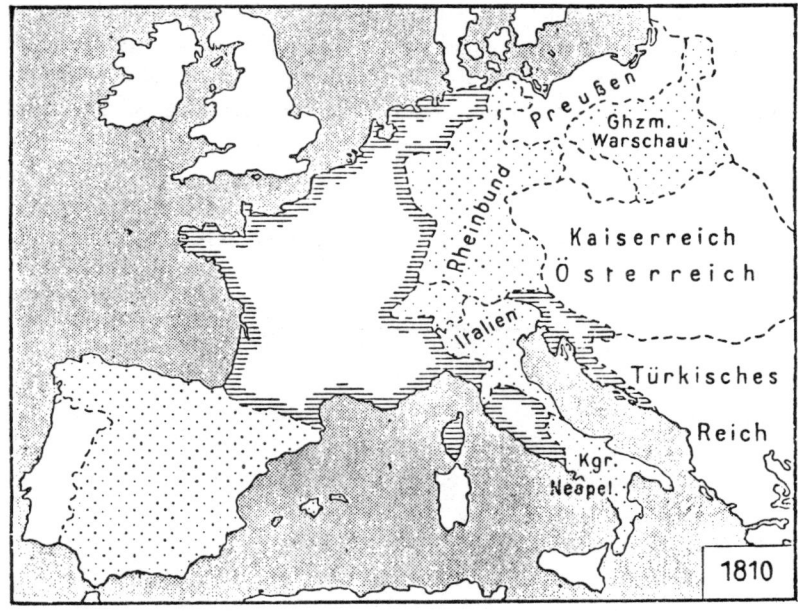

Die unmittelbar unter französischer Herrschaft stehenden Gebiete sind schraffiert, die abhängigen punktiert.

Quelle: N.J.G. Pounds, Historische und politische Geographie von Europa, Braunschweig 1950, S. 189.

Fazit: Die französische Doktrin der »natürlichen Grenzen« wurde bis Mitte des 19. Jahrhunderts mit größter Beharrlichkeit verfolgt. In einer zeitgenössischen Kritik des berühmten Göttinger Historikers Paul Darmstädter bestanden diese Ziele: »[...] in der Ausdehnung Frankreichs bis zu den sogenannten natürlichen Grenzen Rhein, Alpen und Pyrenäen, und darüber hinaus in der Gewinnung der Vorherrschaft über Mittel- und Südeuropa, sodann aber auch in der Erwerbung eines großen überseeischen Reiches.[116] Die Ausführung dieser Pläne stieß naturgemäß auf die Gegnerschaft anderer Mächte; Spanien, die deutschen Staaten unter der Führung Österreichs und namentlich England sahen in den französischen Absichten eine Bedrohung ihrer Lebensinteressen; starke Koalitionen zwischen dem Inselstaat und Festlandmächten brachten die französischen Pläne nach beiden Richtungen hin zum Fall.«[117]

Wenn auch die Doktrin der »natürlichen Grenzen« von Frankreichs Nachbarstaaten von Zeit zu Zeit massiv bekämpft wurde, so spielte sie doch auch später noch im französischen Sicherheitsdenken eine nicht unbedeutende Rolle.[118]

### Die deutsch-französischen Beziehungen seit der Bismarckschen Reichsgründung

Im 19. Jahrhundert hat neben der Frage der staatlichen Einigung Deutschlands die deutsch-französischen Beziehungen nichts nachhaltiger belastet als das Problem Elsaß-Lothringen. Seitdem 1814/15 die nach dem Dreißigjährigen Krieg verlorenen Gebiete für Deutschland, wenn auch vergebens, zurückgefordert worden sind, war dieser Konflikt latent vorhanden.[119] Der amerikanische Senator J. William Fulbright schreibt in seiner berühmten Studie »Die Arroganz der Macht« über die beiden wesentlichsten Kriegsursachen, die zum deutsch-französischen Krieg 1870/71 führten: »Der äußere Anlaß für den französisch-preußischen Krieg von 1870 war der Streit um die spanische Thronfolge; die scheinbar ›tieferliegende‹ Ursache der Widerstand der Franzosen gegen die Einigung Deutschlands.«[120] Dennoch: Außer der Einigung Deutschlands und der damit einhergehenden Stärkung der europäischen Mitte wurde von Paris die sich abzeichnende geopolitische Verbindung zwischen Berlin und Madrid, die an die habsburgische »Einkreisungspolitik« erinnerte, als besonders bedrohlich empfunden. Sie wird daher in der historischen Forschung als eine der wesentlichsten Kriegsursachen angesehen.[121]

Im Rahmen der deutschen Einigung ist der Streit um Elsaß-Lothringen als eine weitere wesentliche Kriegsursache anzusehen. Über die Entstehung und Problematik der Annexionsforderung ist in der Forschung viel und kontrovers gestritten worden.[122] Aus heutiger Sicht dürfte das Hauptmotiv für die deutsche Annexion Elsaß-Lothringens 1870/71 neben historischen, ökonomischen und ethnischen Gründen vor allem in Sicherheitsbestrebungen im Hinblick auf einen möglichen französischen Revanchekrieg zu suchen sein. Zu diesem Ergebnis kommt u.a. der amerikanische Geograph Richard Hartshone in seiner Studie »The Franco-German Boundary of 1871«.[123] Zur Erhärtung dieses Forschungsergebnisses können insbesondere die berühmten »Glacis-Reden« Bismarcks[124] angeführt werden. Mit anderen Worten: Der Ruf nach »sicheren Grenzen« war auch auf deutscher Seite das primäre Motiv.

An dem Streit um Elsaß-Lothringen sollten sich in der Folgezeit alle geopolitischen und geostrategischen Grundprobleme zwischen Deutschland und Frankreich widerspiegeln:
– die von beiden Staaten geführte »Einkreisungspolitik«;
– die von beiden Seiten geführte »Europäische Gleichgewichtspolitik«;
– die französische Doktrin der »natürlichen Grenzen«;
– die mit Bismarck begonnene »Glacis-Politik«.

### Bismarcks »Glacis-Reden«[125]

Die Forderungen der Elsaß-Lothringer im Deutschen Reichstag nach »Autonomie« veranlaßten Bismarck zu grundsätzlichen Erklärungen, in denen er das Verhältnis des Reichs zum Reichsland frei von nationalpolitischem Enthusiasmus aus der Warte reiner Staatsräson interpretierte. Schon bei der Gebietserweiterung von 1871 hatte Bismarck sich nicht von nationalen Befreiungs- und Verbrüderungs-Emotionen, sondern von realpolitischen Erwägungen bestimmen lassen. In der Rede vom 3. März 1874 gab er diesem realpolitischen Kalkül mit einer sowohl die Elsaß-Lothringer als auch die deutschen Nationalliberalen verletzenden Offenheit Ausdruck: »Die Herren aus dem Elsaß beklagen sich, daß wir die drei Jahre sie nicht so glücklich gemacht haben, wie sie zwar unter der französischen Herrschaft nicht gewesen sind, aber wie sie doch gern sein möchten und wir sie auch gern sehen möchten. Wir wünschen es ihnen; aber der Zweck der Annexion war es eigentlich nicht. [...] Wir haben uns nicht geschmeichelt, daß es uns rasch gelingen würde, sie glücklich zu machen, und wir haben auch nicht darum die Annexion betrieben; wir haben ein Bollwerk gebaut gegen die Irruptionen, die seit 200 Jahren diese leidenschaftliche kriegerische Völkerschaft [unternommen hat], deren alleiniger direkt ausgesetzter Nachbar in Europa zu sein Deutschland das Unglück und die Unannehmlichkeiten hat.«[126]

In der Reichstagsrede vom 30. November 1874 verschärfte Bismarck diese Ausführungen, sehr zum Mißfallen auch der deutschen Parteien, die die Rechtfertigung der Annexion nicht in machtpolitischen, sondern in den vom Kanzler zurückgewiesenen nationalpolitischen Erwägungen sahen. Gleichwohl ließ Bismarck sich durch die Bemerkung des elsässischen Abgeordneten Winterer, die Universität Straßburg diene nur dem Reichsinteresse, nicht dem elsaß-lothringischen Landesinteresse, zu der folgenden Antwort herausfordern: »In der Tat, wir haben die Universität im Interesse der Reichspolitik angelegt, wie wir denn überhaupt diese ganzen Landesteile lediglich im Interesse der Reichspolitik Deutschland einverleibt haben. [...] Im Reichsinteresse haben wir diese Länder in einem guten Kriege, in einem Verteidigungskriege, wo wir uns unserer Haut zu wehren hatten, erobert; nicht für Elsaß-Lothringen haben unsere Krieger ihr Blut vergossen, sondern für das Deutsche Reich, für seine Einheit, für den Schutz seiner Grenzen! Wir haben diese Länder an uns genommen, damit die Franzosen bei ihrem nächsten Angriff, den Gott lange hinausschieben möge, die Spitze von Weißenburg nicht zu ihrem Ausgangspunkt haben, sondern damit wir ein Glacis haben, auf dem wir uns wehren können, bevor sie an den Rhein kommen.«[127]

Bismarcks Stellungnahmen machen deutlich, daß es ihm in erster Linie darum ging, zum Schutz Süddeutschlands eine Pufferzone zwischen Frankreich und Deutschland zu schaffen, da sich Frankreich wahrscheinlich nicht mit der Niederlage abfinden würde.[128]

Diese »Glacis-Theorie«, besser gesagt »Glacis-Politik«, hat sich lange als ein schweres Hindernis auf dem Weg zu einer Aussöhnung der Elsaß-Lothringer mit dem Reich erwiesen.[129] Denn die Führer der Protestbewegung konnten sich nun auf den Reichskanzler selbst berufen, wenn sie ihren autonomistischen Gegnern vorhielten, daß die Reichsleitung nicht die Absicht verfolge, das Reichsland als ein vollwertiges und gleichberechtigtes Glied in die Gesamtheit der deutschen Nation einzufügen, sondern daß sie die elsaß-lothringischen Gebiete nur als eine Art von Festungsvorfeld für militärische Auseinandersetzungen betrachte, dessen Bewohner ihr gleichgültig seien. Allerdings hielt Bismarck selber an dieser »Glacis-Theorie« in der Praxis nicht fest. Er ließ sich durch die Kritik der Elsaß-Lothringer an der deutschen Verwaltung nicht beirren, sondern setzte die eingeleitete Politik der verfassungspolitischen Integration des Reichslandes Schritt für Schritt fort.

Während seiner Amtszeit war es Bismarcks Bestreben, Frankreich von der »Vogesengrenze« abzulenken. Deshalb gestand er dieser Macht freies Handeln in der Kolonialpolitik zu. Bismarcks Außenpolitik hatte zum Ziel, Frankreich die Hoffnung auf Revanche zu nehmen und es nach Möglichkeit in der Isolierung zu halten.

*Exkurs: Sebastian Haffner und die »Cordon-sanitaire-Funktion« Elsaß-Lothringens 1871*

In der »Annexionsforschung« (aus welchen Motiven wurde Elsaß-Lothringen dem Deutschen Reich angegliedert?) wird neben der überaus bekannten »Glacis-Theorie« auch eine »Cordon-sanitaire-Theorie« vertreten. Der Hauptvertreter dieser Theorie ist Sebastian Haffner. Während der Sendereihe »Dokumente deutschen Daseins« vertrat er am 17. September 1978 in einem Gespräch mit dem Historiker Hellmut Diwald »eine ganz private Theorie darüber«, warum Bismarck Elsaß-Lothringen annektiert hat. Haffner sagte: »Ich kann das nicht beweisen. Nämlich, ich glaube, er traute der Reichstreue der Bayern und der Süddeutschen nicht so ganz. Er wollte da einen Cordon sanitaire haben, eine von Preußen kontrollierte Landmasse zwischen Süddeutschland und Frankreich. Gut, ich kann das nicht beweisen, aber das würde zu Bismarck passen. So, in dieser Art dachte er.«[130] Hellmut Diwald antwortete darauf: »Das wäre eine plausible Erklärung.«[131]

Nach Bismarcks Willen war das Reich, das er geschaffen hatte, saturiert. Er liebte diesen Ausdruck, den er von Clemens von Metternich übernommen hatte.[132] All sein Mühen diente der Aufgabe, die Nachbarn davon zu überzeugen, daß dieses Saturiertsein ehrlich gemeint war. Nur ungern hatte er das Elsaß dem Reich angegliedert, und der Einverleibung Lothringens hatte er heftig widerstrebt. Bereits am 14. August 1871 sagte er zum französischen Geschäftsträger Gabriac: »Ich mache mir keine Illusionen, es war von uns absurd, euch Metz weggenommen zu haben, das französisch ist. Ich wollte es nicht für Deutschland behalten. Der Generalstab hat mich gefragt, ob ich verbürgen könne, daß Frankreich keine Revanche suchen werde. Ich habe geantwortet, daß ich davon im Gegenteil fest überzeugt sei ... In dieser Lage, sagte man mir, ist Metz ein Glacis, hinter dem Frankreich hunderttausend Mann aufstellen kann. Wir mußten es behalten. Ich würde dasselbe von Elsaß und Lothringen sagen. Es war ein Fehler, es euch wegzunehmen, wenn der Friede dauern sollte ...«[133]

Die Abtretung Elsaß-Lothringens bedeutete für Frankreich im Jahre 1871 nicht nur eine Minderung an Macht und Bevölkerung, eine Einbuße an wirtschaftlicher und militärischer Potenz und eine Verschiebung seiner Ostgrenze, sondern auch einen politischen Verlust.[134] Aus diesem Grund entwickelte sich im französischen Volk der Wunsch nach Wiederherstellung der alten »Rheingrenze« stets aufs neue, und Elsaß-Lothringen wurde zu einer wesentlichen Determinante französischer Außen- und Sicherheitspolitik.

### Die Umwandlung des Glacis nach dem Ersten Weltkrieg

Nach dem Ersten Weltkrieg suchte Frankreich in einer Umwandlung der Glacis-Politik gegenüber Deutschland Sicherungen für die Zukunft. Hauptträger der öffentlichen Kampagne für die »Rheingrenze« waren außer führenden Politikern große Teile der Intellektuellen, Militärs sowie Industrie- und Handelskreise.[135]

Die bedrängte Kriegslage der Mittelmächte in den Jahren zwischen der deutschen Niederlage an der Marne und dem Zusammenbruch Rußlands verlockte zu weitergehenden Ansprüchen. Publizisten, Historiker und Geographen verschiedener politischer Schattierungen wie Aulard, Barrès, Babelon, Driault, Lavisse, Sagnac und viele andere Wortführer der öffentlichen Meinung von der konservativ-nationalisti-

92

schen Action Française bis zu den Sozialisten sahen am Rhein die Grenze für den naturbestimmten unmittelbaren Macht- und Einflußbereich Frankreichs. Zu den historischen Erinnerungen, mochten sie anknüpfen an die Rheinpolitik der Könige, an die Republik der Jakobiner, an die Annexionen Napoleons, gesellten sich handfeste wirtschaftliche Begehrlichkeiten der französischen Schwerindustrie: Wenn man das lothringische Erz zurückgewann, so brauchte man die Saarkohle, um es verarbeiten zu können.[136] Das weitgespannte Kriegsziel, Deutschlands Grenzen bis an den Rhein zurückzudrängen, ist vom französischen Kabinett gebilligt worden.[137]

Bereits am 14. Februar 1917 teilte der französische Botschafter in St. Petersburg der russischen Regierung mit, »daß die Regierung der Französischen Republik beabsichtige, unter die Friedensbedingungen, welche Deutschland vorgeschlagen werden sollen, folgende Forderungen und Garantien territorialer Natur aufzunehmen:

– Elsaß-Lothringen wird an Frankreich zurückgegeben.

– Die Grenzen werden erweitert werden mindestens bis zum Umfange des früheren Herzogtums Lothringen und werden nach den Wünschen der französischen Regierung festgestellt werden, wobei die strategischen Notwendigkeiten berücksichtigt werden müssen, damit auch das ganze Eisenerzrevier Lothringens und das ganze Kohlenbecken des Saarreviers in das französische Territorium einverleibt würde.

– Die übrigen linksrheinischen Gebiete, die jetzt zum Bestande des Deutschen Reiches gehören, werden von Deutschland ganz abgetrennt und von jeder politischen und wirtschaftlichen Abhängigkeit gegenüber Deutschland befreit werden.

– Die linksrheinischen Gebiete, die nicht in den Bestand des französischen Territoriums einverleibt werden, werden ein autonomes und neutrales Staatswesen bilden und werden so lange von französischen Truppen besetzt bleiben, bis die feindlichen Reiche endgültig alle Bedingungen und Garantien erfüllt haben, die im Friedensvertrage angeführt sein werden.«[138]

Auf die entsprechende Frage der französischen Regierung benachrichtigte der russische Außenminister in einer Note vom 14. Februar 1917 den französischen Botschafter in Petersburg, »daß die Regierung der ›Französischen Republik‹ auf die Unterstützung der ›Kaiserlichen Regierung‹ bei der Durchführung ihrer oben dargelegten Absichten rechnen kann«.[139]

Wie die französische Note vom 14. Februar 1917 verdeutlicht, gehörte es zu den französischen Kriegszielen[140], neben der Rückgliederung von Elsaß-Lothringen das Saargebiet[141] zu gewinnen und die »militärische Rheingrenze« zu sichern, wobei das linke Rheinufer politisch etwa die Form einer autonomen Republik[142] annehmen sollte.[143] Hierzu arbeitete Oberst Dupont, der Chef des Deuxième Bureau der Armee, ein Memorandum[144] aus, in dem er aufzeigte, daß Frankreich aus Sicherheitsgründen über das rheinische Glacis verfügen müßte. Das Rheinland müsse von Deutschland losgelöst werden, und da ein »umgekehrtes Elsaß-Lothringen« schwerlich zu schaffen wäre, sei die Gründung eines oder mehrerer rheinischer Staaten anzustreben, die politisch von Deutschland abgeschnitten und von den Alliierten militärisch besetzt würden. Das Komitee der Hüttenwerke brachte ähnliche Gedanken zum Ausdruck, indem es auf der Notwendigkeit beharrte, das Kohlengebiet der Saar Frankreich einzugliedern.[145]

Des weiteren ist einer Denkschrift der französischen Regierung über die Verlegung der deutschen Westgrenze an den Rhein und die interalliierte Besetzung der Rheinbrücken vom 25. Februar 1919 zu entnehmen, daß die Erwägungen über das linke Rheinufer, welche die französische Regierung der Konferenz in Versailles vorlegte, nicht selbstsüchtiger Art seien. Die französische Regierung strebe keinen Gebietserwerb an. Sie ziele vielmehr auf die Beseitigung einer gemeinsamen Gefahr und auf die Herbeiführung eines gemeinsamen Schutzes ab. Weiter heißt es: »Es ist [dies] ein Problem von allgemeinem Belang, das zu stellen Frankreich als erste der zu beschwörenden Gefahr ausgesetzte Macht verpflichtet und berechtigt ist, das aber die Gesamtheit der alliierten und assoziierten Länder unmittelbar betrifft und nur von ihnen allen gelöst werden kann. Das Hauptziel, das die Konferenz erreichen will, ist, durch richtige Mittel die Wiederkehr des Vergangenen zu verhindern. Was sich 1914 ereignet hat, war nur aus einem einzigen Grunde möglich: Deutschland hielt sich, im Besitz der Rheinbrücken und der Angriffsorganisation, die es am linken Rheinufer geschaffen hatte, für fähig, die westlichen Demokratien, Frankreich und Belgien, zu erdrücken, bevor diese den Beistand der überseeischen Demokratien, Großbritanniens, der Dominions und der Vereinigten Staaten, erhielten. Weil das möglich war, entschloß sich Deutschland zum Angriff. Diese Möglichkeit muß daher beseitigt werden, indem Deutschland die Mittel entzogen werden, in deren Besitz es an den Erfolg seines Planes glauben konnte ... Es handelt sich nicht um Besitzergreifung von einem Zoll deutschen Bodens; es gilt, Deutschland seine Angriffswerkzeuge zu nehmen.«[146]

Georges Clemenceau versuchte bei den Geheimberatungen über den Friedensvertrag in Versailles gegenüber den amerikanischen und englischen Delegierten den französischen Standpunkt so zu erklären:»Ich bitte Sie inständig, meinen Gemütszustand zu verstehen, wie ich mich anstrenge, den Ihren zu verstehen. Amerika ist fern und wird vom Ozean geschützt. England hat nicht einmal Napoleon erreichen können. Sie sind, die einen wie die anderen, gedeckt, wir sind es nicht ...«[147]

Dieser Appell fiel beim amerikanischen Präsidenten Wilson auf fruchtbaren Boden. Noch am gleichen Tage (27. März 1919) erklärte er:»Wir sind einig, daß jedes militärische Werk nicht allein auf dem linken Rheinufer, sondern auch innerhalb einer Zone 50 km jenseits des Flusses untersagt wird. Wir können diese Bestimmung auf strategische Eisenbahnen ausdehnen und in der ganzen Gegend die Ansammlung von bewaffneten Kräften verbieten – selbst für Manöver –, und wir werden hinzufügen, daß jede Verletzung dieser Verfügungen als ein feindseliger Akt betrachtet werden würde. Wenn man dem die militärischen Garantien Großbritanniens und – wie ich hoffe – der Vereinigten Staaten hinzufügt, die unter der Autorität des Völkerbundes handeln und sofort im Falle eines nicht provozierten Angriffs Deutschland gegen Frankreich diesem zu Hilfe kommen, scheint mir, daß Sie befriedigt sein könnten.«[148]

Mit diesen Vorschlägen Wilsons erklärte sich Clemenceau einverstanden. Die Artikel 42–44 des Friedensvertrages wurden entsprechend den Vorschlägen Wilsons abgefaßt. Als Bürgschaft für die Einhaltung des Vertrages sahen die Artikel 428–429 eine alliierte Besetzung des westlichen Rheinufers einschließlich Brückenköpfen bei Köln, Koblenz, Mainz und Kehl für 15 Jahre vor.[149] Die Räumung sollte in Etappen von 5, 10 und 15 Jahren erfolgen. Außerdem wurde

*Abb. 17 Französische Deutschlandpolitik nach dem Ersten Weltkrieg*

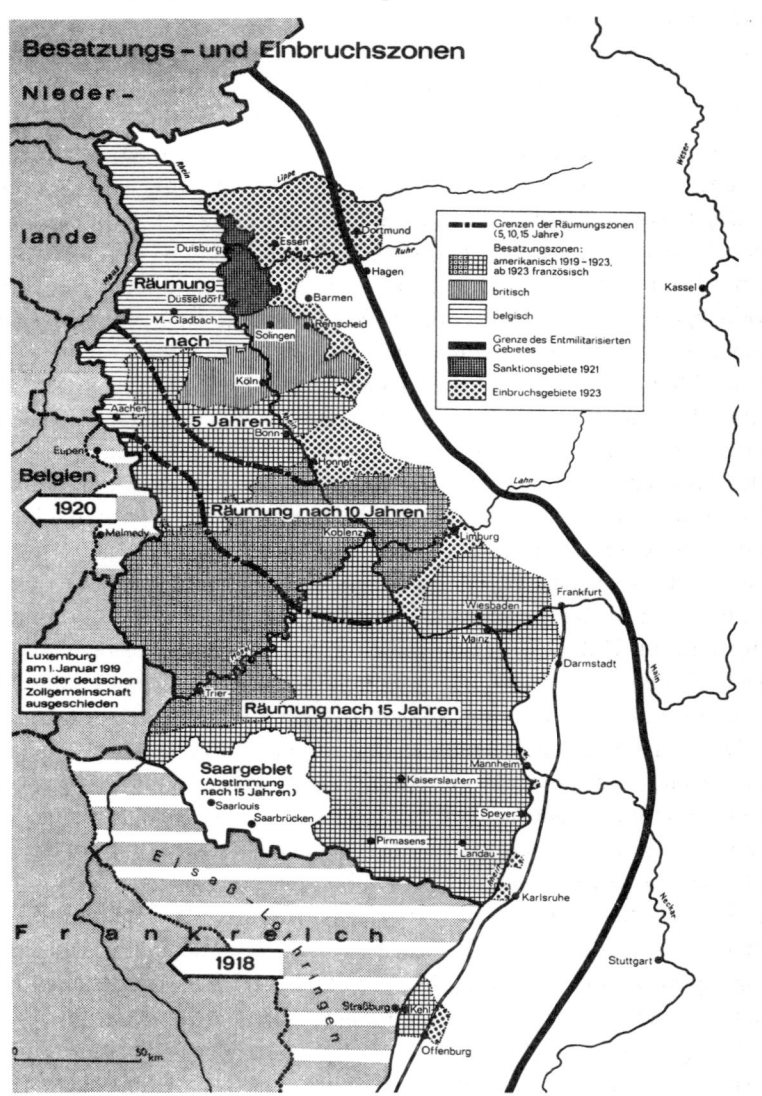

Quelle: Karl Dietrich Erdmann: Adenauer in der Rheinlandpolitik nach dem Ersten Weltkrieg, Stuttgart 1966.

96

das Saargebiet für 15 Jahre von Deutschland gelöst, dem Völkerbund unterstellt, dem französischen Zollsystem eingeordnet und das Eigentum an den Kohlengruben als Ersatz für die zerstörten nordfranzösischen Gruben an Frankreich abgetreten. Die Garantieverträge zwischen Frankreich, England und den USA wurden am 28. Juni 1919 unterzeichnet, traten aber nicht in Kraft, da vom US-Senat die Ratifizierung nicht zu erreichen war.[150] Mit der Bedeutung des »Friedensvertrages von Versailles« aus geopolitischer Sicht setzt sich insbesondere Ernst Tiessen in seinen Studien auseinander.[151]

Im Gegensatz zur Zeit vor dem Ersten Weltkrieg spielte die Elsaß-Lothringen-Frage in den deutsch-französischen Beziehungen nach dem Ersten Weltkrieg keine große Rolle mehr: Man hatte sich in Deutschland mit dem Verlust der Provinzen abgefunden. Im Vordergrund der französischen Politik, und damit auch der deutschen, stand nun das Rheinland. Wie Bariéty ausführlich darstellt, war die französische Konzeption eines unabhängigen oder zumindest autonomen Rheinstaates weniger von militärischen als vielmehr von wirtschaftlichen Interessen diktiert. Mit der Ausgliederung des Rhein-Ruhr-Beckens wollte man das industrielle Potential Deutschlands schwächen, das trotz des verlorenen Krieges und ungeachtet der Reparationszahlungen schon 1920/21 wieder erheblich stärker war als das der Siegermacht Frankreich.[152] Erst spät erkannte man in Frankreich, daß man die separatistischen Kräfte im Rheinland stark überschätzt hatte.[153]

»Die französischen Deutschlandpläne, die im Verlauf des Krieges und im Jahre 1919 entwickelt wurden« – so stellt Gitta Steinmeyer in ihrer Dissertation überzeugend fest –, »sind zwar unmittelbar durch die Kriegssituation provoziert worden; sie greifen aber – oft ausdrücklich – auf historische Vorbilder zurück und sind deshalb auch nur aus der historischen Perspektive verständlich. Sie gehen zurück auf die beiden großen deutschlandpolitischen Traditionen der französischen Außenpolitik, auf das ›europäische Gleichgewicht‹ und die ›natürlichen Grenzen‹, denen die Gründung des Deutschen Reiches 1871 ein vorläufiges Ende gesetzt hatte.«[154]

Mit Klaus Hänsch[155] kann festgestellt werden, daß Frankreich nach dem Ersten Weltkrieg seine Sicherheit gegenüber Deutschland durch das System von Versailles wie folgt zu garantieren suchte:

*Abb. 18 Das französische Bündnissystem in Europa nach dem Ersten Weltkrieg*

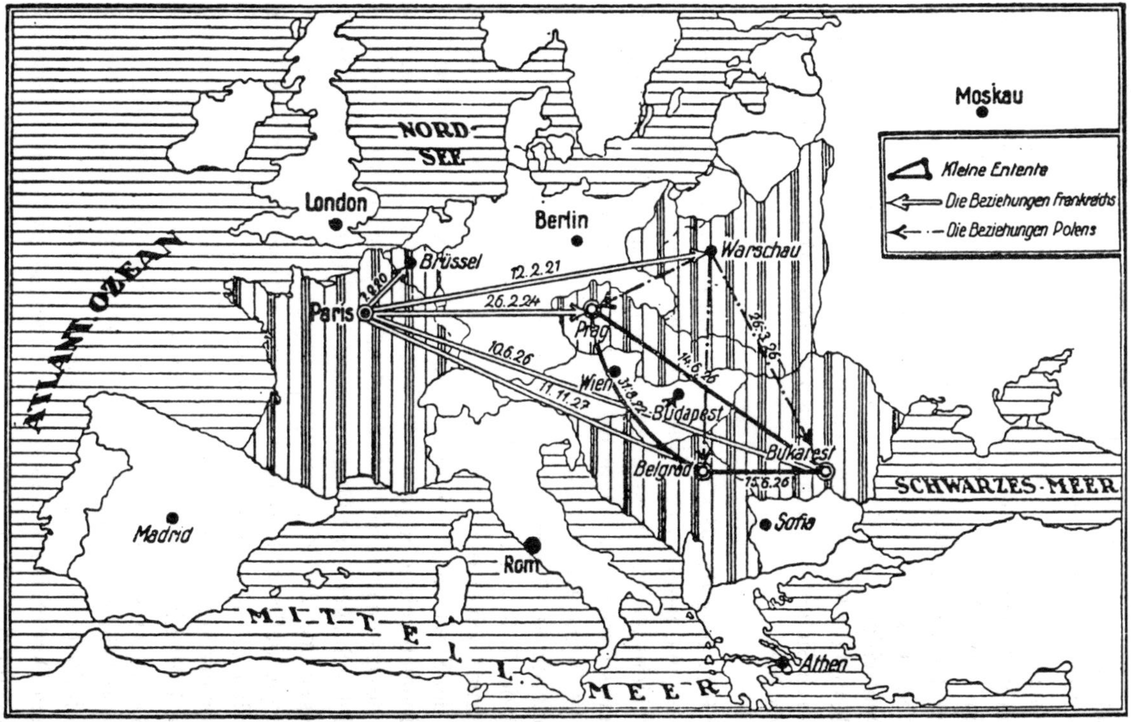

Quelle: Hans Rohde: Deutsch-französische Machtfaktoren. In: Vergleichender Beitrag zur Abrüstungsfrage. Berliner Börsen-Zeitung. Berlin 1932

- durch die Entmilitarisierung und zeitweilige Besetzung des Rheinlandes und eine Beschränkung der militärischen Stärke Deutschlands;
- Schwächung Deutschlands durch Gebietsabtretungen und Reparationen;
- durch Unterstützung separatistischer Bewegungen im Rheinland und in der Pfalz;
- durch Garantiepakte mit den Siegermächten des Ersten Weltkrieges (aber England versuchte bald eine Politik des Ausgleichs mit Deutschland; die USA lehnten einen Garantiepakt mit Frankreich ab, und die Sowjetunion kam als Bündnispartner nicht in Frage);
- durch Sicherheitspakte mit den kleineren süd- und osteuropäischen Mächten.

Zur Erhaltung des »Systems von Versailles« waren jedoch die kurz-, mittel- und langfristigen Machtfaktoren[156] im französisch-deutschen Verhältnis von entscheidender Bedeutung. Der französische Historiker Jacques Bariéty analysierte diese Jahrzehnte später wie folgt: »1919 sind Deutschland und Frankreich zwei sehr große Mächte. Deutschland, obwohl besiegt, inneren Unruhen und bald der Zerrüttung der Währung ausgesetzt, bleibt eine sehr große Macht; es ist reich aufgrund seiner Bevölkerungszahl, der zweitgrößten in Europa nach der der Sowjetunion, vorerst infolge seiner Revolution aus dem internationalen Leben ausgestoßen; reich aufgrund seines Industriepotentials, des ersten in Europa und des zweiten in der Welt nach dem der Vereinigten Staaten, ein Industriepotential, das unbeschädigt aus der Belastungsprobe des Krieges hervorgegangen ist und über die große Energiequelle der Epoche, die Kohle, verfügt. Da liegen tiefe Machtquellen, die schnell schwerer wiegen als die Wechselfälle des politischen und sozialen Lebens. – Frankreich seinerseits ist ebenfalls nach dem 1. Weltkrieg eine sehr große Macht; man möchte fast schreiben, daß es durch seinen Sieg wieder eine sehr große Macht geworden ist, die 1919 ein größeres Gewicht in der Weltpolitik hat als 1913. Aber die Machtfaktoren des damaligen Frankreich sind sehr verschieden von denen Deutschlands, und sie sind kurzfristiger Natur. Frankreich ist weder durch seine Bevölkerungszahl noch durch seine Wirtschaft, also durch profunde Kräfte der Natur, stark. Es ist stark durch sein politisches Prestige und durch seine Armee, damals die Erste der Welt, zwei Machtfaktoren, die nur von Dauer sind, wenn man sie unterhält.«[157]

## Die »natürliche Grenze« im französischen Sicherheitsdenken während der dreißiger Jahre

Weniger von der Natur begünstigt als England, mußte Frankreichs Sorge auch nach dem Ersten Weltkrieg seinen Landesgrenzen gelten. »Die einzige sichere Grenze ist der Rhein. Wer seine Übergänge in der Hand hat, ist Herr der Lage.« So urteilte Foch[158] über den Rhein als Grenzfluß, und an anderer Stelle sagt er: »Zwischen Paris und Berlin ist die Entscheidung am Rhein zu suchen. Wer von den beiden Gegnern den Strom in der Hand hat, kann stets sicher sein, den anderen zu beherrschen.«[159] Charles de Gaulle schrieb im Jahre 1939 zur geostrategischen Lage Frankreichs: »Betrachten wir das französische Hexagon (Sechseck). Das Meer umgibt drei Seiten davon. Gebirge – die höchsten Europas – verriegeln zwei weitere von ihm. Aber die sechste ist offen, gerade auf der Seite, wo der kriegerischste unserer Nachbarn wohnt. Von Deutschland aus sind in den historischen Zeiten fünfzig Invasionen auf französischen Boden eingedrungen, wo sie leichte Ebenen, weite Einfallstore, ruhige Flüsse vorfanden, um sie gegen das Herz des Territoriums zu führen. Sehr oft wurden diese Angriffe durch andere unterstützt, die von den Alpen, dem Jura, den Pyrenäen einfielen. Aber es ist ein Gesetz der Geschichte, daß die großen nationalen Schmerzen für uns fast immer vom Rhein her kamen.«[160]

Wenige Jahre zuvor schrieb der französische Napoleonforscher Louis Madelin aus Anlaß des von Laval am 7. Januar 1935 in Rom abgeschlossenen Vertrages mit Italien im *Echo de Paris*: »Frankreich hat seinen Platz am Rhein wiedergewonnen, Italien hat die Brennergrenze erreicht. Die lateinischen Legionen halten aufs neue, wie zur Zeit Cäsars, die Wache in Straßburg und auf dem Kamm der Alpen; sie sind im Osten und im Süden gegen Germanien gerichtet. Sie haben ein Interesse daran, daß dieses Germanien weder seine Kräfte noch seine Macht vermehrt.«

## Fazit zur politischen Doktrin der »natürlichen Grenze«

Die »Politische Doktrin« der »natürlichen Grenze« kann aufgrund zweier sicherheitspolitischer bzw. politisch-geographischer Forschungsergebnisse zusammengefaßt werden. Hans Speidel schreibt in einem Resümee seiner Recherchen über die Grundzüge französischer Sicherheitspolitik: »Der französische Sicherheitsbegriff, geprägt durch Richelieu, hat viele Wandlungen durchgemacht, als Ergebnis historischer und psychologischer Entwicklung. Kurz ein Rückblick: Die Territorialpolitik der französischen Könige, von der Ile-de-France bis zu Richelieus ›natürlichen Grenzen‹, schuf die französische Raumidee und zu ihrer Festigung den Zentralismus der innerstaatlichen Organisation. Die Raumidee forderte die Sicherheitsidee, die in Verbindung mit den ›natürlichen Grenzen‹ eine Folge der Mittellage Frankreichs seit Karl V. zwischen den beiden »Habsburgischen Mächten« war. Diese Habsburgische Umklammerung hat wohl am meisten den Drang nach Sicherheit geschaffen. ›Um das französische Kernland vor Angriffen geschützt zu wissen, schob Frankreich seine Grenzen nach Osten vor‹ – so argumentiert der französische Historiker. Richelieu verlangte den berüchtigten viereckigen Kampfplatz, ›le pré carré‹, am Rhein (Briand erinnerte 1917 in London daran). Der politische Festungsgedanke Vaubans zur Schaffung eines Glacis diente ähnlichen Zielen. Die festungspolitischen französischen Ideen, ganze Provinzen als Glacis zu behandeln, Politik und Krieg zu führen, um ein Glacis der Sicherheit zu gewinnen, entspringt nicht nur französischer politischer Sophistik, sondern tatsächlichem volkspsychologischem Gefühl (Maginot-Linie der Nachkriegszeit!). In der Großen Revolution griff Danton die Richelieusche These der ›natürlichen Grenzen‹ auf und forderte zur Sicherheit Meer, Pyrenäen, Alpen und Rhein!«[161]

Des weiteren setzt sich Norman J. G. Pounds in zwei seiner Arbeiten eingehend mit dem Stellenwert der »natürlichen Grenzen« im französischen Sicherheitsdenken auseinander. In seinem Aufsatz »The Origin of the Idea of Natural Frontiers in France«[162] untersucht Pounds die Grundlage, von welcher der Gedanke der französischen natürlichen Grenzen ausging; in einem weiteren Aufsatz, »France and ›Les Limites Naturelles‹ from the Seventeenth to the Twentieth Centuries«[163], ging er der wechselnden Rolle dieses Gedankens während der verschiedenen geschichtlichen Perioden nach. Das hartnäckige Fortleben des Gedankens, daß Frankreich »das Recht und die Pflicht« habe, an die natürlichen Grenzen, nämlich »den Ozean, den Rhein, die Alpen und die Pyrenäen vorzustoßen«, war in der historischen Politischen Geographie des französischen Staates von erstrangiger Bedeutung. Trotz der verschiedenen Funktionen, die Frankreich von einer Periode zur anderen für diese Grenzen suchte, ist der Grundgedanke lebendig geblieben.[164]

## Die französische Deutschlandpolitik nach 1945

### Der Rhein als Grenze

Nach dem Zweiten Weltkrieg war das »deutsche Problem« die Kardinalfrage der französischen Sicherheitspolitik.[165] Charles de Gaulle nahm gewissermaßen nahtlos das französische Sicherheitsdenken aus der Zeit nach dem Ersten Weltkrieg wieder auf: geographische und politische Zergliederung (Auflösung des deutschen Nationalstaates), militärische Besatzung, Schaffung eines Sicherheitsglacis (Sonderstatus für das Rheinland, Abtrennung des Saargebietes), bilaterale Sicherheitspakte (eingeleitet durch den Beistandsvertrag mit der Sowjetunion vom 10. Dezember 1944), Reparationen und wirtschaftlicher Transfer (enge wirtschaftliche Verflechtung mit dem Saargebiet, Internationalisierung des Ruhrgebietes).[166] Es handelte sich um eine Kombination sicherheitspolitisch und wirtschaftlich motivierter Maßnahmen, die mit der endgültigen Ausschaltung Deutschlands als machtpolitischen Faktors zugleich die Voraussetzung für die Wiederherstellung der französischen »grandeur« schaffen sollte. Einerseits mußte Deutschland so geschwächt werden, daß es weder für Frankreich noch für Europa je wieder zu einem Sicherheitsrisiko hätte werden können; andererseits sollte es langfristig jene ökonomischen Ressourcen zur Verfügung stellen, die Frankreich zur Absicherung seiner weltpolitischen Ambitionen benötigt.[167]

Die französische »Teilungspolitik«, die den »Rhein als Grenze« vorsah, wird in einer zeitgeschichtlichen Analyse insbesondere von Richard Thilenius knapp und kenntnisreich dargestellt: »Das im Vertrauen auf die Maginotlinie und eine starke Armee verankerte französische Sicherheits- und nationale Selbstgefühl war 1940 durch die vollständige militärische Niederlage innerhalb weniger Wochen schwer erschüttert worden. Noch mehr als zuvor kreisten seitdem alle Gedanken der französischen Politiker um das eine Ziel: Sicherheit, Sicherheit vor der deutschen Gefahr. Diese Sicherheit glaubte Frankreich, abgesehen von der in den ersten Nachkriegsjahren für sämtliche Kontrollmächte selbstverständlichen vollständigen Entwaffnung und Neutralisierung Deutschlands, zu finden in der Abtrennung des Ruhrgebiets, des Rheinlands und des Saargebiets als den Zentren des deutschen Rüstungspotentials. Ferner wünschten die Franzosen den ›Rhein als Grenze‹, jedenfalls als Sicherheitsgrenze, um damit die linksrheinischen Gebiete als militärische ›Absprungbasis‹ für Angriffe gegen Frankreich auszuschalten. Ob dabei zunächst an den Rhein als politische Grenze, das heißt an die Einverleibung der gesamten linksrheinischen Gebiete in das französische Territorium, oder nur an deren ständige Besetzung durch französische oder verbündete Truppen gedacht war, ist nicht ganz klar. Die künftige französische Haltung gegenüber Deutschland war schon 1943 in Beratungen der in London domizilierenden Exilregierung festgelegt worden, die wiederaufgenommen wurden, als de Gaulle im September 1944 die Lenkung des Staates übernahm. Bei seinem Staatsbesuch in Moskau kurz danach forderte de Gaulle dann, wie Stalin in Jalta erklärte, den Rhein offenbar als politische Grenze. Die Frage wurde in Jalta nur gestreift, wobei der von Stalin ausgelegte französische Wunsch sogleich auf den Widerspruch Churchills traf, der ihn in den größeren Zusammenhang einer ›Mitherrschaft am Rhein‹ stellte. Im übrigen war für Paris das eigentlich Wichtige die Abtrennung von Rheinland, Ruhr und Saar vom Deutschen ›Reich‹. Welchen Status diese Gebiete dann erhalten und wie sie kontrolliert werden sollten, konnte eine spätere Sorge sein. So wurden die Zerstückelungspläne, die von den drei Großmächten in Potsdam endgültig fallengelassen worden waren, von Frankreich aufgenommen und weiterverfolgt.«[168]

Die französischen Wünsche und Argumente wurden bald nach der

Potsdamer Konferenz, am 9. September 1945, von de Gaulle in einem Interview mit der Londoner Zeitung *Times* ausführlich dargelegt: »Gemäß den Beschlüssen von Potsdam wurde Deutschland im Osten, nicht aber im Westen amputiert. Der Strom der deutschen Vitalität richtet sich damit nach Westen. Eines Tages könnte sich auch die deutsche Aggressivität gegen Westen wenden. Deshalb muß im Westen eine Regelung gefunden werden, die ein Gegengewicht zu jener im Osten darstellt. Die Schlüsselzonen sind das Rheinland und das Ruhrgebiet. Für jede sollte eine Sonderregelung ausgearbeitet werden. Das Rheinland, das heißt das linke Rheinufer, stellt ein Grenzland dar, das Köln einschließt und sich bis zur Schweizer Grenze ausdehnt. [...] Die militärische Sicherheit Frankreichs, Belgiens, Hollands und Großbritanniens erfordert die Unterstellung des Rheinlands unter ihre gemeinsame strategische und politische Kontrolle. Sie erfordert, daß es ein für allemal vom deutschen Staat in solcher Weise abgetrennt wird, daß seine Bewohner wissen, daß ihre Zukunft nicht in Deutschland liegt. Die Aufgabe des Rheinlands durch Frankreich war das Vorspiel zu diesem Kriege.«[169]

Wenige Wochen später – am 5. Oktober 1945 – sagte de Gaulle in einer Rede in Baden-Baden: »Unser Einsatz hat das Ziel, Frankreich auf Dauer hier zu etablieren. Wir folgen einer historischen Aufgabe für unser Land, die in der Vergangenheit mehrfach unterbrochen wurde.« Kein Wort von »Annexion«, aber von »Präsenz« und »Dauerkontrolle«.[170] Manfred Funke bemerkt hierzu: »Daß neuer Richelieu-Ehrgeiz stärker als der Gedanke deutsch-französischer Verständigung die Besatzungspolitik bestimmte, war angesichts der Streit-Geschichte beider Nachbarn nur erklärlich.«[171]

Am 24. März 1946 hielt der sozialistische Ministerpräsident Félix Gouin dann in Straßburg eine Rede, die als Modifizierung der französischen Haltung empfunden wurde. Gouin erklärte, »durch eine lange und tragische Erfahrung belehrt, für die französische Sicherheit ›zwei Dinge‹ für entscheidend, über die wir zu keinerlei Kompromissen bereit sind: zuerst eine lange Besetzung Deutschlands und dann die Errichtung eines internationalen Konsortiums zur Leitung und Kontrolle des Ruhrgebiets«.[172] Diese beiden »Minimalforderungen« sind später mit der Gründung der Montanunion und dem Vertrag über die

EVG in vertraglicher Form verwirklicht worden – und schließlich mit der Westeuropäischen Union und ihren Truppenstationierungs- und Rüstungskontroll-Vollmachten.[173] Abgesehen von ihren Forderungen nach Abtrennung bzw. Internationalisierung oder dauernder Besetzung von Rheinland, Ruhr und Saar wandten sich die französischen Politiker allgemein gegen die Wiedererrichtung eines einheitlichen deutschen Kernstaates, der dann am Ende seine Kompetenzansprüche auch auf die »Sicherheitszone« im Westen hätte erstrecken können.[174]

Wie Klaus Hänsch in seiner Studie »Frankreich zwischen Ost und West«[175] herausgearbeitet hat, widersprachen die französischen Pläne für die Zukunft Deutschlands zwar in allen wesentlichen Punkten teils den westlichen, teils den sowjetischen Projekten.[176] Dennoch versuchte Frankreich die Eintracht unter den »Großen Vier« mit dem Ziel der Sicherheit vor Deutschland aufrechtzuerhalten, denn es galt bei allen Gruppierungen der öffentlichen Meinung der Grundsatz, daß die beste Garantie der französischen Sicherheit die Einheit der Alliierten sei.[177]

Nach den ersten zwei Jahren des Ost-West-Konfliktes war von Frankreich noch keines seiner ursprünglichen Ziele aufgegeben worden.[178] Die Primärziele sollten aber nach dieser Zeit im wesentlichen über das neue Sekundärziel der europäischen Einigung verwirklicht werden. Der Zusammenschluß Europas war auch für das neu definierte Ziel der Sicherheit vor der Sowjetunion nur das Sekundärziel. Die Gaullisten und Volksrepublikaner hofften, durch ein vereinigtes Europa die nationale Größe und die Unabhängigkeit zu erhalten. Darüber hinaus stieß die Verlagerung des Deutschlandproblems auf die europäische Ebene und die Verwirklichung des Ziels der Sicherheit vor der UdSSR durch die europäische Einigung auf allgemeine Zustimmung. Dieses außenpolitische Sicherheitsverhalten zwischen Deutschland und der Sowjetunion bringt Klaus Hänsch auf die Formel, »daß die Bedrohung durch die Sowjetunion zwar rational erkannt, aber emotional abgelehnt wurde, während die Bedrohung durch Deutschland rational nicht mehr begründbar war, dafür aber emotional geglaubt wurde.«[179]

Ebenfalls kann mit Klaus Hänsch festgestellt werden, daß Frankreich nach dem Zweiten Weltkrieg seine Sicherheit gegenüber Deutschland durch folgende Strategie zu sichern suchte:

–»Den Abschluß von *Beistandspakten* mit der UdSSR, Großbritannien und den USA. Frankreich schloß im Dezember 1944 mit Moskau und im März 1947 mit London entsprechende Pakte ab; die USA zögerten.

– Die *Zerschlagung der deutschen Einheit,* die Gründung eines Staatenbundes auf der Grundlage möglichst zahlreicher historisch gewachsener Länder, denen eine weitgehende innere und äußere Selbständigkeit gewährt werden sollte. Frankreich widersetzte sich allen Zentralisierungsbestrebungen. Die im Potsdamer Abkommen vorgesehenen gesamtdeutschen Staatssekretariate scheiterten am französischen Veto im Kontrollrat. Frankreich setzte sich dabei in den Gegensatz zur UdSSR, die einen zentralisierten Staat, und zu den Angelsachsen, die einen Bundesstaat gründen wollten. Es ist sicher, daß Frankreichs Politik 1946/47 die Spaltung Deutschlands wenn nicht hervorgerufen, so doch zumindest erleichtert hat.

– Die *Abtrennung des Ruhrgebiets* und seine Unterstellung unter eine internationale Verwaltung sowie die *Kontrolle der gesamten übrigen deutschen Industrie* über eine lange Zeit. Darüber zerstritt sich Frankreich mit den USA und Großbritannien, die eine sowjetische Beteiligung an der Ruhrkontrolle ablehnten.

– Die *politische Abtrennung des Saargebiets von Deutschland* und seinen *wirtschaftlichen Anschluß an Frankreich.* Darüber geriet es in den Gegensatz zur UdSSR, die die wirtschaftliche und politische Abtrennung des Saarlandes von Deutschland strikt ablehnte.

– Die *lange Besetzung des Rheinlandes* und seine *Abtrennung vom deutschen Staatsgebiet.* Das stieß bei allen Verbündeten auf Ablehnung.

In Frankreich war man sich aber auch bewußt, daß Sicherheit auf längere Sicht nur gewonnen werden konnte, wenn man die Deutschen von Grund auf änderte. Bei der Vermittlung neuer kultureller und zivilisatorischer Werte wollte Frankreich eine wichtige Rolle spielen. Die Widersprüchlichkeit der französischen Deutschland-Konzeption, die sowohl bestrafen als auch erziehen und für sich gewinnen wollte, spiegelte sich in der französischen Besatzungspolitik wider.«[180]

Nach dem Schock von 1940, nach der Besetzung durch und der

Befreiung von deutschen Truppen war die Sicherheit vor Deutschland – neben der benötigten Wirtschaftshilfe durch die USA und einer angestrebten Vermittlerposition zwischen Ost und West – Anfang 1946 das alles beherrschende Thema der außenpolitischen Vorstellungen und Planungen in der französischen Öffentlichkeit.[181]

Insgesamt ist die französische Deutschlandpolitik nach dem Zweiten Weltkrieg von der Zielsetzung einer Zerstückelung Deutschlands, einer rigorosen Kontrollpolitik, einer ökonomischen Reparationspolitik und der Schaffung von Sicherheitszonen gekennzeichnet. Diese Beurteilung schließt nicht aus, daß es in Einzelfragen auch Zielkonflikte gab.[182] Eindeutig abgelehnt wurde die Schaffung eines Glacis im »Zeitalter weitreichender Waffensysteme« in der französischen Politik nur von wenigen Ausnahmen.[183] Ihr Einfluß auf die öffentliche Meinungsbildung kann als minimal bezeichnet werden.[184]

## Die Zeit der französischen Glacis-Politik

Der französische Verteidigungsminister Jules Moch gab am 22. September 1950 gegenüber Radio London folgende Erklärung ab: »Meine Aufgabe ist es, mit einer französischen Armee, die in Deutschland aufgebaut werden muß, die Russen im Falle eines Angriffs im Osten (!) aufzuhalten.« Wie das gemeint war, erläuterte Moch nach einer anderen Quelle wenige Wochen früher: »Wir müssen den Schutz des Glacis sicherstellen, das der Sieg von 1945 uns zu besetzen erlaubt hat. Es ist die Schaffung eines Manöverfeldes Elbe-Rhein, die ständig unsere (!) oberste Sorge zu sein hat.«[185]

Bis Ende der achtziger Jahre stand generell die Idee im Vordergrund, daß die Landesverteidigung Westdeutschlands und Frankreichs aufgrund der neuen Gegebenheiten der Geopolitik, der Strategie und der Technik untrennbar miteinander verbunden sei.[186] Diese vordergründige Gemeinsamkeit beruhte jedoch auf einer sehr unterschiedlichen Interessenlage. Während Frankreich für die Bundesrepublik Deutschland das Hinterland eines möglichen Operationsraumes bildete[187], sah Frankreich in den rund dreihundert Kilometern, die durchschnittlich den Eisernen Vorhang von der französischen Grenze trennten, in der Bundesrepublik Deutschland eben, ein Vorfeld gegen die Sowjetunion.

Die Verteidigung Frankreichs spielte sich mithin vor allem in Deutschland ab.[188] Ein mit den Augen des Geostrategen auf die Landkarte geworfener Blick genügt, um die eminente Bedeutung dieses Sachverhaltes zu erkennen. Nicht ganz zu Unrecht kursierte in NATO-Kreisen in den 60er Jahren das Bonmot, Frankreich stelle für die NATO das Hinterland, die Bundesrepublik Deutschland das Schlachtfeld.[189]

Diese Funktion des zentraleuropäischen Raumes war nicht neu. Stellte doch dieser Raum seit den Zeiten Karls des Großen »ein geschichtlich erprobtes Glacis dar, das sich als sehr geeignet erwiesen hat, um auf ihm die europäischen Streitigkeiten auszutragen und dabei Schäden von Frankreich fernzuhalten.«[190] Marschall de Lattre de Tassigny griff diese militärischen Vorstellungen bei der Ausarbeitung der ersten Verteidigungspläne im Rahmen des Brüsseler Paktes wieder auf. Beaufre bemerkt hierzu: »Für uns war es klar, daß die Schlacht in Deutschland die Entscheidungsschlacht für Frankreich sein würde, und diese Überzeugung führte auch zu der Einsicht, daß die Notwendigkeit, auf deutschem Boden zu kämpfen, mindestens das Verständnis und die Unterstützung der deutschen Zivilbevölkerung erfordere. Damit war aber nur zu rechnen, wenn die deutsche Bevölkerung das Gefühl hatte, gegen eine Invasion geschützt zu sein. So wurde folgerichtig notwendig, zu gewährleisten, daß die Verteidigung Westdeutschlands so weit östlich wie möglich sichergestellt werde. Diese militärische Forderung, die seitdem unter dem Namen der ›Vorwärtsverteidigung‹ (Vorne-Verteidigung) bekannt geworden ist, wurde von französischer Seite vertreten, ehe es überhaupt eine Bundeswehr gab.«[191]

Was die »Glacis-Politik« im Rahmen der französischen Nuklearstrategie (Pluton und Hadés) betrifft, sei auf die Studie des Verfassers aus dem Jahre 1975 verwiesen.[192] Dieses »geostrategische Problem« wurde erst im Jahre 1992 durch den geplanten Abbau der taktischen Atomwaffen vermindert.[193]

## Abb. 19 Französische »Glacispolitik« (1945–1990)

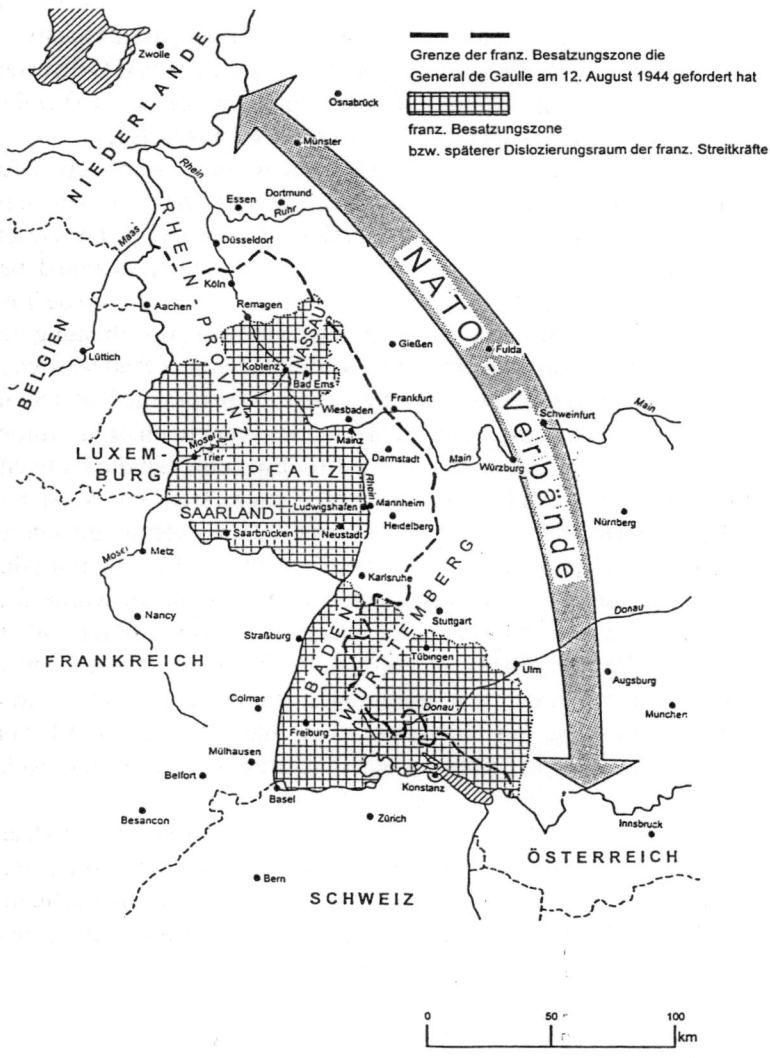

Grenze der franz. Besatzungszone die
General de Gaulle am 12. August 1944 gefordert hat

franz. Besatzungszone
bzw. späterer Dislozierungsraum der franz. Streitkräfte

Während der Zeit des Ost-West-Konfliktes sah Frankreich sein Vorfeld – so paradox das zur gaullistischen Doktrin auch erscheinen mag – durch die Bundeswehr, die Siebte US-Armee und eigene Streitkräfte gesichert. (Entwurf: Heinz Brill)

109

# Kontrolle durch Integration

Nach dem Scheitern der Moskauer Konferenz im April 1947 wurde deutlich, daß die französischen Deutschlandvorstellungen nicht zu verwirklichen waren. Die Verschärfung des Ost-West-Konflikts und seine schwierige wirtschaftliche Lage zwangen Frankreich, Stellung zu beziehen und in allen wichtigen außenpolitischen Fragen den Anglo-Amerikanern zu folgen. Die französische Deutschlandpolitik war gescheitert. Während die öffentliche Meinung noch immer den alten Vorstellungen nachhing, schwenkten Regierung und Parlamentsmehrheit im Sommer 1948 auf den westlichen Deutschlandkurs ein. Seit 1948 wertete der sowjetische Druck auf Westeuropa die Stellung Westdeutschlands auf: Es wurde gebraucht. Zur gleichen Zeit fand auch die Idee eines vereinten Europa immer mehr Anhänger in Frankreich. Man erkannte die Chance, das immer bedeutender werdende westliche Deutschland in das neue Europa einzubeziehen und es dadurch zu kontrollieren. Der Plan des französischen Außenministers Robert Schuman (9. 5. 1950), der zur Montanunion führte, und der des französischen Ministerpräsidenten René Pleven (10. 10. 1950), der zur EVG führen sollte, gingen von diesen gleichzeitig idealistischen und machtpolitischen Vorstellungen aus. Während Deutschland schnell die Gelegenheit ergriff, wieder in die Gemeinschaft der Völker aufgenommen zu werden, war in Frankreich das Mißtrauen gegen den östlichen Nachbarn wesentlich schwerer abzubauen.[194] »Für die Bundesrepublik Deutschland, die keine Souveränitätsrechte zu verlieren hatte, weil sie keine besaß, waren alle überstaatlichen Lösungen nach dem Zweiten Weltkrieg Gewinne, während sie für Frankreich als Verluste erscheinen mußten.«[195]

Die französische Politologin Renata Fritsch-Bournazel bemerkt Anfang der achtziger Jahre zu den Gemeinsamkeiten und Asymmetrien im deutschen und französischen Rollenverständnis, deren Prinzipien bis zur Vereinigung der beiden deutschen Staaten im Jahre 1990 als wesentliche Orientierung angesehen werden können: »Als ehemalige Siegermacht steht Frankreich in einer besonderen Beziehung zum deutschen Nachbarn. Das gilt zunächst für den Aufbau eines vereinten Westeuropas. Für die junge Bundesrepublik bedeutete das in der Präambel des Grundgesetzes anvisierte Ziel, ›als Glied in einem vereinten Europa dem Frieden der Welt zu dienen‹, einen Aufstieg aus der Souveränitätslosigkeit, die im Besatzungsstatut festgelegt war. Die supranationale Europa-Politik, vornehmlich vom Lothringer Robert Schuman und vom Rheinländer Konrad Adenauer betrieben, war für die Deutschen gleichbedeutend mit der Wiedergewinnung ihrer staatlichen Gleichberechtigung in Europa als Voraussetzung einer Wiederherstellung ihrer nationalen Einheit. Für die Franzosen hingegen bedeutete sie den Verzicht auf etwas, was man besaß, das heißt die nationale Unabhängigkeit. Eine unauflösliche Bindung Westdeutschlands an Westeuropa sollte Frankreich Sicherheit vor Deutschland gewähren und gleichzeitig eine bessere Kontrolle des neuen Staates ermöglichen. Die Aufhebung des Besatzungsstatuts 1955 hat die anfänglichen Souveränitätsunterschiede zwischen Frankreich und der Bundesrepublik Deutschland zweifellos abgeschwächt, doch hat die Aufrechterhaltung der Viermächteverantwortung – über die Ostverträge der 70er Jahre hinaus – Frankreichs besondere Rolle in deutschen Angelegenheiten festgeschrieben.«[196] Französische Autoren betonten bis zur Vereinigung der beiden deutschen Staaten gern, daß die Bundesrepublik Deutschland kein souveräner Staat wie andere Staaten in Europa sei und daß die Zuständigkeiten bezüglich der Wiedervereinigung eindeutig bei den Alliierten und nicht bei den Deutschen liegen.

*Geopolitische Prinzipien und Konstanten in den*
*deutsch-französischen Beziehungen*

Zu den Konstanten der französischen Deutschlandpolitik gehörten von jeher geostrategische Überlegungen. Sie resultierten nach Horst Möller aus einer in Frankreich länger als in Deutschland dominanten Denktradition, für die sich auch in der Historiographie viele Beispiele finden: In Frankreich gehörte die Erfahrung des Raumes stets zu den konstitutiven Faktoren der historischen Entwicklung.[197] So räsonnierte de Gaulle am 15. Mai 1962 über die gemeinsame Bestimmung »des Gaulois et des Germains«: »Von ihrer Solidarität hängt die Sicherheit der beiden Völker unmittelbar ab, und ein Blick auf die Landkarte genügt, um davon überzeugt zu sein.« Die wechselseitigen Versuche, das jeweils andere Volk zu beherrschen, hatten in der Geschichte beide ins Unglück geführt.[198]

Der deutsche Nachbar ist für Frankreich immer das Hauptproblem gewesen. Schon seit Franz I. (1515–1547) war das Hauptziel der französischen Außenpolitik, nicht nur die Umklammerung aufzubrechen, die von Habsburg um Frankreich gelegt worden war, sondern auch den »Koloß jenseits des Rheins« durch Spaltung und Teilung sicherheitspolitisch unter französischer Dominanz zu halten.[199] Daß ein geeintes und gleichberechtigtes Deutschland gegenüber Frankreich ein natürliches Übergewicht entwickelte, stellte aus französischer Sicht stets eine Gefahr dar. Erst die Wandlungen im internationalen System und die Einbindung der Bundesrepublik Deutschland in ein »Vereinigtes Westeuropa« konnten das Gespenst der ständigen Gefährdung Frankreichs durch den deutschen Nachbarn überwinden.[200]

Eine Würdigung des politischen Erfolges sollte aber nicht verkennen, daß Geographie und Geschichte auch heute die deutsch-französischen Beziehungen bestimmen. Waren in früheren Zeiten die »Doktrin der natürlichen Grenzen« und die »Glacis-Politik« vorherrschend, so stehen heute die Veränderungen in der »Europäischen Gleichgewichtspolitik« im Vordergrund der Interessen und Analysen.

Günter Nonnenmacher kommentierte die aktuelle Lage der beiden Staaten mit den Worten: »Die macht- und einflußpolitischen Kalküle französischer Politiker oder Diplomaten stehen in einer Tradition des außenpolitischen Denkens, die Deutschland nach dem Zweiten Weltkrieg, zum Guten wie zum Schlechten, fremd geworden ist. Sie beruhen auf historischen, macht- und geopolitischen Überzeugungen. Dazu gehört die Doktrin vom ›Gleichgewicht der Mächte‹ als Voraussetzung stabiler Verhältnisse in Europa. In der EG ist das zu der Vorstellung umgeformt worden, daß eine gewisse Symmetrie zwischen den Einflußmöglichkeiten der ›Großen‹ nötig sei. Dazu kommt der Glaube, daß die letztlich entscheidenden Bedingungen politischen Handelns von Geographie und Geschichte vorgegeben sind. Einer der ersten Kommentare Präsident Mitterands beim Zusammenbruch der kommunistischen Systeme in Europa hieß, jetzt drohe ein Rückfall in die Geschichte des späten 19. Jahrhunderts, die letztlich im Ersten

Weltkrieg mündete. Das französische Beharren auf der Unantastbarkeit der Grenzen in Europa, dessen Bedeutung auch im Falle Jugoslawiens offensichtlich wurden beruht darauf und auf den Erfahrungen der Zwischenkriegszeit. Natürlich spielt auch Eitelkeit eine Rolle. Das Europa der EG war französisch geformt bis hinein in die Sprache der Richtlinien, Kommuniqués und Resolutionen von Ministerrat, Kommission und Parlament; es wurde zu einem nicht geringen Teil auch politisch von Frankreich bestimmt. Das war, vereinfacht gesagt, die Kompensation für das wirtschaftliche Übergewicht, das schon die alte Bundesrepublik Deutschland in der Gemeinschaft hatte. In dem neuen Europa, dessen Mitte nicht mehr Frankreich heißt und in dem Deutschland nicht mehr der östliche Grenz- und Frontstaat der Gemeinschaft freiheitlicher Demokratien ist, wird der französische Einfluß abnehmen.«[201]

Zur Eindämmung und Kontrolle der europäischen Mitte schloß Frankreich während des letzten Jahrhunderts eine Reihe von Freundschafts- und Beistandsabkommen mit osteuropäischen Staaten, »Bündnisse mit den Nachbarn des Nachbarn«[202]:

- 1891    Zweibund mit Rußland
- 1921    Bündnisvertrag mit Polen und der Tschechoslowakei
- 1935    Beistandspakt mit der Sowjetunion
- 1944    Moskauer Vertrag
- 1990/91 Versuche neuer Allianzen mit der Sowjetunion, Polen, ČSFR.[203]

Für den Geopolitiker lautet heute die zentrale Frage: Verschiebt sich seit Beginn der 90er Jahre das geopolitische Zentrum Europas? Die neue und zugleich alte Rolle Deutschlands in der geographischen Mitte des Kontinents entwickelt sich synchron mit dem Einflußverlust Frankreichs, das sich zunehmend in eine geopolitische Randlage versetzt sieht. Zugleich können die zahlreichen Bemühungen Frankreichs um »Neue Allianzen« als Versuche neuer »Gleichgewichtsgewinnung« in Europa angesehen werden.

Bei der Beurteilung der sowjetischen Strategie geht Heinz Pächter
»von der Erfahrung aus, daß eine Großmacht bald in der Erhaltung, bald in der Störung des Status quo ihren Vorteil findet.
Nicht der Kommunismus schreibt die Stärke und Stoßrichtung des
sowjetischen Imperialismus vor. Die Zaren betrieben ihre Machtpolitik teils mit christlicher, teils mit panslawistischer Ideologie.
Die Bolschewiki erbten manche ihrer Ziele und Methoden, fügten
eigene hinzu und paßten ihre Weltpolitik den Zeitläuften an.
Sie war bald expansiv, bald defensiv, ihre Methode bald revolu-
tionär, bald diplomatisch.«[204]

## *Ziele und Regelkreise sowjetisch-russischer*
## *Außen- und Sicherheitspolitik*

Die imperialistische Machtstellung der Sowjetunion gehörte seit dem
Zweiten Weltkrieg zu den bestimmenden Faktoren der internationalen
Politik.[205] Das Interesse an zulänglichen Analysen der sowjetischen
Außenpolitik, ihrer Bedingungen und Intentionen war groß.[206] Namentlich dort, wo es darum ging, Grundmuster der sowjetischen Strategie, ihrer Interessen und Ambitionen zu ermitteln, griffen die Argumente häufig auf die Geschichte aus, gingen weit zurück in die vorre-
volutionäre Vergangenheit, verklammerten die sowjetische Gegenwart
mit der Großmachtpolitik des Russischen Reiches, mit den imperialen
Traditionen der zaristischen Zeit.[207] Es muß dahingestellt bleiben, ob
diese Neigung als Ausdruck der Unterentwicklung des analytischen
Instrumentariums oder als Reflex eines ungewöhnlichen historischen
Bildungsstandes zu werten ist.[208]

Wie schon mehrfach betont, ist der Einfluß des Staatsgebietes und
seiner geographischen Lage auf die Bedingungen auswärtiger Politik
nicht in Zweifel zu ziehen. Im Falle der Sowjetunion kommt, so hat der
Historiker Dietrich Geyer überzeugend herausgearbeitet, den geographischen Gegebenheiten aber eine ganz besondere Bedeutung zu.[209]
Geyer schreibt:»Über die Kontinuität der Geographie hinaus läßt sich
sehen, daß mit der kaum je unterbrochenen Konservierung des Herrschaftsraumes die Bewahrung der internationalen Machtstellung des
Staates zusammengegangen ist. Das russische Imperium gehörte seit

*Abb. 20 Rußlands Drang nach der Meeresküste*

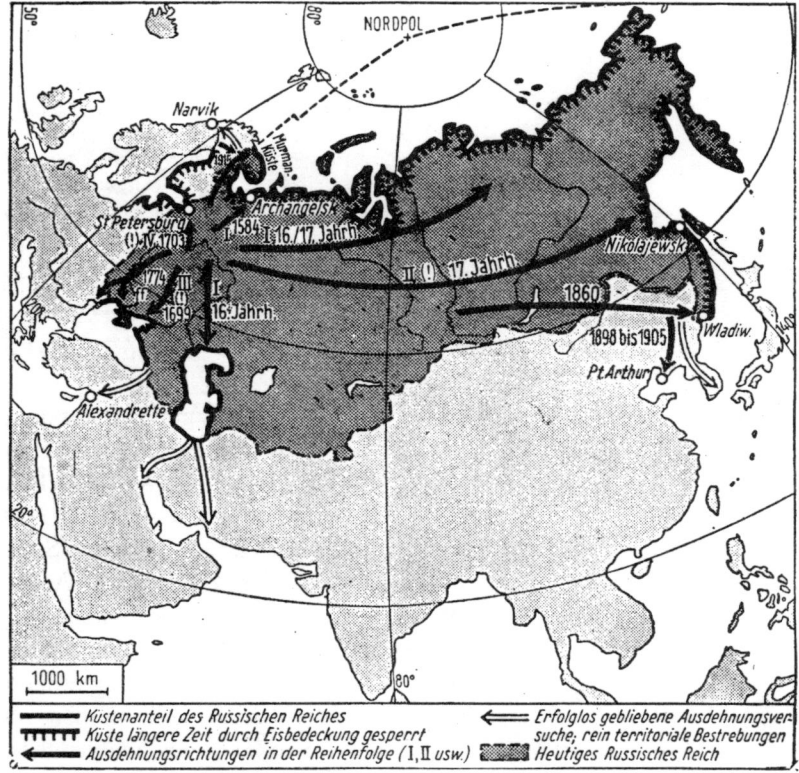

Quelle: Erdkunde. Weg zur Reifeprüfung. 3 Teil. Breslau/Leipzig 1943.

dem beginnenden 18. Jahrhundert im europäischen Staatensystem zum Kreis der ›Großen Mächte‹, und auch die Sowjetunion rückte nach einer kurzen Zwischenzeit innerer Schwäche und außenpolitischer Isolierung bereits vor dem Zweiten Weltkrieg wieder in die Positionen einer Großmacht ein. Daß diese imperiale Tradition zugleich für die Fortdauer macht- und sicherheitspolitischer Interessen spricht, ist im Blick auf die Geschichte vielfältig illustrierbar.«[210]

115

*Abb. 21 Rußlands Drang nach Westen (1667–1945)*

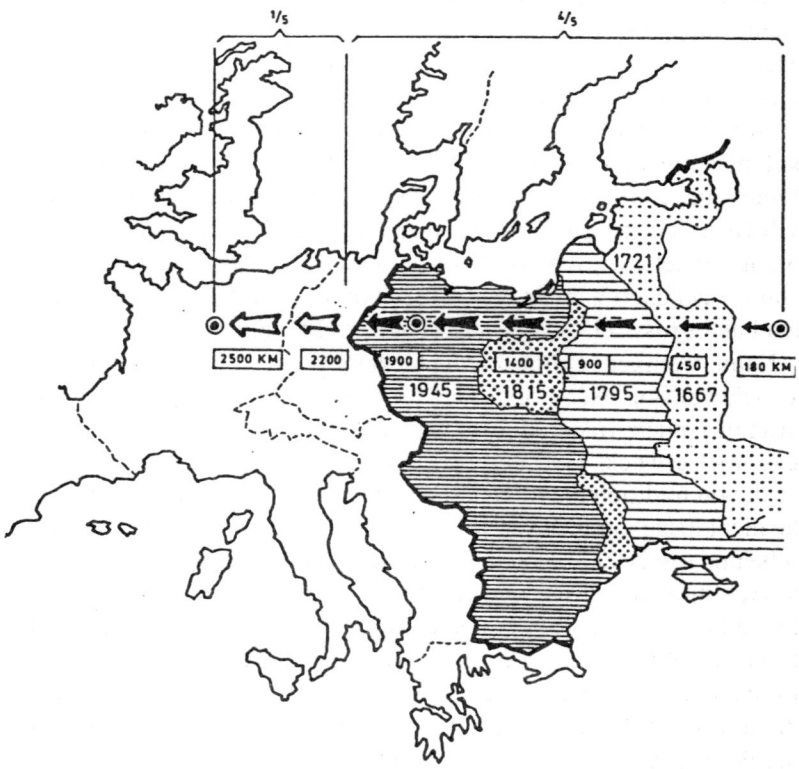

In 280 Jahren näherte sich der moskowitische Machtbereich dem Westen Europas um knapp 2000 km oder 4/5 der Entfernung Moskau–Paris.

Quelle: Freiherr Jordis von Lohausen: Mut zur Macht. Denken in Kontinenten, Berg am See, 2., erweiterte Auflage 1981, S. 299.

Die Entwicklung des russischen Staates ist durch die Weite des eurasischen Kontinents, durch die fehlenden natürlichen Grenzen und durch den fehlenden Zugang zum offenen Meer wesentlich beeinflußt worden.[211] Die maritimen Interessen könnten die Unverrückbarkeit der Zielsetzungen über den Wandel der Zeiten und Konstellationen hin gleichsam als Grundthema russischer und sowjetischer Machtpolitik erscheinen lassen. Um die Faszination der geschichtlichen Rückschau anzudeuten, mag der vielbeschriebene »russische Drang« zu den Meerengen, nach Konstantinopel, genannt sein.[212] Boris Meissner glaubt, aus der kontinentalen Lage Rußlands Streben nach den offenen Weltmeeren und den niemals ruhenden Drang zur erobernden und kolonisierenden Expansion ableiten zu können[213], die in immer neue Weiten ausgreift. Meissner verwahrt sich bei dieser Beurteilung entschieden dagegen, daß es sich hier um einen blinden Ausdehnungsdrang handele, wie das von Essen in seinem Buch »Die russische Gleichung« geäußert worden ist.[214] Vielmehr meint er, hier einen konstanten Faktor russisch-sowjetischer Außenpolitik zu erkennen.

Kaum weniger eindrucksvoll erscheint die Kontinuität, der die Geschichte des russisch-polnischen Verhältnisses unterliegt.[215] Dazu die grundlegenden Bemerkungen von Dietrich Geyer: »Das polnische Exempel erweckt den Eindruck, daß die sowjetische Außenpolitik auch von traditionellen Operationsmustern der zaristischen Diplomatie nicht losgekommen sei. In bezug auf Polen wirken preußisch-deutsche und russische Interessen zusammen; Polen war die Klammer, die das traditionelle Einvernehmen zwischen Petersburg/Moskau und Berlin verbürgte: Katharina II. und Friedrich der Große, Alexander I. und Friedrich Wilhelm III., Gorčakov und Bismarck, Rote Armee und Reichswehr, die Rapallo-Ära, Stalin und Hitler – Namen und Daten, die davon zeugen, daß das Schicksal Polens von jeher eine Funktion der Beziehungen zwischen Russen und Deutschen war.«[216]

Einen ähnlichen Regelkreis diplomatischen Verhaltens glaubt Geyer auch in der Geschichte der russisch-französischen Beziehungen sichtbar machen zu können:

»Bündnisse mit Frankreich stellen sich im allgemeinen als Reaktionen auf Krisenerscheinungen im Verhältnis zwischen Rußland und Deutschland dar: die Allianz von 1892/93 als eine Folge des nichterneuerten Rückversicherungsvertrages[217], der Beistandspakt von 1935 als Antwort auf die antibolschewistische Aggressivität des Nationalsozialismus, das Werben um de Gaulle womöglich als Reflex der Spannungen mit Bonn.[218] Dieser Regel scheint auch die Geschichte der Allianzen zwischen Rußland und Preußen/Deutschland zu folgen[219]: 1813/14 die Befreiungskriege gegen Napoleon, im Vormärz die konservative Monarchensolidarität gegen die Revolutionsgefahr, 1863 die gemeinsame Frontstellung gegen das auf Polen übergreifende Nationalitätenprinzip des dritten Napoleon, später dann, 1922, Rapallo mit der Abwehr des von Paris gestützten Versailler Systems, der deutsch-sowjetische Ausgleich von 1939 als Kompensation für die durch das Münchener Abkommen entwertete Politik der ›kollektiven Sicherheit‹.«[220]

»Diese Feststellungen« – so befürchtet Geyer weiter – »könnten die Annahme bestärken, daß sich die Analysen der sowjetischen Außenpolitik auf eine Reihe konstanter Bedingungen stützen und aus dem Arsenal der Geschichte gewissermaßen empirisch belegen lassen. Die Grundmuster außenpolitischen Verhaltens«, die Geyer hier aufzeigte, »berufen sich auf die Tradition der russischen Großmachtpolitik, auf die geographische Kontinuität des Herrschaftsraumes und die von hier aus ableitbaren Sicherheitsinteressen.«[221] Obgleich solche Interpretationsmodelle ihre Beweiskraft und scheinbare Logik aus der Geschichte ziehen, und so einleuchtend sie auch erscheinen mögen, sind sie doch gerade dadurch gekennzeichnet, daß sie die geschichtlichen Bedingungen der jeweiligen politischen Konstellationen weitgehend verdrängen.[222] Um dies zu verdeutlichen, soll auf die Geschichte des Cordon sanitaire zurückgegriffen werden. Wie die Entwicklung der Staaten Ost-Mitteleuropas seit dem Ersten Weltkrieg zeigt (und auf diesen Raum ist das deutsche Sicherheitsinteresse besonders gerichtet), wurden diese Staaten sowohl von den Westmächten wie später von der Sowjetunion im Rahmen ihrer militärischen Belange als Objekte in ihre jeweilige Abschirmungsstrategie einbezogen.

## Exkurs: Ostmitteleuropa in der west-östlichen Sicherheitspolitik
## (1919–1990)

### Die neuen ostmitteleuropäischen Staaten als »Cordon sanitaire«

Der Begriff »Cordon sanitaire« wurde 1815 geprägt, als eine Reihe von Ländern an der französischen Grenze als *cordon sanitaire* gegen die Wiederkehr von Bonapartismus oder der Revolution bezeichnet wurden.[223] Im Jahre 1919 wurde die Bezeichnung von dem französischen Außenminister Pichon[224] wieder aufgegriffen und auf den Raum »Zwischeneuropa«[225] beziehungsweise auf die Staaten »Ostmitteleuropas«[226] angewandt. Damit war das Stichwort der Clemenceauschen Rußlandpolitik dieses Jahres gefallen.

Die Staaten der vielgestaltigen Völkerwelt im Gürtel zwischen den Ostgrenzen des Deutschen Reiches und Österreichs sowie der Adria auf der einen und den Westgrenzen der Sowjetunion und dem Schwarzen Meer auf der anderen Seite, zwischen der Ostsee und der Nordgrenze Griechenlands haben seit dem Ausgang des Ersten Weltkrieges eine sehr ähnliche Entwicklung durchgemacht, die diesen Teil Europas als eine Einheit besonderer Art erscheinen läßt. Alle Staaten dieses Bereiches sind entweder erst am Ende des Ersten Weltkrieges entstanden, oder sie haben durch die Pariser Vorortverträge so entscheidende Umgestaltungen erfahren, daß sie fast wie Neubildungen wirken mußten.[227] Oskar Halecki bemerkt hierzu: »Nach der Pariser Friedenskonferenz von 1919 erschien dieser vergessene Raum Europas wieder in der Form eines Dutzends freier und unabhängiger Länder, doch nur um sich dauernden Feindseligkeiten Deutschlands und Rußlands gegenüber zu sehen, die sich gleichermaßen einer derartigen Organisation des ›balkanisierten Zwischen-Europas‹ widersetzten, das sie wie ein cordon sanitaire trennte.«[228]

### Die Funktion des Staatengürtels: Sicherheit vor Deutschland und der Sowjetunion

Aber gerade diese außenpolitische Funktion war der neuen Staatenwelt von der französischen und englischen Politik nach 1919 zugedacht.[229] Frankreich war unter der Führung von Clemenceau auf der Pariser Friedenskonferenz (1919) insbesondere an starken Sicherungen gegenüber einer potentiellen deutschen Revanche interessiert. Da der russische Koalitionspartner durch die Revolution ausgefallen war (und der Bolschewismus durch Frankreich bekämpft wurde), suchte die französische Regierung Ersatz in Militärbündnissen mit den neuen Staaten Ostmitteleuropas, namentlich mit Polen, Rumänien und der Tschechoslowakei.[230]

Ein bemerkenswertes Ergebnis der Pariser Friedenskonferenz ist es, »daß der wesentliche Inhalt des Friedens von Brest-Litowsk bestehen blieb. Auf jenen damals von Rußland losgelösten Randgebieten entstanden die neuen Staaten, die nun als Barriere zur Abschirmung Europas gegen den Bolschewismus dienen sollten. Zugleich aber erhielten diese Länder im Rahmen der französischen Bündnispläne die Aufgabe, Deutschland in Schach zu halten. Durch die Zuweisung deutscher Gebiete an Litauen und Polen, durch die Belassung der Sudetendeutschen bei der Tschechoslowakei und durch die Versagung des Selbstbestimmungsrechts für die Deutsch-Österreicher wurden im Verhältnis zwischen Deutschland und den ostmitteleuropäischen Staaten planmäßig Gegensätze geschaffen.«[231]

Schließlich sollte der Staatengürtel bei englischen und französischen Politikern darauf abzielen, ein deutsch-russisches Zusammengehen zu verhindern. In einer Denkschrift malte die Phantasie Lloyd Georges bereits den 300-Millionen-Block an die Wand, in dem deutsche Intelligenz und Organisationsgabe sich mit den Möglichkeiten des russischen Riesenraums paarten, der jeder Blockade trotzte und den unsicheren Sieg der Entente gänzlich wieder in Frage zu stellen drohte.[232] Lloyd Georges Gedanken beruhten unverkennbar auf Vorstellungen der englischen Geopolitik, wie sie etwa von 1900 an vertreten wurden. Im Jahre 1904 hielt der Engländer Sir Halford J. Mackinder in London einen Vortrag, in dem er seine Zuhörer vor der gefährlichen Lage warnte, die sich ergeben könne, falls das politische Gleichgewicht zugunsten eines »pivot state« ausschlagen sollte. Das könne eintreten, wenn Deutschland sich mit Rußland verbinden würde. Der neue, dann entstandene Block könne seine Macht über ganz Europa und Asien ausbreiten, sodann mit den Hilfsquellen der beiden Weltteile eine gewaltige Flotte bauen, und das »Weltreich« sei in greifbare Nähe gerückt. Mackinder war der Meinung, daß die Beherrschung des russischen Sibirien ausreiche, um die Welt zu unterwerfen, vorausgesetzt, dieses Gebiet sei in den Händen eines Staates, der über genug Menschen und Organisationsvermögen verfüge.[233]

Die Befürchtungen waren nicht unbegründet. Zählte doch das preußisch/deutsch-russische Zusammengehen seit dem 19. Jahrhundert zum festen Bestand politischer Erfahrungen Europas. Es hatte beiden Partnern unleugbare Vorteile gebracht. Warum sollte es sich nicht wiederholen?[234] Fazit: Historische Erfahrung und die Überlegungen, welche die Einflüsse der geographischen Verhältnisse auf die weitere politische Entwicklung zu erkennen glaubten, waren bei der Schaffung des Cordon sanitaire mitbestimmend. Wie während der Zeit des ganzen Krieges haben die Möglichkeiten, die in den deutsch-russischen Vereinbarungen von Rapallo wenig später Gestalt gewannen, Franzosen und Engländer in Versailles auf das tiefste beunruhigt und ihre Osteuropapolitik wesentlich beeinflußt.[235]

Die entscheidende Funktion, die französisch-englischen Sicherheitsinteressen im System des Cordon sanitaire zu übernehmen, wurde Polen zugedacht. Auf der Pariser Friedenskonferenz einigten sich Clemenceau und Lloyd George darauf, »daß jenem Staatengürtel, insbesondere Polen, die verhängnisvolle Doppelrolle zugeschrieben wurde, ›die russische Flut einzudämmen und Deutschland in Schach zu halten‹[236], eine Doppelrolle, die über Polens Kräfte ging und zu Polens und Europas Verderben ausschlug, wenn es auch zunächst den Anschein hatte, als ob Polen ihr gerecht zu werden schien.[237] In wechselvollem Krieg, der die Polen im Mai 1920 nach Kiew und die Russen im August vor die Tore Warschaus führte, gelang es Marschall Piłsudski, [...] über die von den Alliierten vorgesehene Linie am Bug und Njemen (Curzon-Linie), festgelegt am 8. Dezember 1919[238], hinaus die Grenze Polens weit nach Osten vorzuschieben.«[239]

Das erste Jahrzehnt ostmitteleuropäischer Selbständigkeit war außenpolitisch vor allem durch die Isolierung der Sowjetunion, die europäische Vormachtstellung Frankreichs und die Schwäche des Deutschen Reiches bestimmt. In den zwanziger und beginnenden dreißiger Jahren stellte sich jedoch heraus, daß der Staatengürtel die ihm zugedachte Funktion nicht erfüllen konnte, zumal eine koordinierte Außenpolitik sich als undurchführbar erwies.[240]

»Das mit der Stabilisierung der deutschen Verhältnisse erneut aufsteigende französische Sicherheitsbedürfnis ließ das Verhältnis zur Sowjetunion mit der Zeit in einem anderen Lichte erscheinen. Die Tendenzen eines von Frankreich protegierten antisowjetischen cordon sanitaire aus den zwanziger Jahren [endeten Anfang der dreißiger Jahre].«[241] Die Ursache dieser Entwicklung ist im wesentlichen auf die außenpolitischen Aktivitäten des nationalsozialistischen Deutschland zurückzuführen, die in relativ kurzer Zeit das Ende der ersten »Cordon-sanitaire-Ära« herbeiführten. Damit standen die Staaten in Ostmitteleuropa vor der Entscheidung, entweder nach größerer Unabhängigkeit zu streben oder Anlehnung an Deutschland oder an die Sowjetunion zu suchen.[242]

Gegenüber der französischen, britischen und zuletzt deutschen Osteuropapolitik wurde die Europapolitik der Sowjetunion bis zum Zweiten Weltkrieg von der Sorge um die eigene Sicherheit und dem Wunsch nach größerer Einflußnahme auf den Kontinent bestimmt.

*Sowjetische Sicherheitspolitik und der »Einkreisungskomplex«*

Wie bereits oben hervorgehoben, ist die Entwicklung des russischen Staates durch die grenzenlose Weite des eurasischen Kontinents, durch die fehlenden natürlichen Grenzen und durch den fehlenden Zugang zum offenen Meer wesentlich beeinflußt worden.[243] Was die geostrategische Lage der Sowjetunion nach dem Zweiten Weltkrieg betrifft, so lag ihr Kernstück innerhalb des großen Dreiecks Moskau, Omsk in Sibirien und Baku an der Küste das Kaspischen Meeres. Nach allen Seiten trennten riesige Entfernungen das Kerngebiet von den Aufmarschräumen etwaiger Aggressoren; das ostmitteleuropäische Vorfeld im Westen, die kalte Klimazone im Norden, die sibirische Taiga im Osten und die Wüsten und Gebirge in Zentralasien bilden zusammen einen äußeren Verteidigungsring von großer Tiefe, der einem Angreifer zu Lande wenig Chancen ließ.[244]

*Abb. 22 Geostrategische Achsen der sowjetischen Machtpolitik*

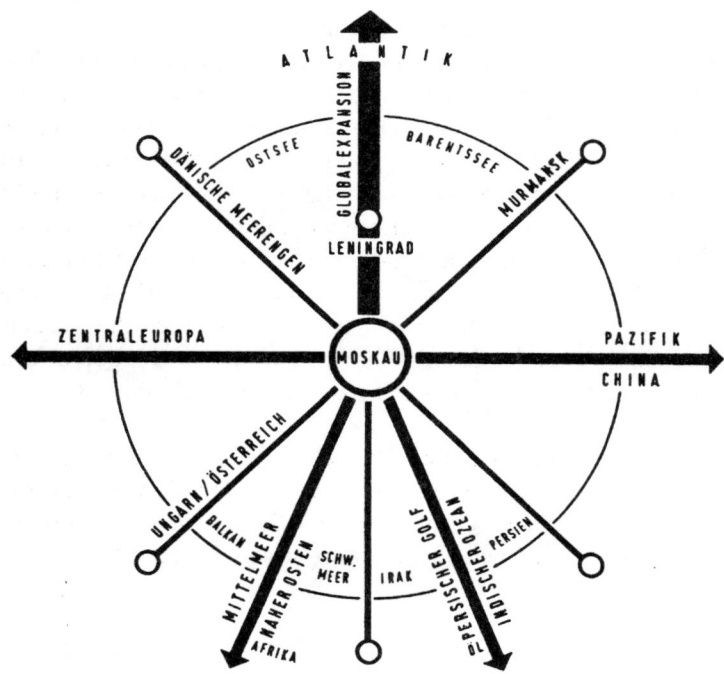

Quelle: Wolfgang Höpker: Stoßrichtung Atlantik. Die Drohung aus dem Norden, Stuttgart 1973, S. 169.

## Die Umwandlung des »Cordon sanitaire« nach dem Zweiten Weltkrieg

Die Erfahrungen nach 1918 und die schweren Verluste während des Zweiten Weltkrieges veranlaßten Stalin, bei Kriegsende auf zwei geostrategischen Kriegszielen in Ostmitteleuropa zu bestehen:

1. der Umkehrung des bisher gegen die Sowjetunion gerichteten mitteleuropäischen »Cordon sanitaire« und
2. einem Machtzuwachs, welcher der Sowjetunion die Kontrolle über die östlichen Teile Deutschlands gestattete und so den alten Sicherheitsgürtel (»security ring«) um einige hundert Kilometer nach Westen vorverlegte.[245]

123

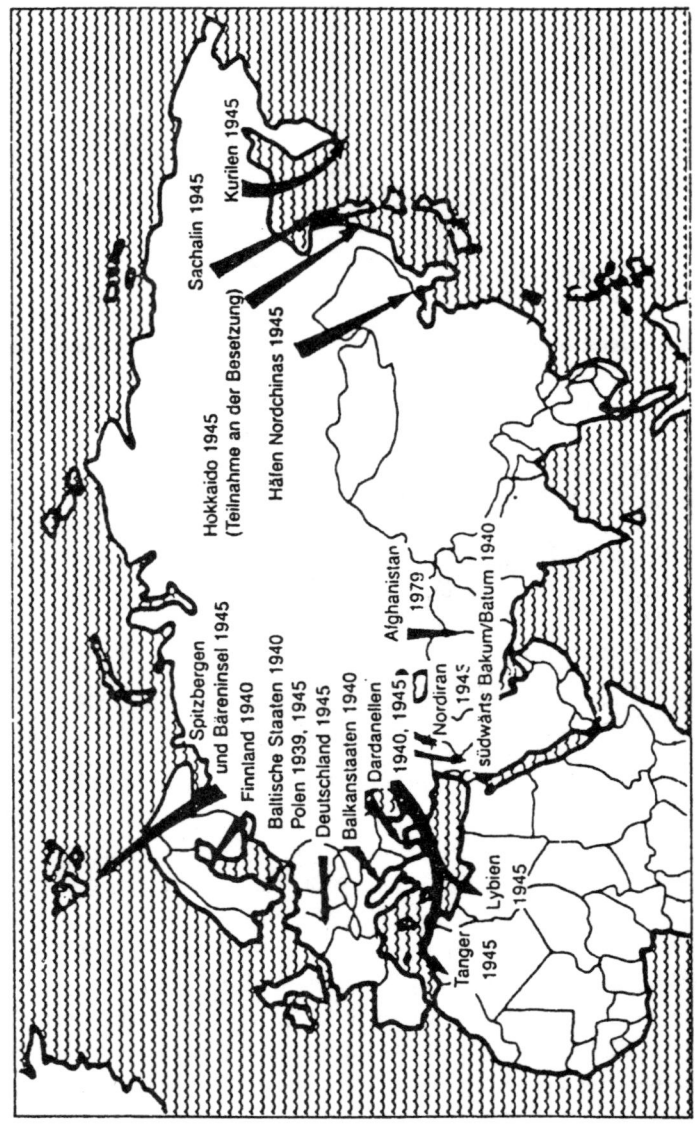

Abb. 23 Geopolitische Forderungen der Sowjetunion bei diplomatischen Verhandlungen (1940–1945)

Spitzbergen
und Bäreninsel 1945

Finnland 1940

Baltische Staaten 1940
Polen 1939, 1945

Deutschland 1945

Balkanstaaten 1940

Dardanellen
1940, 1945

Nordiran
1945

südwärts Bakum/Batum 1940

Afghanistan
1979

Tanger
1945

Lybien
1945

Sachalin 1945

Kurilen 1945

Hokkaido 1945
(Teilnahme an der Besetzung)

Hälen Nordchinas 1945

Quelle: Zbigniew Brzezinski, Planspiel.Das Ringen der Supermächte um die Welt. Erlangen/Bonn/Wien 1989, S. 51

Abb. 24 Die sowjetische Expansion in Europa 1940–1948

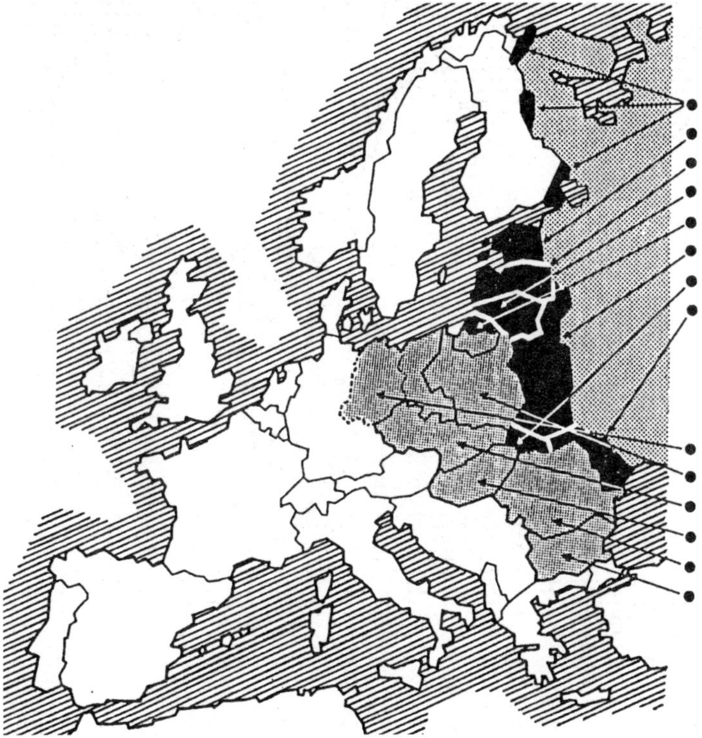

## Annektiert

| Jahr | Land | Größe (km²) |
| --- | --- | --- |
| 1940/44 | Teile Finnlands | 45 600 |
| 1940/44 | Estland | 47 700 |
| 1940/44 | Lettland | 64 700 |
| 1940/44 | Litauen | 59 600 |
| 1945 | Nordostpreußen | 13 500 |
| 1945 | Teil Polens | 181 300 |
| 1945 | Teil der Tschechoslowakei | 12 700 |
| 1945 | Teil Rumäniens | 50 200 |
| | insgesamt | 475 300 |

## Von der Sowjetunion kontrolliert

| Jahr | Land | Größe (km²) |
| --- | --- | --- |
| 1945 | Sowj. Besatzungszone Deutschlands | 111 100 |
| 1945 | Polen | 311 700 |
| 1948 | Tschechoslowakei | 127 900 |
| 1947 | Ungarn | 93 000 |
| 1948 | Rumänien | 237 200 |
| 1946 | Bulgarien | 110 800 |
| | insgesamt | 991 700 |

Entwurf nach Wolfgang Höpker, Stoßrichtung Atlantik. Drohung aus dem Norden, Stuttgart 1973, S. 21.

Zu ähnlichen Ergebnissen kam der damalige amerikanische Botschafter in Moskau, Averell Harriman, als er Anfang 1945 in ausführlichen Berichten an das State Departement feststellte, die sowjetische Politik folge drei parallelen Zielen:
- Zusammenarbeit mit den Vereinigten Staaten und Großbritannien in einer Weltorganisation, den späteren Vereinten Nationen und ihrem Sicherheitsrat;
- Errichtung eines Cordon sanitaire (»security ring«) durch Beherrschung der Nachbarstaaten;
- Durchdringung anderer Länder durch die jeweiligen kommunistischen Parteien.[246]

Die Durchsetzung der beiden letztgenannten Kriegsziele hatte der Sowjetunion insbesondere im mittel- und osteuropäischen Raum durch eine kontrollierte innere Linie geostrategische Vorteile gebracht. Das Vorfeld zwischen der Ostsee und dem Schwarzen Meer erfüllte für die Sowjetunion eine doppelte Funktion: Einmal bildete es einen »Cordon sanitaire«, der die Sowjetunion gegen fremde Einflüsse abschirmte, zum anderen diente es als Ausgangsbasis offensiver sowjetischer Politik, was unvergleichlich wichtiger war. In diesem Zusammenhang kann, im Hinblick auf die geostrategische Bedeutung der DDR innerhalb des Warschauer Paktes, folgende Feststellung getroffen werden: Wie der Bundesrepublik Deutschland innerhalb der NATO, so kam der Deutschen Demokratischen Republik innerhalb des Warschauer Paktes eine besondere geostrategische Bedeutung zu.[247] Die Gegebenheiten der Geographie, der Politik und der Strategie wirkten zusammen, die DDR zum Angelpunkt der sowjetischen Sicherheitspolitik in Zentraleuropa zu machen. Die hegemoniale Stellung der Sowjetunion in Ostmitteleuropa schloß von 1945 bis Ende der achtziger Jahre eine Wiederbelebung antisowjetischer Bündnisse in diesem Raum aus.[248]

Die gewonnenen geostrategischen Vorteile im europäischen Raum wurden jedoch durch Gegenstrategien[249], insbesondere der Vereinigten Staaten von Amerika und der Volksrepublik China, weitgehend neutralisiert. Nicht zuletzt aus diesem Grund war die Sowjetunion die einzige Macht (vom Eden-Plan einmal abgesehen), die seit den frühen

*Abb. 25*

*Europa aus der Sicht Moskaus während der Zeit des Kalten Krieges*

Diese der sowjetischen »politischen Klasse« geläufige Kartenprojektion illustriert das Konzept des Generalstabes der Roten Armee, den Kontinent an seinen beiden nassen Flanken, vom Mittelmeer- wie von Ostsee- und Nordmeerraum her, zu umfassen.

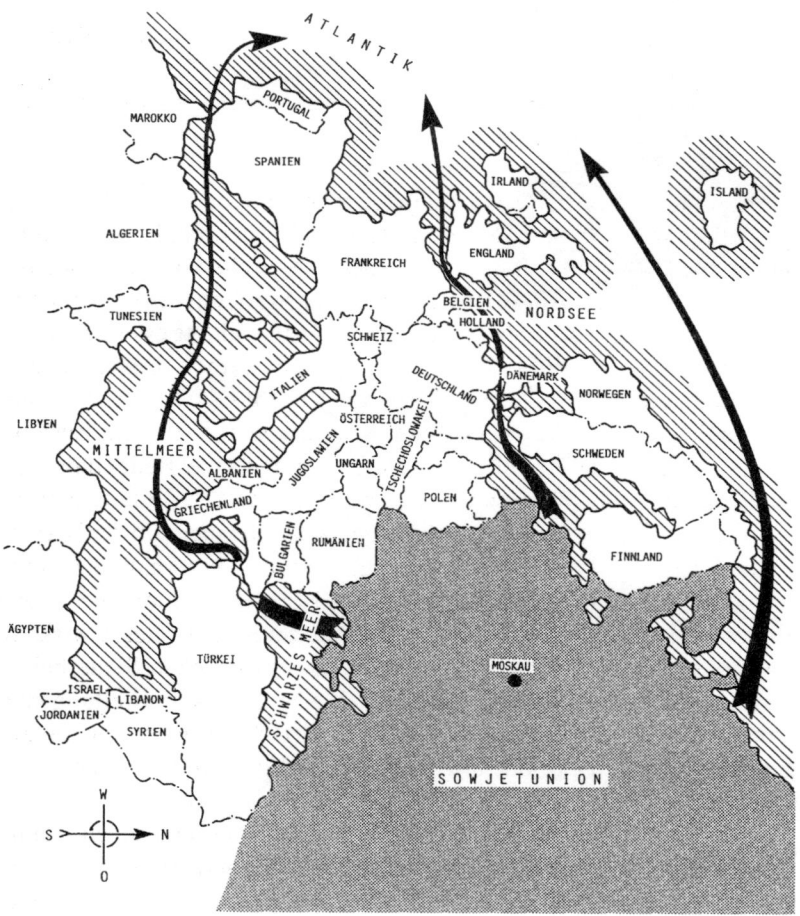

Quelle: Wolfgang Höpker, Weltmacht zur See. Die Sowjetunion auf allen Meeren, Stuttgart 1971.

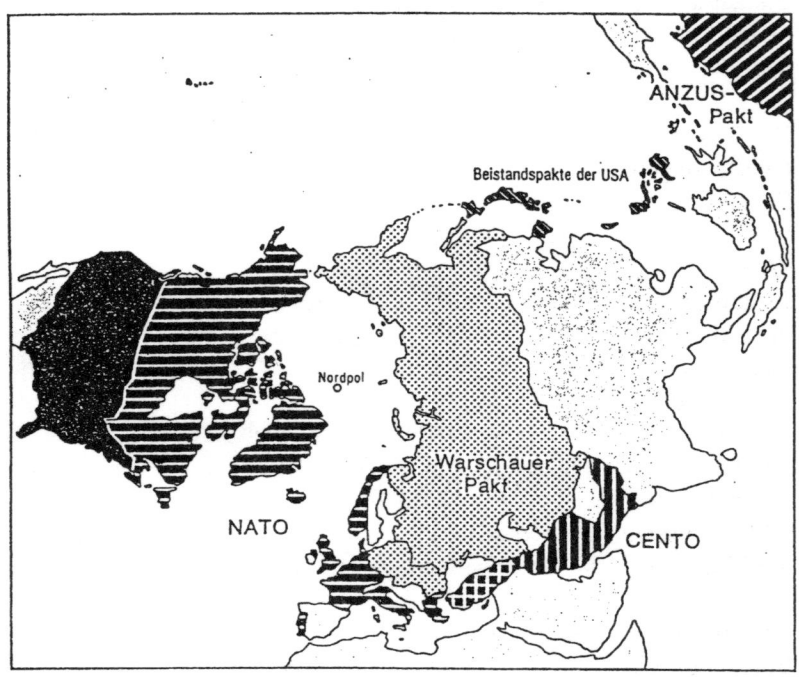

*Abb. 26 Militärbündnisse nach dem Zweiten Weltkrieg*

fünfziger Jahren zu erkennen gab, daß sie unter bestimmten Voraussetzungen zu einem Disengagement in Zentraleuropa bereit war. Die Beweggründe, die sich bis in unsere Zeit grundsätzlich nicht geändert haben, sind die amerikanische Einkreisungspolitik einerseits und die verstärkte Bedrohung der Ostflanke durch China andererseits. Oder anders gesagt: Die sowjetischen Bedrohungsvorstellungen sind seit der von Kennan, Marshall und Dulles verfochtenen Containment-Politik von dem Alpdruck eines möglichen Zweifrontenkrieges (in Europa und Ostasien) nicht frei. So wie China ein starkes Westeuropa gegenüber der Sowjetunion wünscht, so lag die Schaffung von Sicherheitssystemen in Europa und Asien im ureigensten Interesse sowjetisch-russischer Staatsräson. Inwieweit Rußland als der wichtigste Nachfolgestaat der UdSSR die alte sowjetische »Globalstrategie« durch eine neue Strategie ersetzen wird, ist zur Zeit eine offene Frage.

Die Sicherheitspolitik der Sowjetunion veranlaßt zu grundsätzlichen Überlegungen zu Einkreisungsfurcht, -komplex, -theorie, -politik von Staaten.

*These:*
Je stärker sich die Einkreisung eines Staates abzeichnet und je stärker die Einkreisungsfurcht in einem Volk vorhanden ist, desto stärker neigt dieser Staat zu:
– Autarkie
– Vertrags- und Bündnispolitik (Nichtangriffspakte)
– Schaffung von Einflußsphären/Vorfeldern/Pufferzonen/Sicherheitszonen
– Militarisierung der Gesellschaft
– militärischen Präventiv- bzw. Interventionsmaßnahmen.

Andererseits gilt bei den Autarkie- und Expansionsbestrebungen von Staaten zur Überwindung einer tatsächlichen oder vermeintlichen Einkreisungspolitik die von Ranke, Hintze und Seely vertretene These: Was ein Staat an wirtschaftlicher Unabhängigkeit, militärischer Stärke und territorialer Ausdehnung gewinnt, ist in der Regel nur bei rigoroser Einschränkung individueller und gesellschaftlicher Freiheitsrechte möglich.

*Beispiele:*
– Deutsches Reich
– Volksrepublik China
– Israel
– Republik Südafrika

*Leitlinien und Lehren aus drei Jahrhunderten russisch-sowjetischer*
*»Außen- und Sicherheitspolitik«*

Heinz Pächter faßt die konstanten und variablen Faktoren, die über drei Jahrhunderte die russische und später die sowjetische »Außen- und Sicherheitspolitik« bestimmt haben, in seinem Werk »Weltmacht Rußland« wie folgt zusammen:

»1. Der Ost-West-Kampf ist zunächst als weltpolitischer Machtkampf anzusehen; er geht heute um die Herstellung eines Staatensystems, das nach den Erschütterungen des Zweiten Weltkrieges und der nationalen Revolutionen an die Stelle früherer ›Mächtekonzerte‹ treten muß.

2. In diesem Kampf folgt jede Macht ihrer Staatsraison, die in erster Linie von den Bedingungen der Sicherheit und von ihrer natürlichen Stellung im Staatensystem abhängt.

3. Ideologien treten in diesem Kampf als Waffen oder als Tarnung auf, sind aber selten als alleinige Motive für politische Entscheidungen zu identifizieren. Dabei fördert der Kommunismus durchaus nicht immer die expansionistischen Tendenzen.

4. Vielmehr erscheint die Entwicklung der russischen Außenpolitik von den Zaren zu Lenin, Stalin, Chruschtschow und weiter nicht als eine Folge verschiedener Konzeptionen, sondern eher als die Entfaltung einer Staatspersönlichkeit durch verschiedene Entwicklungsphasen hindurch, während deren sie verschiedene Mittel für ihren Lebenskampf einsetzen konnte.

5. Die Sowjetpolitik hat den Kommunismus so zynisch ausgenutzt wie Alexander VI. den Katholizismus oder gar wie Kardinal Richelieu die Protestanten, und ebensooft hat sie ihn verraten, wie Napoleon die Revolution. Wer sich zum Beispiel darauf verließ, daß Kommunismus und Nationalsozialismus Todfeinde seien, wurde 1939 brutal enttäuscht.

6. Keinen geringeren Fehler beging, wer die sogenannte ›Liberalisierung‹ des Kommunismus im Innern als Vorboten einer ›liberaleren‹, weniger militanten und weniger intransigenten Außenpolitik ansah. Das Gegenteil ist der Fall: Befreit von den Fesseln des marxistischen

Dogmas, hat die Sowjetunion ihre nationalen Ziele in der Außenpolitik besser verfolgen können als je zuvor. Indem sie sich mehr und mehr auf die Ideologie der nationalen Befreiungskriege stützt, enthüllt sie nun auch den wesentlich nationalen Charakter der Oktoberrevolution.

7. Das paradoxe Resultat ist: mit der kommunistischen Ideologie läßt sich's besser koexistieren als mit der Praxis des Sowjetstaates! Der weltanschauliche Abgrund, der uns trennt, bedarf keiner Überbrückung; wir brauchen seine Existenz nur nüchtern anzuerkennen. Aber die Interessen des russischen Staates berühren wir täglich, und die Konflikte, die daraus entstehen, mögen uns eines Tages an einen anderen Abgrund heranführen!

8. Trotzdem liegt die Hoffnung auf Frieden in der klareren Erkenntnis, daß unsere Gegensätze am Ende doch auf Interessenkonflikten beruhen und daher der Vernunft des Staates zugänglich, ja der Einwirkung anderer Staaten unterworfen sind. Nur Ideen sind kompromißlos; Interessen sind prinzipienlos. Koexistenz braucht nicht durch weltanschauliche Auseinandersetzungen belastet zu werden, sondern kann ganz pragmatisch aus der täglichen Routine des diplomatischen Ringens erwachsen. Sie besteht in dem ständigen Kampf um die Erhaltung des unstabilen Friedens, der niemanden befriedigt, oder in dem Auftrag an die Diplomaten, den kalten Krieg am Umschlagen in den heißen zu hindern.

9. Koexistenz und kalter Krieg sind nur zwei Seiten des gleichen Verhältnisses, und wenn aus dieser Spannung kein Funke schlagen soll, so müssen wir sie weiter entideologisieren.«[250]

Nach dem Zerfall der Sowjetunion treten die alten Konstanten russischer Geopolitik wieder deutlicher hervor:
– Landmacht-Denken und Innere Linie,
– russischer Nationalismus und Panslawismus,
– Wahrung des Seemachtstatus und Zugänge zum Meer
sind wieder Merkmale russischer Sicherheitspolitik geworden.
Rußland ist weiterhin bestrebt, einen Großmachtstatus zu behaupten, und ist nicht gewillt, den USA eine alleinige Weltmachtrolle zu überlassen. Die Rückkehr Rußlands zu den Brennpunkten der Weltpolitik

wird in den Beziehungen zur VR China über Indien und den Mittleren Osten bis zum Balkan erkennbar.[251]

Zur Zeit werden vier wesentliche Denkrichtungen/Gruppierungen[252] unterschieden, die in Konkurrenz miteinander stehen und versuchen, Einfluß auf die grundsätzliche Ausrichtung russischer Außenpolitik zu nehmen:

- »Westler«
- »Großrussische Nationalisten«
- »Eurasier«
- »Geopolitische Realisten«.

Mit anderen Worten: Mitte der 90er Jahre ist die Tendenz zu erkennen, daß unter den russischen Eliten geopolitisch geprägte neoimperiale Denkweisen weiterhin an Einfluß gewinnen.[253] Darüber hinaus ist bemerkenswert, daß die »Duma« als einziges Parlament der Welt einen Ausschuß für »Fragen der Geopolitik« hat. Vorsitzender des Komitees für »Fragen der Geopolitik« ist Viktor Ustinov (Mitglied der LDPR).

# Deutschland: Vom Objekt zum Subjekt der internationalen Politik

## DER DEUTSCHE EINIGUNGSPROZESS UND DIE INTERESSEN DER VIER MÄCHTE (1989/90)

### USA

*THESE: Die USA hatten ein besonderes Interesse daran, daß die Bundesrepublik Deutschland ihre NATO-Mitgliedschaft beibehält. Das amerikanische Interesse war vor allem in zweifacher Hinsicht gegeben: a) um den deutschen Beitrag für das Bündnis zu erhalten; und b) wegen der geostrategischen Nutzung des deutschen Territoriums als Drehscheibe für mögliche militärische Einsätze (wie im Falle Golf-Krieg 1991). Ein sicherheitspolitisch neutraler Status der Bundesrepublik Deutschland hätte mit großer Wahrscheinlichkeit den Austritt weiterer Staaten aus der NATO zur Folge gehabt.*

Die Interessenlage der USA unterscheidet sich im Hinblick auf Deutschland in wesentlichen Punkten von derjenigen der europäischen Staaten. Die Gründe hierfür sind vor allem geopolitischer Natur. Sie sind kein unmittelbarer Nachbar Deutschlands und haben deshalb nicht die Ängste vor der »Großmacht Deutschland«, die in anderen europäischen Staaten stärker zu beobachten sind. Für die USA als Supermacht bedeutet ein vereintes Deutschland nicht unmittelbar, daß es einen neuen Rivalen im internationalen Kräfteverhältnis gibt. Das erklärt die Gelassenheit der USA gegenüber der deutschen Frage, bedeutete aber nicht, daß die USA einer Vereinigung der beiden Staaten vorbehaltlos zustimmen konnten.

133

Primär beruhten die amerikanischen Interessen auf sicherheitspolitischen Fragen. Die amerikanischen Äußerungen zur Vereinigung der beiden deutschen Staaten belegen dies. Am 4. Dezember 1989 nannte US-Präsident Bush auf dem NATO-Gipfel in Brüssel vier Prinzipien[254], auf deren Grundlage die »Deutschen Frage« zu lösen sei.[255] Er sagte: »Die Selbstbestimmung muß ohne Vorurteil gegenüber ihrem Ergebnis verfolgt werden. Wir sollten zu dieser Zeit eine bestimmte Vision einer Einheit weder unterstützen noch ausschließen.[256] Die Wiedervereinigung sollte im Kontext einer fortgesetzten Verpflichtung der Bundesrepublik Deutschland auf die NATO und einer zunehmend integrierten Europäischen Gemeinschaft vor sich gehen und mit gebührender Rücksicht auf die rechtliche Rolle und die Verantwortung der Alliierten Mächte. Im Interesse einer allgemeinen europäischen Stabilität müssen die Bemühungen um eine Vereinigung friedlich, allmählich und Teil eines schrittweisen Prozesses sein. Zur Frage der Grenzen schließlich sollten wir unsere Unterstützung für die Prinzipien der Schlußakte von Helsinki wiederholen.«[257]

Der Katalog zeigt deutlich die amerikanische Position. Prinzipien 1 und 3 rufen zur Besonnenheit auf; nicht nur weil die USA, wie fast alle Staaten, sich von den Ereignissen Ende 1989 überrollt fühlten. Die USA wünschten sich einen ruhigen Ablauf der Dinge vor allem deshalb, weil sie befürchteten, daß eine zu schnelle oder hektische Wiedervereinigung Gorbatschows Reformprozeß, den sie seit 1988 immer mehr unterstützten, negativ beeinflussen könnte. Punkt 4 zeigt deutlich, daß die Bush-Administration keine neu aufflackernde Diskussion über die polnische Westgrenze wünschte. Diese Forderung zielte auf die bedingungslose Anerkennung der Oder-Neiße als deutscher Ostgrenze ab. Der zweite Punkt war für die Bush-Regierung am wichtigsten. Hierbei sollte die traditionelle amerikanische Politik der Westbindung der Bundesrepublik Deutschland mit dem vereinten Deutschland weitergeführt werden.[258] Diese Position sollte zur Hauptstreitfrage der Deutschlandpolitik zwischen Washington und Moskau werden.

Das Beharren der USA auf einer zukünftigen Eingliederung des vereinten Deutschland in die NATO hatte verschiedene Gründe. In erster Linie hat die Mitgliedschaft der Bundesrepublik Deutschland in der

NATO wesentlich die Stabilität Westeuropas gewährleistet. Erhard Forndran stellt treffend und unbeschönigend fest, »... daß die NATO seit ihrer Gründung nicht allein die östliche Großmacht und ihr Bündnis von Aggressionen abhalten sollte, sondern von Anfang an auch die Aufgabe hatte, die Nachbarn vor den Gefahren eines wiedererstarkenden Deutschland zu schützen. Trotz der Entwicklung der Demokratie in Deutschland bleibt diese Aufgabe in dem Sinne bestehen, daß ein selbständiges machtpolitisches Übergewicht im Zentrum Europas verhindert werden muß.«[259] Aus diesem Grunde erwuchs ein weiteres Problem für die USA, das auch Bundeskanzler Kohl bei einem Gespräch mit Präsident Bush zur Sprache brachte. In einer NATO ohne deutsche Beteiligung würden die legitimen Sicherheitsinteressen der kleineren Mitgliedsstaaten nicht mehr gewährleistet.[260] Das Ausscheiden der Bundesrepublik Deutschland aus dem Bündnis hätte möglicherweise die Kündigung weiterer NATO-Staaten zur Folge. Ein anderes Problem ist die Stationierung von amerikanischen Truppen auf deutschem Boden, der Inbegriff amerikanischer Präsenz in Europa. Der Ausstieg der Bundesrepublik Deutschland hätte wahrscheinlich den Abzug der amerikanischen Streitkräfte mit sich gebracht oder gar das Ende der Allianz bedeutet, wenn man bedenkt, welche wichtige geostrategische Rolle das Gebiet der Bundesrepublik Deutschland für die NATO spielt.[261] Deshalb gingen die Amerikaner bei den 2+4-Verhandlungen mit der festen Absicht vor, das vereinte Deutschland in die NATO einzubinden.

### Sowjetunion

*THESE: Die Sowjetunion bestand auf einer endgültigen Festlegung der Grenzen. Sie tat dies nicht nur als ehemaliger Patron Polens, sondern um zu verhindern, daß auch sie mit territorialen Forderungen konfrontiert werden könnte.*

Noch im Jahre 1987 hat der sowjetische Staatschef Gorbatschow über die deutsche Frage gesagt: »Es gibt zwei deutsche Staaten mit unterschiedlichen gesellschaftlichen Systemen. Beide haben Lehren aus der

Geschichte gezogen, und jeder kann seinen Beitrag zur Sache Europas und des Friedens leisten. Und was nach 100 Jahren sein wird, entscheidet die Geschichte. Keine andere Haltung ist annehmbar. Wenn irgend jemand einen anderen Weg gehen würde, würden die Folgen sehr ernst sein. Darin muß absolute Klarheit herrschen.«[262] Diese Aussage zeigt deutlich, welchen langen Weg die Sowjetunion zurücklegen mußte, um der deutschen Wiedervereinigung zuzustimmen.

Ein Wandel der sowjetischen Deutschlandpolitik setzte erst Ende 1989 ein, als das Thema die internationale Diskussion bestimmte. Der sowjetische Außenminister Schewardnadse signalisierte dies im Dezember des gleichen Jahres, als er sagte, daß die deutschen Staaten ein Recht auf Selbstbestimmung hätten. »Aber es kann nur im Kontext mit den anderen Normen und Prinzipien des Völkerrechts angewendet und muß unter Berücksichtigung der Besonderheiten des Status der beiden deutschen Staaten und ihrer Verantwortung vor den Völkern ganz Europas und der Welt unter dem Aspekt gesehen werden, daß vom deutschen Boden nie wieder die Gefahr eines Krieges ausgehen darf.«[263] Diese Position weist mehrere Ähnlichkeiten mit derjenigen der USA auf. Es werden indirekt die Rechte der Alliierten angesprochen, das Sicherheitsbedürfnis der Nachbarn wird betont und unverblümt die Erfahrung der deutschen Geschichte vorgeführt.

Diplomatischer formulierte Schewardnadse kurze Zeit später die sowjetische Position in einer Reihe von Fragen, die die Lösung der deutschen Frage betrafen. Es ist wichtig, sie im vollen Wortlaut wiederzugeben, weil im »Vertragstext« viele der Fragen eine Antwort finden:

– »Wo sind die politischen, gesetzlichen und materiellen Garantien dafür, daß die deutsche Einheit nicht in Zukunft eine Bedrohung für die nationale Sicherheit anderer Staaten und für den Frieden in Europa schafft?
– Wird solch ein hypothetisches Deutschland, wenn es mit der Zeit Formen annimmt, bereit sein, die bestehenden Grenzen in Europa anzuerkennen und auf jedwede Gebietsansprüche zu verzichten?
– Welchen Platz würde dieses nationale deutsche Gebilde in den militärpolitischen Strukturen, die in Europa existieren, einnehmen?

– Wenn sich die deutsche Einheit herausbildet, was wäre das militärische Potential eines solchen Gebildes, seine Militärdoktrin und die Struktur seiner Streitkräfte?

– Wie würde die Haltung gegenüber der Präsenz von alliierten Truppen auf deutschem Boden, gegenüber einer fortgesetzten Tätigkeit der militärischen Verbindungsmissionen und gegenüber dem Vierseitigen Abkommen von 1971 aussehen?

– Wie wird sich die mögliche Schaffung eines solchen deutschen Gebildes mit dem KSZE-Prozeß koordinieren lassen? Würde sie zu dessen konstruktiver Entwicklung in Richtung auf die Überwindung der Spaltung Europas, zur Beseitigung jeglicher Diskriminierungen in den Beziehungen zwischen den europäischen Ländern und zu weiterem Fortschritt bei der Schaffung eines einheitlichen Rechts-, Wirtschafts-, Kultur- und Informationsraumes in Europa beitragen?

– Werden die deutschen Staaten, wenn sie sich in dieser oder jener Form für den Beginn eines Prozesses zur Einheit der Deutschen aussprechen, bereit sein, die Interessen der anderen europäischen Staaten zu berücksichtigen und auf kollektiver Grundlage nach gegenseitig annehmbaren Lösungen für alle Fragen und Probleme zu suchen, die in diesem Zusammenhang auftreten können, darunter auch des Abschlusses einer endgültigen Friedensregelung in Europa?«[264]

Die Sowjetunion lieferte kurz darauf ihre erste Vorstellung für die »richtige« Beantwortung der Fragen. Hierbei verfolgte sie vor allem Prinzipien ihrer »traditionellen« Deutschlandpolitik: Vereinigung nur mit Neutralitätsstatus des neuen Staates. Ferner wurden Streitkräfte mit rein defensivem Charakter gefordert.[265] Diese Forderung beantwortete mehrere der Fragen (1, 3 und 4) und sollte die sowjetische Einstellung bis Mitte 1990 begleiten.[266]

Zur Grenzfrage (2) machte die Sowjetunion deutlich, daß eine Veränderung der Grenze nicht in Frage käme. Eine Neuregelung der Grenzen hätte vielleicht auch in der innersowjetischen Grenzdebatte eine von Moskau unerwünschte Auswirkung gehabt. Des weiteren ähneln die Fragen auch den von Präsident Bush vertretenen Prinzipien: Kontrollierter Gang der Dinge, keine Destabilisierung des europäischen Systems, kein deutscher Alleingang bei der Wiedervereinigung. In der

Tat sahen beide Supermächte ähnliche Problempunkte und stimmten bei vielen miteinander überein. Lediglich die Zugehörigkeit des vereinigten Deutschland zu *einem* sicherheitspolitischen Bündnissystem wurde zu einer vorübergehenden Streitfrage.

### Frankreich

*THESE: Frankreich und Großbritannien forderten einen erneuten deutschen Verzicht auf Atomwaffen. Daß die Bundesrepublik keine Atomwaffen haben soll (etwas, das sie nie verlangt hat) hängt weniger mit der Nichtweiterverbreitung nuklearer Waffen zusammen als mit dem Versuch der beiden Staaten, ihre Vormachtstellung zu sichern. Diese Vormachtstellung ist vor allem durch die »ständige Mitgliedschaft« im Sicherheitsrat der UNO gekennzeichnet. Die Berechtigung hierauf basierte auf drei Faktoren:*
*– Kolonialmacht am Ende des Zweiten Weltkrieges (entfällt),*
*– Siegermacht des Zweiten Weltkrieges (entfällt ebenfalls mit Unterzeichnung des 2+4-Vertrages); damit verbleibt der Status einer*
*– Atommacht.*

Die Möglichkeit einer deutschen Wiedervereinigung wurde in Paris als unangenehm betrachtet. Jahrzehntelang hatte der Status quo in Europa, vor allem die Teilung Deutschlands, Frankreichs machtpolitischen Zielen gedient (Westintegration der Bundesrepublik, Verhinderung eines selbständigen deutschen Staates).[267] Frankreich befand sich aber in dem Dilemma, daß es weder moralisch noch realpolitisch den Deutschen das Recht auf Selbstbestimmung aberkennen konnte. Aber ein Bekenntnis zur deutschen Einheit bedeutete nicht, daß Frankreich vorbehaltlos eine Vereinigung unterstützen wollte.[268] Französische Interessen basierten im wesentlichen auf drei Punkten:
– Einbindung eines vereinten Deutschland in Europa (EG),
– Verzicht des vereinten Deutschland auf Kernwaffen,
– Mitgliedschaft eines vereinten Deutschland in der NATO.[269]
Wie die anderen Staaten forderte auch Frankreich eine Anerkennung der Oder-Neiße-Linie als endgültiger polnischer Westgrenze und er-

wähnte seine Vorbehaltsrechte.[270] Diese Forderungen zeigen ein Wei-
terführen der französischen Deutschlandpolitik der letzten vierzig
Jahre. Verlangt wird die westliche Einbindung, um auf Deutschland
weiterhin Einfluß ausüben zu können. Aus diesem Grunde lehnte
Frankreich auch eine Neutralisierung des vereinten Deutschland ab.[271]
Interessant ist, daß Frankreich die militärische Einbindung in Form der
NATO-Zugehörigkeit forderte, zumal Frankreich selbst militärisch
nicht integriert ist und hier keine Zugriffsmöglichkeiten besitzt. Frank-
reichs Entscheidung für die NATO-Mitgliedschaft des vereinten
Deutschland beruhte einfach darauf, daß es zur NATO keine andere
militärische Integrationsalternative gab. Weder die WEU noch die
KSZE konnten hierfür in Betracht gezogen werden.

*Großbritannien*

Wie bei Frankreich überwog auch in Großbritannien der Wunsch, die
alte Ordnung in Europa fürs erste aufrechtzuerhalten. Obwohl Großbritannien, ähnlich wie alle anderen NATO-Staaten, sich für eine Vereinigung der beiden deutschen Staaten aussprach, blickte die britische
Regierung unter Thatcher mit Unbehagen auf die tatsächliche Verwirklichung dieses Ziels.[272] Thatchers Kritik betraf vor allem die Eile
bei der Vereinigung.[273] Thatcher war »… zutiefst überzeugt, daß sehr
viel von der Persönlichkeit Gorbatschows abhängt und daß der Westen
alles unterlassen muß, was dessen Position gefährden könnte. Sie hat
das Gefühl, daß die Wiedervereinigung Deutschlands eine solche
Gefährdung sein könnte.«[274] Nicht zu vergessen ist, daß es Thatcher
war, die schon 1984 von Gorbatschow gesagt hat: »Ich mag Mr. Gorbatschow; wir können miteinander Geschäfte machen.«[275]
Die britische Position ergab sich weniger aus der Sorge um den
sowjetischen Reformprozeß, sondern vor allem aus der Befürchtung,
daß ein vereintes Deutschland die beherrschende politische und wirtschaftliche Kraft in Europa werden könnte.[276]
Großbritanniens sicherheitspolitische Konzepte angesichts der deutschen Wiedervereinigung kamen deutlich bei dem Seminar von britischen Deutschlandkennern auf Thatchers Landsitz Chequers im März

1990 zutage: »Wir wünschen, daß Deutschland in eine Sicherheitsstruktur eingebunden werde, die die besten Chancen biete, ein Wiederaufleben des deutschen Militarismus zu verhindern. Wir wünschen eine andauernde militärische Präsenz Amerikas in Europa als ein Gegengewicht zur deutschen Macht. Wir wünschen Obergrenzen für die Größe der deutschen Streitkräfte, vorzugsweise im Rahmen eines neuen KSZE-Abkommens [über] selbstauferlegte Obergrenzen. Wir wünschen einen erneuten deutschen Verzicht auf atomare und chemische Waffen. Wir wünschen die Sowjetunion institutionell einzubeziehen in Gespräche über künftige europäische Sicherheit durch die KSZE, ... nicht zuletzt deshalb, weil auf lange Sicht ... die Sowjetunion als einzige europäische Macht fähig wäre, ein Gegengewicht zu Deutschland zu bilden.«[277]

Diese Aussage machte deutlich, daß auch Großbritannien seine traditionelle Deutschlandpolitik weiterzuführen beabsichtigte. Das Machtgleichgewicht in Kontinentaleuropa soll durch die Einbindung Deutschlands in der NATO sowie die Unterstützung der Sowjetunion bzw. der Russischen Föderation als Gegengewicht zu Deutschland gewährleistet werden. Daß Großbritannien wünschte, das vereinte Deutschland möge erneut auf atomare und chemische Waffen verzichten, hing mit der Vorstellung von einer Rangfolge der Staaten zusammen (wobei Atommächte selbstverständlich einen höheren Rang haben!).[278]

Großbritanniens geostrategische Interessen können nach dem »2+4-Vertrag« in drei Punkte[279] zusammengefaßt werden:

1. Einbindung des neuen Deutschland in die NATO;
2. Abzug der sowjetischen Truppen, aus Deutschland;
3. Verbleib von britischen und amerikanischen Truppen, verbunden mit Nuklearwaffen in Deutschland.

*Deutschland*

## Bundesrepublik Deutschland

*THESE: In der »deutschlandpolitischen Diskussion« wird unter anderem die Meinung vertreten, daß die Bundesrepublik Deutschland und die DDR auch ohne Zustimmung der Alliierten die Einheit hätten vollziehen können. Diese Behauptung basiert auf dem Recht auf Selbstbestimmung. Die Auswirkung eines solchen deutschen »Alleingangs« wäre gewesen: Rückschritte bei der europäischen Integration, politische Isolierung Deutschlands etc.*

Die Ereignisse zur Jahreswende 1989/1990 verwandelten die bis zu dieser Zeit lediglich als Langzeitperspektive bestehende Möglichkeit der staatlichen Einheit in eine strategische Gelegenheit, die schnell ergriffen werden mußte.[280] Es galt, die außergewöhnlichen Umstände und die historische Chance, welche durch die neue sowjetische Führung und das Ende des Kalten Krieges geschaffen worden waren, zügig und kreativ zu nutzen.[281] Unter großem Zeitdruck entwickelten das Bundeskanzleramt und das Auswärtige Amt eine Strategie. Sie entstand nicht in einem Zug, sondern als Ergebnis einer Reihe interner Diskussionen sowie bi- und multilateraler Verhandlungen in der Zeit zwischen Dezember 1989 und März 1990.[282] Es wurde gleich am Anfang klar, daß diese Fragen nur durch gleichzeitiges Vorgehen auf verschiedenen multi- und bilateralen Ebenen bewältigt werden konnten. Die Kunst der Diplomatie stand vor der Aufgabe, eine Reihe bewährter Ansätze, die zum Teil bis in die frühen Nachkriegsjahre zurückreichten, mit neuen Ideen zu verbinden und dabei die veränderten Umstände der Ost-West-Beziehungen sowie Deutschlands vermehrte ökonomische und politische Ressourcen zu berücksichtigen.[283]

Das Interesse der Bundesrepublik Deutschland war in erster Linie darauf fixiert, die Wiedervereinigung so schnell wie möglich zu vollziehen. Dies bedeutete aber keineswegs, daß die Bundesregierung jedem möglichen Plan zur Vereinigung zustimmen würde. Andererseits stand aber die Bundesrepublik Deutschland unter Zeitdruck, eine Lösung möglichst bald zu erzielen; die Massenflucht aus der DDR (im

November 1989 flüchteten 133 000 DDR-Bürger – aufs Jahr umgerechnet circa 10% der Bevölkerung – in den Westen) destabilisierte nicht nur das östliche Regime, sondern barg in sich auch eine Gefährdung des westlichen politischen und ökonomischen Systems.[284]

Hinsichtlich der äußeren Bedingungen der Vereinigung mußte die deutsche Strategie auf vier zentrale Fragen Antworten finden. Karl Kaiser[285] formuliert diese Fragen wie folgt:

– »Wie konnten erstens die Bedenken über die politische, wirtschaftliche und militärische Stärke eines geeinten Deutschlands abgebaut werden?
– Auf welche Weise konnte zweitens die Vereinigung erreicht und dabei zugleich die fortdauernde deutsche Teilnahme an den Strukturen der Integration im Westen, besonders im westlichen Bündnis, sichergestellt werden?
– Wie konnte drittens die Vereinigung ohne Diskriminierung und rechtliche Beschränkungen der deutschen Souveränität vollzogen werden? Mit anderen Worten: Wie konnte eine Wiederholung der Fehler des Versailler Friedensvertrages vermieden werden?
– Auf welche Weise konnte schließlich eine internationale Regelung durchgesetzt werden, die alle aus dem Zweiten Weltkrieg übriggebliebenen offenen Fragen lösen würde, dabei aber eine allgemeine Friedenskonferenz mit allen früheren Kriegsgegnern des Deutschen Reiches vermied?«

Die Bundesregierung sah die Antwort der beiden ersten Fragen darin, eine intensivere Vertiefung der EG, vor allem in Zusammenarbeit mit Frankreich, anzustreben.[286] Ähnlich der NATO war auch die europäische Integration ein bewährtes Mittel zur Einbindung und zur Kontrolle Deutschlands gewesen.[287] Die Bereitschaft Bonns, die Wirtschafts- und Währungsunion sowie die politische Union Europas voranzutreiben (einschließlich der Abgabe von weiteren Souveränitätsrechten), sollte die Bedenken der Nachbarn abbauen. Ebenfalls setzte sich die Bundesregierung für eine Ausweitung der Kompetenzen der KSZE ein, die mit vertrauensbildenden Maßnahmen den Frieden in Europa über die NATO hinaus sichern soll.

## Deutsche Demokratische Republik

Die Ausgangsposition der DDR bei den »2+4-Verhandlungen« muß in Anbetracht der Veränderungen zwischen November 1989 und Mitte 1990 gesehen werden. Kurz vor dem ersten Außenministertreffen zur Ausarbeitung des »2+4-Vertrages« in Bonn gewann die konservativ-bürgerliche »Allianz für Deutschland« die Wahl in der DDR. Das Wahlergebnis wurde allgemein als Plebiszit für eine schnelle Wiedervereinigung gesehen. Diese Entwicklung, sowie die Wirtschafts-, Währungs- und Sozialunion bzw. die Ausarbeitung des Einigungsvertrages, führte zu einer Abnahme der Einflußmöglichkeiten Ost-Berlins auf die Verhandlungen. Eine wirkliche ostdeutsche Strategie gab es bei den Verhandlungen nicht. Die inneren Probleme standen weit mehr im Mittelpunkt als die Verfolgung einer präzise ausgearbeiteten »Verhandlungsstrategie«.[288]


### Von der »Frontstaaten-Funktion« der beiden deutschen Staaten zur neuen »Mitte«

Während der Zeit von 1945 bis zur Vereinigung der beiden deutschen Staaten im Jahre 1990 lag der zentraleuropäische Raum in den Interessen- und Einflußsphären der Super- und Großmächte. Die Sicherheitspolitik der Vier Mächte war gegenüber den beiden Staaten in Deutschland von geopolitischen und geostrategischen Doktrinen und Dogmen bestimmt.[289] Die Geopolitik der Vier Mächte gegenüber Zentraleuropa bildete zugleich eine wesentliche Rahmenbedingung der Außen- und Sicherheitspolitik beider deutscher Staaten.

Eine wesentliche Zielsetzung dieser geopolitischen und geostrategischen Analyse ist es daher, die Strategien und Interessen der USA, Großbritanniens, Frankreichs und der Sowjetunion gegenüber Zentraleuropa während der Zeit des Ost-West-Konfliktes darzulegen. Dabei ist deutlich geworden, daß die vor allem durch die Raum-Mächte-Konstellation[289] bedingten Sicherheitskonzeptionen der genannten Mächte bezüglich Zentraleuropas und damit gegenüber den deutschen

Staaten insbesondere eine Gemeinsamkeit aufwiesen: Das deutsche Territorium erfüllte eine Glacisfunktion der Vier Mächte. Die deutschen Staaten hatten aufgrund der machtpolitischen und geographischen Gegebenheiten bis zum Jahre 1990 nur die Wahl zwischen einem Glacis und einem Cordon sanitaire. Das heißt, sie waren nicht Subjekt, sondern Objekt der Politik der Vier Mächte.

Noch im Jahre 1987 stellte der damalige CDU-Bundestagsabgeordnete Bernhard Friedmann das zeitgeschichtliche »Grundmuster« des Ost-West-Konfliktes wie folgt dar: »Es ist sicher zweckmäßig, sich bei der Beurteilung der schwierigen politischen und strategischen Fragen das zeitgeschichtliche Grundmuster der Ost-West-Lage vor Augen zu halten. Dabei ist festzustellen, daß die politische und strategische Lage auf der nördlichen Halbkugel seit nunmehr 40 Jahren von der Konfrontation der beiden Blöcke NATO und Warschauer Pakt und der Rivalität zwischen den USA und der Sowjetunion bestimmt wird. Beide Blöcke verfügen über ein beträchtliches Potential militärischer Kräfte, das im Laufe der Jahre mehr und mehr ausgebaut wurde. Die Ursachen der [...] gegenwärtigen Lage sind politisch-ideologischer Natur, sie sind machtpolitischer und geostrategischer Natur. Im geringeren Ausmaß spielen wirtschaftliche und technologische Konkurrenz eine Rolle.«[290]

Unbestritten: Deutschland lag während der Zeit des Ost-West-Konflikts im Brennpunkt der Auseinandersetzung, bei der den deutschen Staaten – aufgrund ihrer geographischen Lage – einerseits die Funktion eines Vorfeldes im jeweiligen Verteidigungssystem zukam und sie andererseits zusammen das potentielle Kampfgebiet bildeten.[291]

Daß »Bündnissysteme und nationale Interessen« zu Zielkonflikten in der Politik führen, ist keine neue Erkenntnis. »Divergierende Anschauungen«, so betont General Trettner, »müssen aber auf dem Gebiet militärischer Lagebeurteilungen zu unterschiedlichen Wertungen derselben Tatsachen führen. Sie beeinflussen die Entschlüsse der entscheidenden politischen und militärischen Persönlichkeiten, je nachdem, aus welchem Land diese stammen oder welcher Betrachtungsweise sie zuneigen.«[292]

Für Deutschland setzte sich nach Lage der Dinge von den zahlreichen Alternativen zur Lösung der deutschen Frage die Disengagement-Variante durch. Nur durch Disengagement und eine »Art geographischer Abrüstung« (wie der Züricher Politologe Daniel Frei[293] es einmal bezeichnete) bestand ein sinnvoller und realistischer Weg deutscher Sicherheitspolitik, der schließlich auch die Wiedervereinigung ermöglichte.

Neben der hier vorherrschenden geostrategischen Sichtweise sei noch eine Anmerkung zur geopolitischen Lage Deutschlands aus historischer Sicht erlaubt. Erinnert sei an jene Rede, die Richard von Weizsäcker am 9. September 1982 vor dem Deutschen Bundestag zur Lage der Nation gehalten hat. Damals sagte von Weizsäcker wörtlich: »Die deutsche Geschichte hat noch nie den Deutschen allein gehört. Das ist die Folge unserer Lage im Zentrum des Kontinents. Alle Nachbarn, alle auf Europa bezogenen Mächte suchen Einfluß auf die politische Struktur Zentraleuropas zu nehmen. Es ist unsere geographische Lage der kontinentalen Mitte, die unsere Entwicklung stets entscheidend geprägt hat und sie weiter bestimmen wird. Es ist der Einfluß der Mächte von außen, der allzu [häufigen] und allzulangen Ohnmacht in der Mitte.«[294] An anderer Stelle machte von Weizsäcker deutlich, die Bundesrepublik Deutschland sei zwar unwiderruflich im Westen verankert, aber die geopolitischen Interessen wiesen ihr einen Platz zwischen den Supermächten zu.[295]

Heute wird viel über den Expansionismus und die Dynamik gesprochen, die von deutschem Boden im 20. Jahrhundert ausging. Man vergißt dabei aber, daß Deutschland in den vorangegangenen Jahrhunderten ständiges Schlachtfeld war, auf dem die Nachbarn – Franzosen, Schweden, Russen, Engländer – ihre Rivalitäten austrugen. Es gibt also nicht nur das vielzitierte Sicherheitsbedürfnis der anderen – es gibt auch das Sicherheitsbedürfnis der Deutschen.

Welche neuen Handlungsspielräume, Optionen und Perspektiven sich der deutschen Sicherheitspolitik aufgrund der geänderten Raum-Mächte-Konstellation zu Beginn der neunziger Jahre eröffnen, soll Gegenstand des dritten Teils dieser Studie sein.

# TEIL III

## DEUTSCHLANDS GEOPOLITISCHE LAGE ZU BEGINN DER 90ER JAHRE

### FAKTEN – OPTIONEN – PERSPEKTIVEN

# Deutschlands geopolitische Lage
# im Wandel der Zeiten

»Unsere Rolle ist doch die: Wir sind verläßliche Verbündete des
Westens und gesuchte Partner des Ostens. Das ist eine Traumkon-
stellation für ein Volk der Mitte, die dem Bismarck-Reich nie ver-
gönnt war. Diese Konstellation zu erhalten ist die wichtigste Aufgabe der deutschen Politik für die kommenden Jahre.«
*Alfred Dregger* (in einem Gespräch mit der *Welt* im März 1993
über Deutschlands geopolitische Lage zu Beginn der 90er Jahre)

»Der Verzicht auf Weltpolitik schützt nicht vor ihren Folgen.«
*Oswald Spengler*

## HISTORISCH-GEOGRAPHISCHE GRUNDLAGEN
## DEUTSCHER GESCHICHTE

Gilt ganz allgemein, daß die Lage eines Landes in einem Großraum,
sein geographisches Erscheinungsbild, seine Oberflächengestaltung
und die Art der Grenzen für sein Schicksal von erheblicher Bedeutung
sind, so trifft das im Falle Deutschlands besonders zu. Die Deutsche
Frage weist starke »geographische Wurzeln« auf.[1] Worin zeigt sich
aber die in der Geschichte zur »vollen Wirkung« gelangende besondere »geographische Belastung« des deutschen Volkes im Detail? Welches sind die geographischen Wurzeln der Deutschen Frage im einzelnen? Diese und ähnliche Fragen versucht Alfred Jüttner in seiner
»Bestandsaufnahme der Deutschen Frage«[2] zu beantworten.

Zuerst ist – als ein Kriterium, »in welchem sich Natur und Politik
vermengen« – die geographische Lage Deutschlands in Europa zu nennen. Deutschland liegt nicht in einem stillen Winkel am Rande des
Kontinents, sondern in seiner Mitte, »im Zentrum einer sich drängenden Staatengesellschaft und ihrem Druck ausgesetzt ... mit territorialer Verzahnung«. Diese Lage »zwischen dem romanischen und dem
slawischen Europa« sowie zwischen starken Flügelmächten wurde für
die Deutschen zum »Hauptinhalt der politischen Wirklichkeit« und
zum Kernproblem ihrer Außenpolitik; aus ihr ist »der besondere Ver-

149

lauf zu erklären, den die deutsche Geschichte vom Ende des Mittelalters bis in unsere unmittelbare Gegenwart genommen hat«.[3]

Das Problem »Deutsche Frage und europäisches Gleichgewicht« – speziell im 19. und 20. Jahrhundert – ist in der Geschichtswissenschaft ein »Dauerthema«.[4] Der Historiker Andreas Hillgruber vertrat auf einer wissenschaftlichen Fachtagung die Meinung, daß »das deutsche ›Großmacht‹-Problem als Folge der geopolitischen Lage Deutschlands in der Mitte Europas« anzusehen sei. Seine Meinung begründete Hillgruber mit den Worten: »Aufgrund der (relativen) räumlichen Weite des deutschen Territoriums, der in der zweiten Hälfte des 19. Jahrhunderts sprunghaft angestiegenen deutschen Bevölkerung, allgemein: des Menschenpotentials des deutschen Nationalstaats und der – allerdings erst im letzten Drittel des 19. Jahrhunderts in seinem vollen Ausmaß erkennbaren – ökonomischen Potenz wurde ein deutscher ›Nationalstaat‹ (auch in seiner äußersten Begrenzung als ›kleindeutsches‹ Reich unter Bismarck) quasi automatisch zu einer ›halbhegemonialen‹ europäischen Großmacht, die das bestehende Mächtesystem insofern ›revolutionierte‹, als dieses seit seiner Herausbildung im 17. und 18. Jahrhundert auf dem (relativen) Übergewicht der Flügelmächte über die zentralen Großmächte Österreich und Preußen und auf einer Pufferfunktion der gesamten europäischen Mitte beruht hatte (›Heiliges Römisches Reich Deutscher Nation‹ ohne eigenes Machtzentrum, aber in seinen diversen Teilen zur Ausbalancierung der Kräfte und Gegenkräfte ein integraler Bestandteil des Mächtesystems), während der machtpolitisch voll souveräne deutsche ›Nationalstaat‹ seit 1871 als Großmacht unweigerlich zum neuen Gravitationszentrum wurde und mit seinen politischen Ausstrahlungen nach allen Seiten die bisherige Beziehung Flügelmächte - Zentrum umkehrte. Diese neue Großmacht füllte gleichsam das bis dahin von der schwächsten Großmacht Preußen und von Österreich nur unzulänglich ›abgedeckte‹ (machtpolitisch) ›halbe Vakuum‹ zwischen den etablierten Großmächten Frankreich und Rußland aus; sie geriet damit aber von ihrer ›Geburt‹ an in eine – von Berlin aus so gesehene – ›Zweifronten‹-Situation. Sie auf Dauer durch eine relative Überlegenheit der eigenen Militärmacht zu sichern, warf im Rahmen des europäischen Mächtesystems die ›Balance of Power‹-Problematik auf und rief England auf den Plan,

150

dessen Haltung zum deutschen Nationalstaat in all seinen Phasen zur entscheidenden Frage werden sollte.«[5]

Im Jahre 1992 haben sich zwei deutsche Historiker erneut mit dem Problem »Deutsche Frage und europäisches Gleichgewicht« auseinandergesetzt. Es handelt sich dabei um Michael Stürmer[6] und um Gregor Schöllgen[7]. Beide Autoren leisten mit ihren Studien zum Streit um Deutschlands Rolle in der europäischen und internationalen Politik zu Beginn der neunziger Jahre aus historisch-geographischer Sicht wichtige Diskussionsbeiträge. Sie versuchen, die gegenwärtige Diskussion mit dem Hinweis auf den alten Grundsatz »Wer weit vorausschauen will, muß weit zurückschauen, Erinnerung verbinden mit Imagination« zu bereichern. Beide Historiker beschreiben in hervorragender Weise »Deutschlands Weg« mit Hilfe der Faktoren »Geographie, Geschichte und Politik«. Für beide Autoren ist auch nach der Vereinigung der beiden deutschen Staaten die Deutsche Frage nicht gegenstandslos geworden.

Die Deutsche Frage ist, bedingt durch die Geographie Europas und das Gewicht Deutschlands, die große europäische Gestaltungsfrage schlechthin. So wie nach 1945 das Ringen um Deutschland alsbald in den Brennpunkt der großen Auseinandersetzung zwischen Ost und West rückte, so hat 45 Jahre später, als die deutsche Einheit friedlich und demokratisch erreicht wurde, das europäische System andere Gestalt gewonnen. Der »Zwei plus Vier«-Prozeß des Jahres 1990, der den Kalten Krieg beendete, hat die Welt noch einmal daran erinnert, daß die Deutsche Frage nicht Eigentum der Deutschen ist und niemals war.[8]


DEUTSCHLANDS GEOPOLITISCHE UND GEOSTRATEGISCHE INTERESSEN NACH DEM ZWEITEN WELTKRIEG

*Geopolitische Motive der Westintegration*

Wo die »Einflußbereiche« mehrerer Staaten sich überschneiden, ergibt sich ein »Kraftfeld« bzw. eine »Zerrzone« mit der großen Wahrscheinlichkeit eines Konfliktes. Dieses Schicksal kennzeichnet die Geschichte des zentraleuropäischen Raumes. Die geostrategische Analyse aus der Sicht des Deutschen Reiches richtete sich im wesentlichen auf das Problem eines Zweifrontenkrieges. Der Zweifrontenkrieg war insbesondere auf eine ungeschickte deutsche Bündnispolitik und auf die deutsche Mittellage zurückzuführen. Diese wiederum bedingte die Einkreisung des Reiches als natürliche Folge.[9] Den »Circulus vitiosus« versuchte Konrad Adenauer mit der »Westbindung« zu durchbrechen.

Adenauer vertrat nach 1945 die Meinung, daß die Nachbarn Deutschlands aufgrund der geopolitischen Gegebenheiten in einer Einkreisungspolitik gegenüber dem Reich immer ein plausibles Konzept erkennen mußten. Die Entente, aber auch die Kriegskoalition im Zweiten Weltkrieg schienen ihm logisches Ergebnis struktureller Sachverhalte. Das vielgepriesene Bismarcksche Spiel mit den fünf Kugeln, mit denen frühere Generationen dieser Gefahr zu begegnen versuchten, hatte sich nicht bewährt. Alles sprach bei Adenauer dagegen, sich erneut an derartigen Erwartungen zu orientieren.[10] Von der Erfahrung der strategischen Absurdität des Zweifrontenkrieges 1914 bis 1918 schloß Adenauer schon in der Weimarer Zeit auf die außenpolitische Unsinnigkeit einer deutschen »Schaukelpolitik« zwischen Ost und West. Nach seiner Einschätzung konnte ein Ausnutzenwollen der Mittellage durch Deutschland nur zu außenpolitischer Isolierung führen.[11] Bereits »Bismarck hat in seinen Memoiren davon geschrieben«, so bemerkt Adenauer in seinen »Erinnerungen«, wie ihn immer wieder der Gedanke an die Isolierung Deutschlands verfolgt habe: »Die Isolierung hat das Deutsche Reich, als es die stärkste Militärmacht der Welt war, in den Krieg von 1914 bis 1918 geführt, der es von der stolzen Höhe, auf der es stand, hinunterwarf. Und nun wir! Konnte denn irgendeiner davon träumen, daß wir, besetzt, entwaffnet, jederzeit in der Hand unserer früheren Gegner, daß wir etwa in der Lage seien, nur auf uns allein gestellt unser Wort in der europäischen oder in der Weltgeschichte zur Geltung zu bringen? Das war und ist geradezu sinnlos, das war und ist Torheit, und darum mußten wir – und das sollte auch das Ziel unserer künftigen Politik im Bundestag sein – dafür sorgen, daß Deutschland Freunde bekam, und zwar Freunde in der freien Welt.«[12] Es waren also nicht nur die Grundgegebenheiten sowjetischer Bedrohung und der Ost-West-Spannung, sondern auch die Erfahrungen deutscher Geschichte und die spezifischen Hypotheken der deutschen Nachkriegssituation, an denen Adenauer sein Konzept orientierte.[13]

Mit anderen Worten: Adenauer zog die radikalsten Konsequenzen aus der deutschen Niederlage, der neuen weltpolitischen Konstellation und damit der faktischen Zweiteilung Europas und Deutschlands. Daraus leitete er als Ziel ab, den bis in die Mitte Europas vorgedrungenen kommunistischen Einfluß- und Machtbereich durch einen Zusammenschluß des freien Europa an weiterem Vordringen zu hindern.[14] Wie oben bereits erwähnt, »hielt es Adenauer ferner, gleichermaßen aus der Geschichte wie als Konsequenz der ›strategischen Absurdität des Zweifrontenkrieges‹«[15], für notwendig, den vor 1933 zwischen Ost und West hin und her gerissenen Deutschen die außenpolitische Entscheidungsfreiheit abzunehmen.[16] Auf diese Weise sollte der Rückfall sowohl in eine »Schaukelpolitik« im Stil der zwanziger Jahre als auch in nationalstaatliche Restauration und nationale Ambitionen verhindert werden, wie sie Jakob Kaiser und andere in der Nachfolge Stresemanns vertraten.[17]

### Deutschlands geopolitische und geostrategische Lage zu Beginn der 90er Jahre

Deutschland ist seit dem 3. Oktober 1990 vereint, aufgrund des »2+4-Vertrages« souverän und von einer geopolitischen Randlage wieder in einer Mittellage gerückt. Es ist im Norden und Westen von Verbündeten, im Süden von befreundeten und im Osten von solchen Staaten umgeben, die sich wie Deutschland selbst um gutnachbarschaftliche Beziehungen bemühen. Der für Ende 1994 festgeschriebene Abzug aller sowjetischen Truppen aus Deutschland wird die Sicherheitslage Deutschlands weiter stabilisieren. War das bisherige Sicherheitsinteresse auf die »Eindämmung« der Warschauer-Pakt-Staaten konzentriert, so sind seit dem Niedergang der Sowjetunion zahlreiche neue Konfliktzonen zu verzeichnen. Dennoch ist festzustellen: Deutschland ist nach dem Ende des Ost-West-Konfliktes keiner direkten militärischen Bedrohung ausgesetzt.

Die neue Bundesrepublik Deutschland liegt im Herzen Europas.[18] Sie ist von neun Nachbarstaaten umgeben: Dänemark im Norden, den Niederlanden, Belgien, Luxemburg und Frankreich im Westen, der Schweiz und Österreich im Süden sowie der Tschechischen Republik und Polen im Osten. Politologen wie Ludger Kühnhardt und Hans-Peter Schwarz zählen darüber hinaus auch Großbritannien, Norwegen und Schweden, die Staaten an Deutschlands Gegenküsten, zu unseren Nachbarn.[19] Zu einer noch weiterreichenden Sichtweise gelangt Helmut Schmidt, indem er auch Italien, Finnland und andere Staaten in die deutschen Nachbarschaftsbeziehungen einbezieht.[20]

*Abb. 27*
*Transit durch Deutschland. Güterverflechtung (Prognose 2010)*

Angaben in Mio. t/a

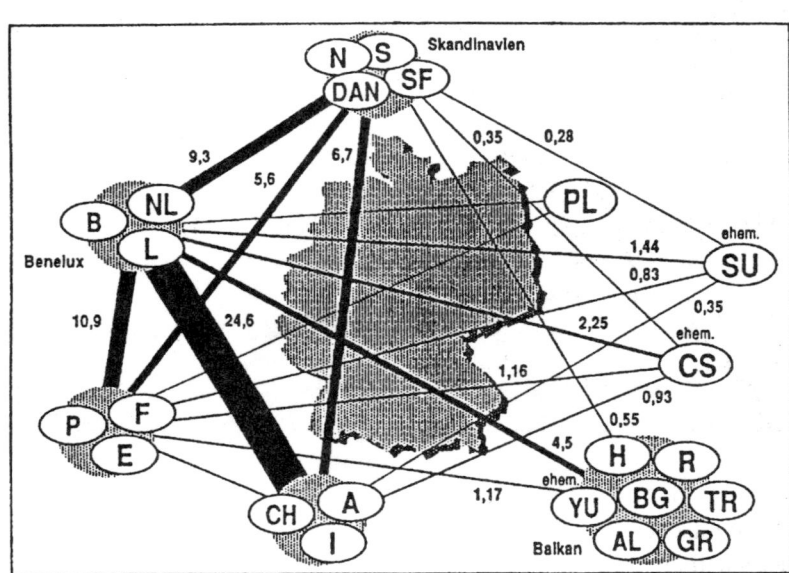

Quelle: Soldat und Technik 7/1993, S. 456

*Abb. 28 Deutschland und seine Nachbarn (1993)*

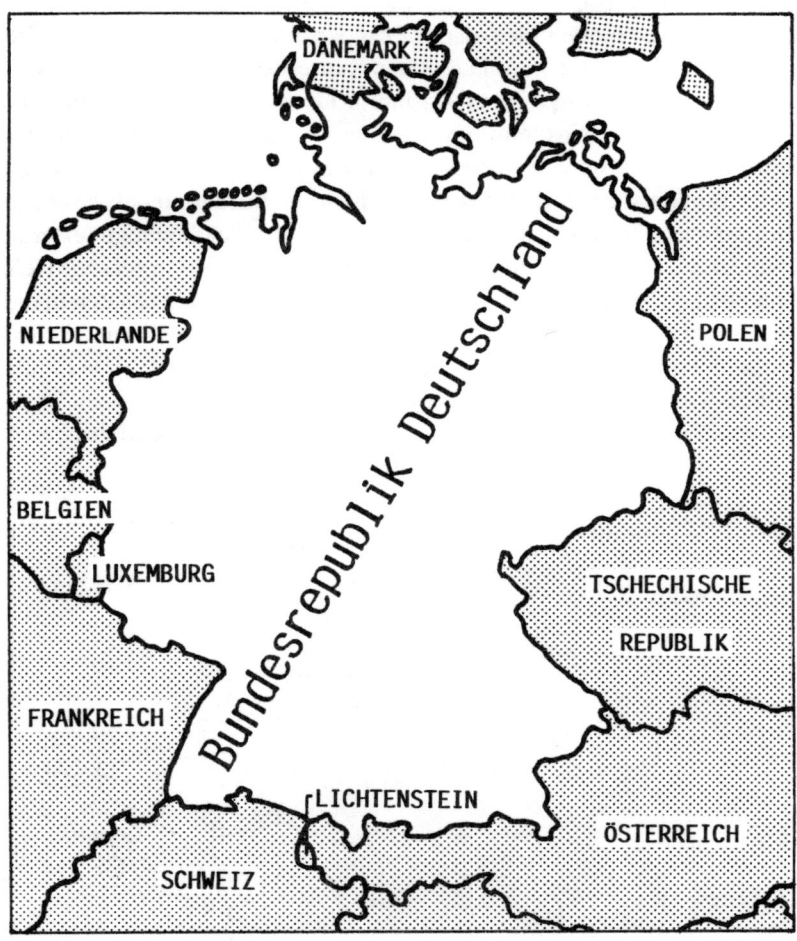

Die deutsche »Zentrallage in Europa« ist seit der Wiedererlangung der staatlichen Einheit Deutschlands am 3. Oktober 1990 noch ausgeprägter. Mehr denn je ist die Bundesrepublik Deutschland Drehscheibe zwischen Ost und West, aber auch für Skandinavien und den Mittelmeerraum.[21] Die Bundesrepublik Deutschland wurde zum »Haupt-transitland in Europa« mit steigender Tendenz.[22] Des weiteren bildet Deutschland, eingebunden in die Europäische Union und die NATO, eine Brücke zu den mittel- und osteuropäischen Staaten.

Das Staatsgebiet der Bundesrepublik Deutschland ist 357 000 km$^2$ groß. Die längste Ausdehnung von Norden nach Süden beträgt in der Luftlinie 876 km, von Westen nach Osten 640 km. Die äußersten Grenzpunkte sind: List auf der Insel Sylt im Norden, das sächsische Deschka im Osten, das bayerische Oberstdorf im Süden und Selfkant (Nordrhein-Westfalen) im Westen. Die Grenzen der Bundesrepublik Deutschland haben eine Länge von insgesamt 3 767 km. Deutschland zählt rund 80 Millionen Einwohner. Die Bundesrepublik Deutschland ist nach Rußland der bevölkerungsreichste Staat Europas, vor Italien mit 58, Großbritannien mit 57 und Frankreich mit 56 Millionen Menschen. Flächenmäßig ist Deutschland allerdings kleiner als Frankreich mit 552 000 und Spanien mit 505 000 Quadratkilometern.[23]

*Abb. 29 Deutschlands äußerste Grenzpunkte und Länge der Grenzen*

**Äußerste Grenzpunkte**

| Äußerster Grenz-punkt[1) | Nörd-liche Breite | Östliche Länge v. Green-wich | Ge-meinde | Land-kreis | Land |
|---|---|---|---|---|---|
| Im Norden | 55° 04′ | 8° 25′ | List | Nord-friesland | Schleswig-Holstein |
| Im Osten | 51° 14′ | 15° 02′ | Deschka | Görlitz | Sachsen |
| Im Süden | 47° 16′ | 10° 11′ | Oberst-dorf | Ober-allgäu | Bayern |
| Im Westen | 51° 03′ | 5° 52′ | Selfkant | Heins-berg | Nordrhein-Westfalen |

1) Entfernung zwischen nördlichstem und südlichstem Punkt (Luftlinie) etwa 876 km, zwischen westlichstem und östlichstem Punkt (Luftlinie) etwa 640 km.

**Länge der Grenzen***

| Gemeinsame Grenze mit (Land) | km |
|---|---|
| Dänemark | 67 |
| Niederlande | 576 |
| Belgien | 155 |
| Luxemburg | 135 |
| Frankreich | 446 |
| Schweiz | 334 [1] |
| Österreich | 784 [2] |
| Tschechoslowakei | 810 |
| Polen | 460 |
| Insgesamt | 3 767 |

* Nach Angaben der beteiligten Landesvermessungsämter.
1) Mit Exklave (Gebietsausschluß) Büsingen, aber ohne Bodensee.
2) Ohne Bodensee.

Quelle: Statistisches Jahrbuch 1991 für das vereinte Deutschland. Herausgegeben vom Statistischen Bundesamt, Wiesbaden 1991, S. 14

## Geostrategische Lage Deutschlands

Der Generalinspekteur der Bundeswehr, General Klaus Naumann, hat sich seit der Vereinigung der beiden deutschen Staaten im Jahre 1990 wiederholt zu Deutschlands neuer geostrategischer Lage geäußert. Seine Lagebeurteilungen sind wichtige Beiträge zur Standortbestimmung deutscher Sicherheitspolitik.[24] Er beschrieb die neue geostrategische Lage Deutschlands in seinem Vortrag vor den Teilnehmern der 33. Kommandeurtagung der Bundeswehr in Leipzig besonders deutlich:

»Unser Land hat sicherlich gegenwärtig viele und große Probleme in verhältnismäßig kurzer Zeit zu lösen. Aber trotz aller Probleme sollten wir nicht vergessen, welche dramatische Verbesserung wir gerade im Bereich der Sicherheitspolitik durch unsere konstante Politik der Bindung an den Westen durch Standfestigkeit und durch Zusammenhalt im Bündnis 1995 erreicht haben werden, vor allem wenn der KSE-Vertrag ratifiziert und umgesetzt sowie die WGT 1995 abgezogen sein werden:

– Deutschland hat zum ersten Mal seit Gründung eines einheitlichen deutschen Staates *kein* Land zum Nachbarn, das es nicht als Verbündeten oder Freund bezeichnet, ein Novum für das Land mit den meisten Grenzen in Europa.
– Deutschland ist nicht länger *Frontstaat* und ist auch nicht mehr geteilt, Deutschland ist damit ein ganz normaler Staat Europas geworden und hat vor allem Handlungsfreiheit gewonnen.
  [...]
– Deutschland ist militärisch nicht mehr in der *strategischen Reichweite* eines zur strategischen Offensive und zur Landnahme befähigten Staates. Damit hat sich die geostrategische Situation unseres Landes entscheidend verbessert, und damit dürfte sich die strategische Rolle Mitteleuropas fundamental verändern, es könnte *Drehscheibe* der westlichen Verteidigungsgemeinschaft, aber nicht mehr Schauplatz der Konfrontation werden.

In dieser neuen Lage ist die Rolle der deutschen Streitkräfte nicht als Antwort auf eine manifeste Bedrohung zu verstehen, dies war *eine*, aber nicht die ausschließliche Begründung aus der Zeit der Konfrontation und des Frontstaates. Dies ist Vergangenheit, eine Vergangenheit, die wir erfolgreich gemeistert haben, die wir aber nicht dadurch fortsetzen sollten, daß wir über neue Formen der Konfrontation nachdenken. Lösen wir uns aus dem Denken in konfrontativen Kategorien.«[25]

*Fazit:* Die geopolitischen und geostrategischen Veränderungen in Europa haben die beiden deutschen Staaten von »Frontstaaten« im jeweiligen Bündnissystem in die neue (alte) »Mittellage« gerückt. Damit scheint die Zukunft wieder offen. Es wird die Frage nach der Bestimmung des nationalen Interesses gestellt. Die Neudefinition deutscher Sicherheitsinteressen ist auf der Tagesordnung der Planungsstäbe.

Aufgrund der bisherigen Darlegungen können folgende geopolitische und geostrategische Merkmale deutscher Sicherheitspolitik festgestellt werden:

*Abb. 30*
*Erweiterung der operativen Tiefe der Bundesrepublik Deutschland*

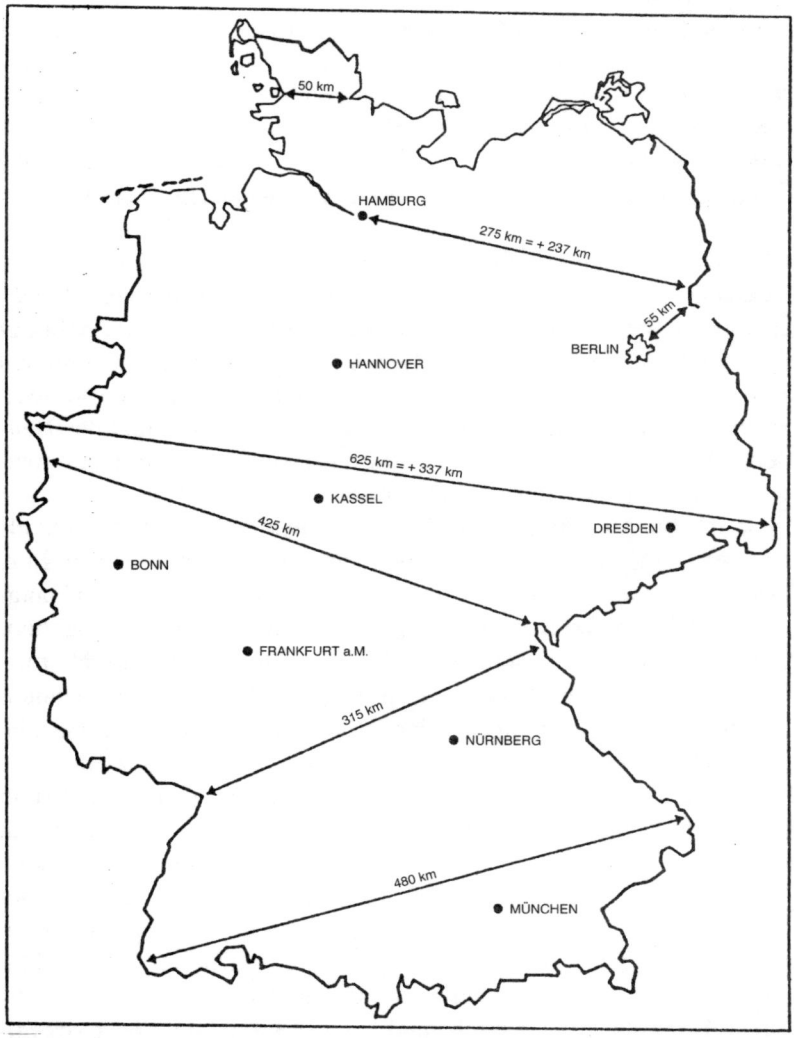

Quelle: Klaus Naumann: Bundeswehr und Verteidigung. In: *Österreichische Militärische Zeitschrift*, 1/1991, S. 39.

- Mittellage
- zahlreiche Nachbarn
- Einkreisungs- und Isolationsfurcht,
  nur im Norden und Süden natürliche Grenzen,
  daher »Zwang zu Bündnissen«
- Transitland Nr. 1 in Europa
  Nord-Süd- und Ost-West-Drehscheibe
- Weltwirtschaftsmacht,
  Industrieland mit hoher Abhängigkeit von den Weltmärkten

Die hier genannten Merkmale bzw. Kriterien deutscher Sicherheitspolitik sind zugleich »Werte und Interessen« und bestimmen die »Sicherheitspolitischen Richtlinien« deutscher Politik. Entsprechend bringt das »Weißbuch 1994« zur Sicherheit der Bundesrepublik Deutschland zum Ausdruck: »Konkretes sicherheitspolitisches Handeln muß sich an Interessen orientieren. Interessen bestimmen Prioritäten des Handelns. Sie sind Ausdruck der Politik eines souveränen Staates, Ausgangspunkt für die Beurteilung der Risiken und Handlungserfordernisse in konkreten Entscheidungslagen sowie Voraussetzung für Interessenausgleich, Zusammenarbeit und internationale Stabilität. Deutsche Sicherheitspolitik hat dabei politische Konstanten und langfristig wirkende Rahmenbedingungen zu berücksichtigen: die geopolitische Mittellage Deutschlands als Land mit den meisten Nachbarn in Europa; die wirtschaftliche Lage als exportabhängige Industrienation und die starke Verflechtung mit der Weltwirtschaft; und schließlich die Erfahrungen deutscher und europäischer Geschichte. Dies alles sind Maßstäbe für Ziele, Inhalte und Verfahren deutscher Politik und bestimmt auch ihre Wahrnehmung durch die Nachbarn Deutschlands mit.«[26]

## Neue Risiken

Aufgrund der internationalen Strukturveränderungen, des geopolitischen Umbruchs in Zentral- und Osteuropa sowie der Einigung Deutschlands hat sich der Schwerpunkt der sicherheitspolitischen Interessenlage geändert. Die Sicherheitspolitik entwickelt eine Nord-

Süd-Dimension. Der Trend (weg von der Bipolarität, hin zum Polyzentrismus) entwickelt sich im Zeichen wachsender Süd-Süd-Konflikte und Nord-Süd-Konfrontationen.[27] Bereits seit Mitte der 80er Jahre sind Gefährdungen der Sicherheit und Stabilität Europas auch in außereuropäischen Regionen wie in Nordafrika oder im Nahen und Mittleren Osten festzustellen.[28] Die Umbrüche im Ost-West-Verhältnis haben diese Neuorientierung zwar nicht verursacht, aber doch entschieden beschleunigt.[29]

Zur Zeit zeichnen sich an Europas »Peripherien« zahlreiche Konflikte ab, deren Ursachen vor allem nationalistisch, ethnisch, ethnisch-religiös und ökonomisch begründet sind.[30] Zu den besonderen Konfliktzonen gehören zur Zeit der sogenannte »Islamische Krisenbogen«, die »Balkan-Region«, die Region »Kurdistan« und die Regionen »Kaukasus« und »Mittelasien«. Zur besseren Beurteilung der einzelnen Konflikte und deren Auswirkungen auf die jeweilige Region bzw. einer möglichen Gefährdung des Weltfriedens sei auf die Überblick-Studie[31] des Verfassers verwiesen.

Die dargelegten Konflikte haben alle unmittelbare Auswirkungen auf die jeweilige Region bzw. auf die Nachbarstaaten; sie gefährden aber nicht den Weltfrieden. Es kann dennoch nicht ausgeschlossen werden, daß eine Ausweitung dieser und anderer Konfliktherde die internationale Ordnung in Europa destabilisieren kann.[32] Denn »überlagern sich ökonomische, ethnische, demographische oder religiöse Ursachen mit machtpolitischen Interessen, so ist die Gefahr eines mit militärischen Mitteln ausgetragenen Konflikts gegeben. Die Risikofelder werden nicht notwendigerweise zu einer unmittelbaren militärischen Bedrohung Deutschlands führen. Sie können aber bei einer zeitgleichen Eskalation von regionalen Konflikten die innere Ordnung Europas und angrenzender Regionen destabilisieren. Für einen solchen Fall kann auch eine unmittelbare Gefährdung der Sicherheit Deutschlands nicht ausgeschlossen werden.«[33] Damit wächst zugleich der Bedarf gesicherter Grundlagen für die ständige Beurteilung der Lage und die zeitgerechte politische Entscheidungsfindung, bezogen auf einen erweiterten geographischen Raum.[34]

# Geopolitische und geostrategische Problemkreise deutscher Sicherheitspolitik: Optionen und Perspektiven

## Deutsche Sicherheitspolitik zwischen der Quadratur vieler Kreise und Achsen und der Quadratur der Dreiecke

Die zentrale geographische Lage Deutschlands in Europa bietet einen Schlüssel zum Verständnis der internationalen Handlungsmöglichkeiten und der außenpolitischen wie der militärstrategischen, verkehrstechnischen und ökologischen Sicherheitsbedingungen der Bundesrepublik Deutschland.[35]

Der grundlegende Wandel europäischer Politik zwingt Deutschland dazu, den geographischen und institutionellen Rahmen seiner Sicherheitspolitik neu zu bestimmen. Soll es künftig einer national ausgerichteten Sicherheitspolitik den Vorrang geben, soll es weiterhin seine Politik primär an den Interessen und Strukturen des westlichen Bündnisses orientieren, oder muß deutsche Sicherheitspolitik in erster Linie auf die Stabilisierung Gesamteuropas abzielen? Je nachdem, welcher dieser Optionen der Vorrang eingeräumt wird, ergeben sich ganz unterschiedliche Konsequenzen für Deutschlands Europa- und Weltpolitik.[36] Mit dieser Darstellung wird der Versuch unternommen, außenpolitisches Handeln auf Grundstrukturen zu reduzieren, die das ausmachen, was als Nationalinteresse bezeichnet werden kann.

In der Politikwissenschaft (Besson[37], Calleo[38], Pfetsch[39] u.a.) wird die deutsche Außen- und Sicherheitspolitik oft als »Balance zwischen drei Kreisen« charakterisiert, nämlich einer

– atlantischen,
– europäischen und
– nationalen Orientierung.

*Abb. 31 Sicherheitspolitik im Spannungsfeld*
*Westeuropäische und transatlantische Strukturen:* »*Geopolitik zweier*
*Dreiecke*« *Ende der 80er Jahre*

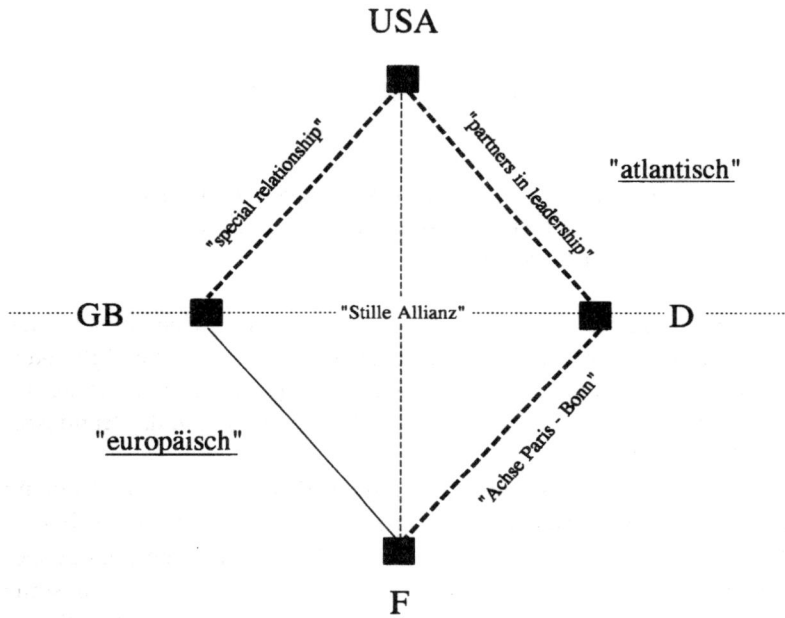

Entwurf: Schmidt/Brill

Karl Kaiser und John Roper beschreiben in ihrem Buch »Die Stille Allianz«[40] die »Geopolitik zweier Dreiecke«, einem atlantischen und einem europäischen, die von den USA, Großbritannien, Frankreich und der Bundesrepublik Deutschland gebildet werden. Im ersten, dem transatlantischen Dreieck, steht Washington an der Spitze, Bonn und London befinden sich an den verbleibenden Enden. Das zweite, das europäische Dreieck, verbindet Bonn mit seinen beiden europäischen Partnern in Paris und London.

Washington – London, Washington – Bonn sowie Bonn – Paris verfügten über starke, sozusagen imperative Bindungen. Demgegenüber

163

seien die Beziehungen zwischen London und Bonn, Paris und London sowie Paris und Washington sehr viel weniger ausgeprägt. Karl Kaiser und John Roper beziehen diese Feststellungen auf die Sicherheitspolitik. Diese ist aber nur ein Reflex von politischen Grundinteressen, aus denen Politik insgesamt formuliert wird.

Herbert Kremp empfiehlt der deutschen Außen- und Sicherheitspolitik, aus der von Karl Kaiser und John Roper beschriebenen »klassischen Lage« folgende Konsequenzen zu ziehen: »Engere Beziehungen zu London ›im Dreieck‹ herzustellen, wäre ein realistischer Vorsatz. Sie verschaffe Bonn die atlantische Bewegungsfreiheit, die es benötigt, um an den Veränderungen der Weltpolitik souveräner als bisher Anteil nehmen zu können.«[41]

## DEUTSCHE SICHERHEITSPOLITIK ZWISCHEN TRANSATLANTISCHEN BEZIEHUNGEN UND EUROPÄISCHER SICHERHEITSIDENTITÄT

### Option »Europäische Union«

Im Jahre 1992 legte Kapitän zur See Lennart Souchon seine vielbeachtete Studie »Die Renaissance Europas. Europas Sicherheitspolitik: Ein internationales Modell« vor. Als »Modelle« bzw. »Vernetzung« künftiger europäischer Sicherheitspolitik zeichnet er folgende Lösungsmöglichkeiten auf:

– Ausbau der KSZE zum kollektiven System europäischer Sicherheit mit einem europäischen Sicherheitsrat;
– Fortentwicklung der EG zu den Vereinigten Staaten von Europa (unter Einbeziehung der Staaten Ostmitteleuropas!);
– Schaffung einer »Europäisch-Atlantischen Union«;
– Reform der UNO mit erweiterten Kompetenzen zur internationalen Friedenssicherung.

Souchon diskutiert seine Fragestellungen anhand der aktuellen europäischen und globalen Herausforderungen. Auf dieser Basis entwickelt er ein internationales Modell zukünftiger europäischer Sicherheitspolitik mit neuen Institutionen: dem »Konzert« europäischer Mächte, der UNO, der Europäisch-Atlantischen Union und schließlich den Vereinigten Staaten von Europa.

Das erklärte Ziel bleibt für ihn ein vereinigtes Europa, das in enger transatlantischer Kooperation globale Problemlösungen verfolgt und den Herausforderungen unserer Zeit mit einem realistischen Konzept begegnet. Dieses vereinte Europa kann seine wirtschaftliche Existenz nach Souchon nur als Seemacht sichern. Doch verkennt er nicht die Gefahren, die einer Einigung Europas entgegenstehen: Renationalisierung, Reideologisierung und Regionalisierung.

Dennoch hält er an seinem Postulat fest: »Langfristiges Ziel müssen die Vereinigten Staaten von Europa bleiben mit enger transatlantischer Kooperation, abgesichert gegenüber Maghreb und Vorderasien und engagiert in der Lösung der Weltprobleme.« Hierzu bietet der Autor systematische, differenzierte und unkonventionelle Vorgehensweisen in der Form einer breit angelegten »Konzeption europäischer Sicherheitspolitik für das 21. Jahrhundert« an.

Das Entscheidende an Souchons Modell ist, daß die Option »Europäische Union« nur mit Unterstützung einer außereuropäischen Macht, der Vereinigten Staaten von Amerika, realisiert werden kann. Insofern hält er eine europäische »Sicherheitsidentität« für unrealistisch und plädiert im Kern seiner Studie für die Schaffung einer »Europäisch-Atlantischen Union«.

Wenn auch die europäische »Sicherheitsidentität« trotz zahlreicher Störfaktoren zunehmend an Bedeutung gewinnt, so wird doch auf absehbare Zeit den deutsch-amerikanischen Sicherheitsbeziehungen eindeutige Priorität eingeräumt. Hierzu können die beiden folgenden Stellungnahmen von Vertretern der deutschen »strategic community« als repräsentativ angesehen werden.

Vizeadmiral Ulrich Weisser schätzt die sicherheitspolitischen Beziehungen der Bundesrepublik Deutschland zu den USA und Frankreich in seiner letzten Studie »NATO ohne Feindbild« als komplementär ein. Strategischer Imperativ ist in Weissers Sicht die Bindung der USA an den europäischen Kontinent und die Erhaltung der euro-atlantischen militärischen Integration. Die Schaffung europäischer Sicherheitsin-

165

stitutionen wird als eine Reihe »parallel« verlaufender Prozesse bezeichnet. Westeuropa und eine künftige Politische Union Europas
seien weiterhin auf die Weltmacht USA angewiesen.[42]

In einem von Andreas M. Rauch herausgegebenen Sammelband analysiert Dieter Mahncke »die transatlantische Dimension europäischer
Sicherheit« in einem neuen Europa: Seine These lautet, »daß ohne die
USA die geostrategische Präsenz der Sowjetunion (Russischen Föderation) als Großmacht auf absehbare Zeit nicht ausgeglichen werden
kann«. Für Mahncke ist die NATO nicht obsolet, sondern Garant der
Sicherheit für Deutschland. Der Autor tritt für ein Fortbestehen der
westlichen Allianz und für eine reduzierte, signifikante Präsenz der
USA in Europa ein. Seiner Meinung nach muß die transatlantische
Dimension dauerhaft in die europäische Sicherheit integriert werden.[43]

### Option »Partners in leadership«

Im Jahre 1989 bot der amerikanische Präsident Bush den Deutschen
an, »partners in leadership« zu sein, und erinnerte sie daran, daß »leadership« einen ständigen Begleiter habe, »responsibility«, die Verantwortung. Wörtlich sagte Präsident Bush: »Die Amerikaner und die
Bundesrepublik Deutschland waren immer schon enge Freunde und
Verbündete. Heute übernehmen wir darüber hinaus noch eine gemeinsame Aufgabe, nämlich als Partner in einer Führungsrolle.«[44]

Die Bundesrepublik Deutschland war für die USA am Ende des Kalten Krieges zum »wünschenswertesten Anker amerikanischer Strategie« geworden. Seine regional überlegenen Potentiale prädestinieren
das Land für eine neue besondere Beziehung (»new special relationship«) mit den USA.[45] Die USA wünschen insbesondere seit dem Bei-
tritt der DDR zur Bundesrepublik Deutschland, daß Deutschland eine
größere Rolle in der Weltpolitik übernimmt.[46] Das erklärte auch der
amerikanische Botschafter in der Bundesrepublik Deutschland, Richard C. Holbrooke, in einer Grundsatzrede am 8. Dezember 1993 in
Potsdam. Er sagte: »Wir haben nicht nur keine Angst vor einer größeren Rolle Deutschlands in der Welt, sondern begrüßen sie. Daher

befürworten wir auch die ständige Mitgliedschaft Deutschlands im UN-Sicherheitsrat.«[47]

Es ist vor allem die ökonomische Vormachtstellung in der EU, die Deutschland aus amerikanischer Sicht als »Partner in einer Führungsrolle« prädestiniert: »Deutschlands Bedeutung für die Vereinigten Staaten liegt in seiner Rolle als führende Wirtschafts- und Finanzmacht in der EU und in der Rolle, die es bei der Unterstützung einer liberalen deutschen Wirtschaftspolitik innerhalb der EU, in Europa und global spielen kann.«[48] Aus diesem Grund erwarten die USA, daß sich Deutschland endlich der geopolitischen Verantwortung stellt, die ihm als ökonomischer Großmacht zufällt.

Zum Vorschlag des amerikanischen Präsidenten, »partners in leadership« zu sein, erklärte Bundeskanzler Helmut Kohl während eines Besuchs in Washington am 20. Mai 1991: »Wir sind dazu bereit. Wir sind bereit, den Teil der innerwestlichen Lastenteilung zu übernehmen, den wir entsprechend unserer Leistungskraft erbringen können – wirtschaftlich und politisch.«[49]

Bundespräsident Richard von Weizsäcker griff während seines Staatsbesuchs in den USA im April 1992 das »Partnerschafts-Angebot« des amerikanischen Präsidenten ebenfalls auf. Dabei sah er für die von George Bush anvisierten »partners in leadership« drei Hauptaufgaben:

– Das wiedervereinigte Deutschland ist entscheidend auf eine europäische Entwicklung in Richtung auf die »Politische Union« angewiesen.

– Diese Entwicklung soll untrennbar mit der Fortdauer des atlantischen Bündnisses verbunden sein. Kernpunkt der NATO und der weiterhin unverzichtbaren amerikanischen Präsenz in Europa bleibt die Sicherheit der Partner, deren Zusammenarbeit und Schutz auch von den ehemaligen Warschauer-Pakt-Staaten gesucht werden.

– Deutschland ist unersetzlicher europäischer Partner der USA für die Zusammenarbeit mit den Osteuropäern und den Nachfolgestaaten der ehemaligen Sowjetunion. Begründung: »Wir sind am nächsten dran und treten am nachdrücklichsten im Westen dafür ein, den Osten nicht sich selbst zu überlassen.«[50]

Trotz dieser Bekundungen von Bundeskanzler Helmut Kohl und Bundespräsident Richard von Weizsäcker ist das Angebot »Partnerschaft in der Führung« in der Bundesrepublik Deutschland ohne größere Resonanz geblieben.[51] Eine intensive Auseinandersetzung über »Partnerschaft in der Führung« als Option deutscher Außen- und Sicherheitspolitik hat nicht stattgefunden. In gewissen Kreisen ist das »Angebot« sogar als unangenehme Störung des eigenen Befindens im allzu selbstverständlich angenommenen Schutz Amerikas empfunden worden.[52] Trotzdem plädiert der Verfasser dafür, daß dieser Option auf absehbare Zeit – gegenüber allen anderen Optionen – Priorität eingeräumt werden sollte. Dies vor allem deswegen, weil deutsche und amerikanische Werte und Interessen einen außerordentlich hohen Identitätsgrad aufweisen.

Die weitgehende deutsch-amerikanische geopolitische Interessenidentität kann im einzelnen wie folgt begründet werden:
– Unterstützung und Förderung der Wiedervereinigung Deutschlands wie von keiner anderen Macht;
– »Balancing Power« in Europa;
– starke amerikanische militärische Präsenz in Deutschland;
– logistische Drehscheibe;
– Infrastruktur;
– UNO-Einsätze deutscher Streitkräfte (primär nur möglich mit den USA);
– ständiger Sitz Deutschlands im UN-Sicherheitsrat sollte zwecks Mitsprache bei UN-Einsätzen angestrebt werden (Unterstützung der USA und Rußlands liegt vor);
– GATT-Prinzip des freien Welthandels liegt im deutschen wie im angelsächsischen Interesse;
– gemeinsame Werte.

Auch bei einer Abwägung deutscher Sicherheitsinteressen zwischen »partners in leadership« und »Europäischer Sicherheitsidentität« im Rahmen des Maastrichter Vertrages (primär mit Frankreich) spricht die Logik für das amerikanische Angebot. Zur Begründung kann die folgende Skizzierung dienen:

**Transatlantische Beziehungen deutscher Sicherheitspolitik im Spannungsfeld zwischen Europa (Frankreich) und den USA, dargestellt an den französischen und deutschen geopolitischen Grundpositionen:**

*Frankreich*

– Zielprojektion: europäische »Defense Identity« im Rahmen der EU
– Weltmacht Europa (Gleichberechtigung mit den USA)

Ergebnis: kein Widerspruch in der strategischen Planung.

*Deutschland*

– Zielprojektion: europäische »Defense Identity«
– Beibehaltung der NATO (»USA sind eine europäische Macht«)

Ergebnis: Widerspruch »Defense Identity« kann nur mit einer außereuropäischen Macht erreicht werden.

Die jahrzehntelange Schicksalsgemeinschaft zwischen Deutschland und den USA hat eine transatlantische Partnerschaft entstehen lassen, deren höchstes Gut – über alle Höhen und Tiefen hinweg – Vertrauen und Stabilität ist.[53]

Eine Verdrängung Amerikas aus Europa, sei es durch Vorsatz, Unachtsamkeit oder Gleichgültigkeit, hätte unabsehbare Folgen, nicht zuletzt für das innereuropäische Gleichgewicht.[54]

*Bewertung:* Was aus Europa und den transatlantischen Beziehungen bzw. dem transatlantischen Zusammenhalt werden wird, hängt entscheidend von der Qualität des vierseitigen Verhältnisses zwischen den USA, Frankreich, Großbritannien und Deutschland ab. Der anti-amerikanische, anti-atlantische und damit auch anti-britische Affekt der französischen Politik hat sich in den deutsch-französischen Beziehungen oft als erheblicher »Störfaktor« erwiesen.[55] Trotzdem hat Deutschland als der engste Partner Frankreichs sich niemals in eine Rolle des Entweder-Oder mit Frankreich oder USA, EG oder Nordamerika drängen lassen. Dies ist nach Auffassung des ehemaligen Außenministers Genscher auch die »Politik der Zukunft«.[56]

169

Aufgrund der »Dilemmata« ist die Suche nach Visionen und Konzeptionen für eine neue deutsche Sicherheitspolitik das Gebot der Stunde. Neben der Beibehaltung der NATO und der Schaffung einer Europäischen Politischen Union sind zur Zeit folgende Konzeptionen, Modelle und Visionen in der Diskussion:

– als Alternative zur Politischen Union Europa die Varianten Kern-Europa[57]; Mitteleuropa/Zentraleuropa[58]
– »partners in leadership«/»Partnerschaft in der Führung« mit den USA[59]
– »Verschweizerung«/»Groß-Schweiz«/»Super-Schweiz«[60]
– Zivil- und Handelsmacht (New Civilian Power)[61]
– Nationale Option (»Großmacht Deutschland«[62]), verbunden mit Achsenbildungen »Washington–Bonn/Berlin–Moskau«[63] oder der eurasiatischen Variante »Berlin–Moskau–Tokio«[64]

## Exkurs: Option »Eurasien«

Im Jahre 1992 legte der Journalist Alfred Zänker[65] die Studie »Epoche der Entscheidungen. Deutschland, Eurasien und die Welt von morgen« vor. Mit geopolitischen Themen beschäftigt sich Zänker seit Mitte der 80er Jahre. So beteiligte er sich im Frühjahr 1988, während der Phase der Renaissance der Geopolitik in Deutschland, in der *Welt* mit dem Aufsatz »Von Weltinseln, Landmassen und eurasischen Pufferzonen. Wiederentdeckung der Geopolitik« an der Diskussion. Im Jahre 1991 folgte in der Zeitschrift *Mut* der Aufsatz »Die Welt als Ganzes – Renaissance der Geopolitik«, der als Grundlage für seine hier vorzustellende Studie anzusehen ist.

Auf der Basis vorwiegend französisch- und englischsprachiger geopolitischer Forschungsergebnisse geht Zänker von drei Thesen aus:
1. die eurasische Dimension. Eurasien – nicht die EG – steht oben auf der Tagesordnung;
2. Deutschlands exponierte Mittellage. Unser Land findet sich wieder in seiner Rolle als Drehscheibe und Brückenbauer nach Osten;

3. Deutschlands »Instabilität«. Die Herausforderungen sind gewaltig.
Die Deutschen sind darauf psychologisch, politisch, ökonomisch
schlecht vorbereitet.

In der gegenwärtigen »Epoche der Entscheidungen« zeichnen sich für
Deutschlands künftigen »Standort« in Europa und in der Welt gewaltige Herausforderungen ab. Es findet eine Neuordnung der Räume und
damit der Kräfteverhältnisse in weiten Teilen der Welt statt. Deutschland wird – so die Prognose von Zänker – durch seine geographische
Lage, sein ökonomisches und kulturelles Potential eine Schlüsselrolle
auf dem eurasischen Kontinent zufallen. Ja, er sieht sogar eine Achse
»Berlin–Moskau–Tokio« im Entstehen begriffen. Deutschland sei
wieder eine paneuropäische Macht. Aus globaler Sicht bleibe
Deutschland in ambivalenter Zwischenlage, im Spannungsfeld zwischen der Supermacht USA und dem Sog des eurasischen Raumes mit
seinen zahlreichen Krisen und doch lockenden wirtschaftlichen Aus-
sichten. Zänker bringt Deutschlands Rolle an der Schwelle zum 21.
Jahrhundert auf die Formel: Im Osten gefordert, im Westen verankert.
    Das geopolitische Spannungsfeld, in dem sich künftige deutsche
Außen- und Sicherheitspolitik zu orientieren hat, sieht Zänker vor
allem in vier Aspekten:
– Deutschlands exponierte, nach allen Seiten offene Mittellage in
  Europa;
– Deutschlands Schlüsselposition in Eurasien;
– Deutschlands Gefährdung durch zwei weitgestreckte politische
  »Schütterzonen« im Osten und Südosten und im Mittelmeerraum;
– Deutschlands globale Lage zur Weltmacht USA.

Zänker gehört zu den wenigen Autoren in Deutschland, die über Geopolitik arbeiten. Bedauerlicherweise verzichtet der Autor in seiner Studie auf präzise Quellenangaben. Dennoch handelt es sich bei der hier
vorgelegten Arbeit um eine wichtige »Diskussionsgrundlage« über die
künftige deutsche Außen- und Sicherheitspolitik. Sie bietet unkonventionelle Leitideen und Orientierungshilfe in schwieriger Zeit.

*Abb. 32 Deutschlands geopolitische Lage im euro-atlantischen Kräftefeld (Mitte der 90er Jahre)*

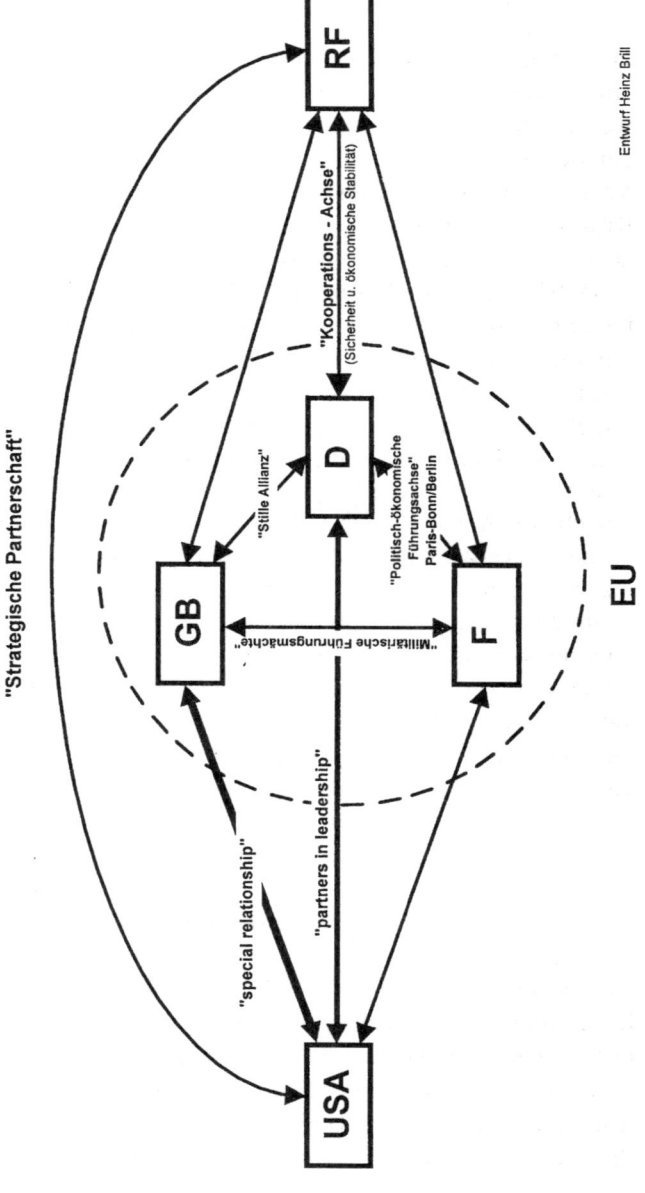

"Strategische Partnerschaft"

RF

"Kooperations - Achse"
(Sicherheit u. ökonomische Stabilität)

D

"Stille Allianz"

"Politisch-ökonomische
Führungsachse"
Paris-Bonn/Berlin

GB

F

"Militärische Führungsmächte"

"special relationship"

"partners in leadership"

USA

EU

Entwurf Heinz Brill

*Bewertung*

Die Frage, welche der genannten Optionen Deutschlands Interessen am ehesten entspricht, kann zur Zeit nicht abschließend beantwortet werden, weil die hierfür relevanten internationalen Konstellationen gerade in der gegenwärtigen Umbruchsituation schwer absehbaren Veränderungen unterliegen. Aus diesem Grund steht als wesentliches Kriterium der Realisierbarkeit einer Option die »Vereinbarkeit mit anderen nationalen Interessen« im Vordergrund der Überlegungen.[66]

Nach Wilfried von Bredow und Thomas Jäger (ebenso wie vom Verfasser herausgearbeitet) scheinen zur Zeit vier Optionen von besonderem Interesse zu sein:

– zum einen die deutsch-amerikanische Partnerschaft, die ein asymmetrisches atlantisches Verhältnis begründet und eine Form besonderer Beziehungen mit regionalem Anschluß darstellt;

– zum zweiten die westeuropäische Integration mit dem Ziel der »Politischen Union«, also eines Zusammenschlusses zwischen supranationaler Verkettung und Staatenbund;

– zum dritten die deutsch-russische Bigonomie über Mittel- und Osteuropa; sowie

– viertens die »Verschweizerung« Deutschlands.

Die beiden erstgenannten Optionen können derzeit als politisch relevant und konsensfähig angesehen werden, doch soll man starke Veränderungen in der Willensbildung politischer Systeme nicht ausschließen.[67]

LEHREN DER GESCHICHTE

Gregor Schöllgen, einer der wichtigsten »Nachwuchs-Historiker« in Deutschland, schreibt über den »Zwang deutscher Politik zu Optionen«: »Von wenigen Ausnahmen abgesehen, mochten sich die Deutschen zu keiner Zeit der Illusion hingeben, daß man ohne Bündnispartner auf Dauer überleben könne. Die geographische Lage, die Zahl der Nachbarn sowie deren Stärke forderten und förderten seit dem

17. Jahrhundert die Suche nach geeigneten Partnern. Um der größten Gefahr, einer wirtschaftlichen, politischen und vor allem militärischen ›Einkreisung‹, vorzubeugen, mußte sich unter den Bündnispartnern zumindest einer dieser Nachbarn befinden. In Betracht kamen vor allem Rußland und Frankreich, gelegentlich Österreich(-Ungarn). Eine besondere Rolle spielte seit den Tagen des Siebenjährigen Krieges und bis in die Zeit des Zweiten Weltkrieges, in gewisser Weise auch noch darüber hinaus, England. Mit der Erweiterung des europäischen zum Weltstaatensystem im Zeitalter der Weltkriege kam schließlich den Vereinigten Staaten von Amerika eine entsprechende überragende Bedeutung zu. Damit war bereits die Grundkonstellation gegeben, entweder für den Osten oder den Westen optieren zu müssen. [...] Daran sollte sich auch nach 1945 wenig ändern – weder für die Deutschen noch für die andern. Konrad Adenauer erinnerte sich kurz vor seinem Tode, daß die Bundesrepublik Deutschland aufgrund ihrer geographischen Lage – in der Mitte Europas und ohne geschützte Grenzen – gezwungen war, sich für die eine oder andere Seite zu entscheiden, wenn sie nicht zerrieben werden wollte. Für den ersten Bundeskanzler der Bundesrepublik Deutschland hatte sich in dieser Hinsicht seit den Tagen Bismarcks wenig geändert. Das sahen die andern ähnlich. Jedenfalls machte der amerikanische Außenminister John Foster Dulles 1959 dem damaligen Regierenden Bürgermeister von Berlin, Willy Brandt, deutlich, daß Russen und Amerikaner sich über ›tausend Dinge uneinig‹ sein mochten. ›Doch über eines gibt es zwischen uns keine Meinungsverschiedenheit: Wir werden es nicht zulassen, daß ein wiedervereinigtes, bewaffnetes Deutschland im Niemandsland zwischen Ost und West umherirrt.‹ Ein Deutschland mit unkontrollierten Optionsmöglichkeiten galt als gefährlicher denn seine Verankerung im gegnerischen Bündnis, das war die Lehre, die man nach 1945 aus dem deutschen Optionsproblem zog. Die sowjetische Zustimmung vom Juli 1990, daß das vereinte Deutschland selbst entscheiden könne, welchem Bündnis es angehören wolle, bestätigte das noch einmal auf eindrucksvolle Weise, setzte sie doch ganz selbstverständlich voraus, daß es einem solchen angehören müsse.«[68]

So bestätigte sich im Jahre 1990, worum es den Vier Mächten bereits auf der Berliner Viermächtekonferenz im Jahr 1954 über Deutschland zu tun war. Der damalige französische Außenminister Bidault umschrieb dies indirekt mit den Worten: »Auf Grund der Lehren der Vergangenheit muß es vermieden werden, in einen Zustand zurückzufallen, in dem ein Land im Zentrum Europas den Osten gegen den Westen auszuspielen und seine eigene Stärke zu vermehren vermag, indem es abwechselnd beiden Lagern Zugeständnisse abzwingt und so zum Schiedsrichter wird, nachdem es vorher nur Gegenstand der Politik war. Dies ist ein wesentlicher Grundsatz im Hinblick auf die Sicherheit der vier Mächte einschließlich der Sowjetunion.«[69]

Bidault lehnte damit die sowjetischen Neutralisierungswünsche ab, erkannte im Grunde freilich an, daß Deutschland einen Status haben müsse, der, wenn nicht gar Kontrolle, so aber die Unmöglichkeit deutscher Extratouren zwischen Ost und West durch Bindung und Integration gewährleistete.[70] Der deutsche Diplomat Albrecht Conze bemerkte kürzlich lapidar: »Unsere Nachbarn wollen Berechenbarkeit und Kontinuität. In ihren Augen haben wir trotz aller wirtschaftlichen Schwierigkeiten schon jetzt mehr Gewicht als vor 1989. Nun erwartet man von uns maßvollen und überlegten Umgang mit unserer Macht und vernünftige Vertretung unserer Interessen – nicht mehr und nicht weniger.«[71]

ANHANG

# Faktoren bzw. Determinanten politischer Entscheidung

*Konstante und variable Faktoren*
- Politik
- Geographie
- Ökonomie
- Geschichte
- Psychologie
- Religion
- Ethnopolitik

Das *Nationale Interesse* setzt sich aus den einzelnen Faktoren zusammen.

*Forschungsfelder*
- Lage in der konkreten Raum-Mächte-Konstellation (geographische, geopolitische und geostrategische Lage);
- die geopolitische Lage als Determinante politischer Entscheidung;
- Bewertung internationaler Konflikte;
- »Einfaktortheorie« (»Geographie des Schicksals«) und Determinismuskritik.

*Dabei ist zu beachten:* Die Beschränkung von Analysen und Bewertungen auf *einen* »Faktor« oder auf *eine* »Untersuchungsmethode« allein erweist sich in allen Geisteswissenschaften als unfruchtbar. Jeder politische Entscheidungsprozeß und jeder Konflikt wird von mehreren Faktoren bestimmt. Deshalb kann es bei Analysen und Bewertungen von Entscheidungen und Konflikten nur darum gehen, die Dominanz bzw. die Rangfolge der Faktoren zu bestimmen.

*Grundlagenliteratur*
- Bestimmungsfaktoren der Außenpolitik in der zweiten Hälfte des 20. Jahrhunderts, hrsg. vom Fachbereich Politische Wissenschaft der FU Berlin, Berlin 1974.
- Johann Baptist Müller: Determinanten politischer Entscheidung, Berlin 1985.
- Gerhard Kiersch: Außenpolitischer Entscheidungsprozeß, in: Handwörterbuch Internationale Politik, Bonn 1988.

# Geopolitische Grundbegriffe
## – Versuch einer Systematisierung –

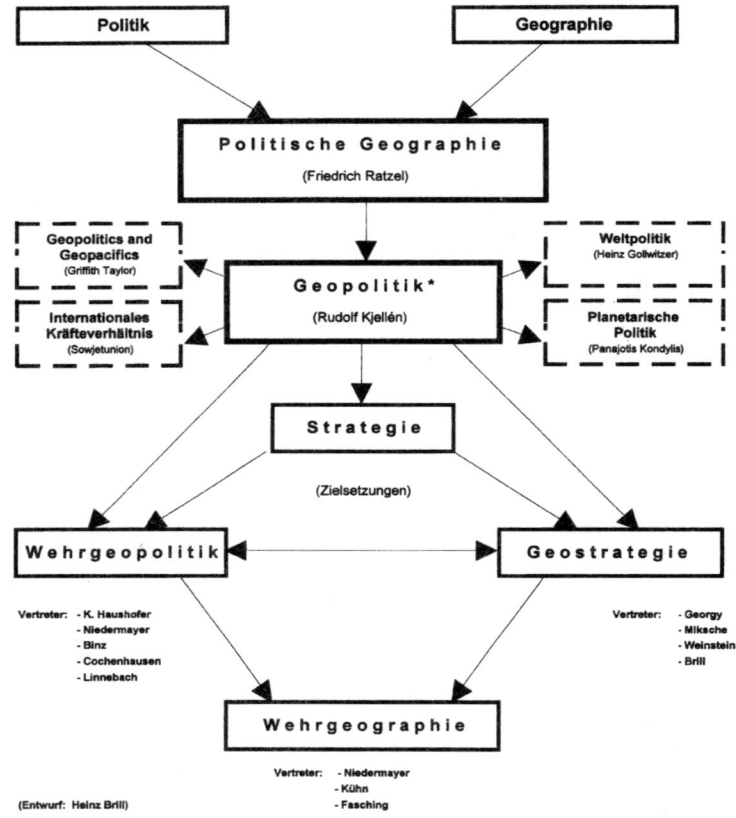

Der Begriff »Politische Geographie« wird primär von Geographen verwandt.
Merkmale: – Systematik
            – statisch
            – beschreibend
Die Begriffe »Geopolitik/Geostrategie« werden primär von Politikern, Journalisten, sicherheitspolitischen Experten und Politologen verwandt.
Merkmale: – geopolitische bzw. geostrategische Lage ist
            abhängig von der Raum-Mächte-Konstellation
            – dynamisch
            – zielt auf Veränderung

# Geopolitik: Definitionen

*GEOPOLITIK (RUDOLF KJELLÉN)*
»Das Wort [Geopolitik] wurde zuerst in einer öffentlichen Vorlesung im April 1899 geprägt, die später in der Serie ›Inledning till Sveriges geografi‹ (1900) erschien; dabei bedeutete es ursprünglich dasselbe wie Ratzels ›Politische Geographie‹ und teilweise auch wie seine Anthropogeographie.«

(Rudolf Kjellén: Geopolitische Betrachtungen über Skandinavien, 1905, in: Politische Geographie, hrsg. von Josef Matznetter, Darmstadt 1977, S. 78ff.)

*GEOPOLITIK (KARL HAUSHOFER)*
»Die Geopolitik ist die Lehre von der Erdgebundenheit der politischen Vorgänge.«

Bausteine zur Geopolitik, hrsg. von Karl Haushofer, Erich Obst, Hermann Lautensach, Otto Maull, Berlin-Grunewald 1928, S. 27.

»*GEOPOLITIK,* Grenzwissenschaft zwischen Geographie, Staatenkunde, Geschichte und Gesellschaftswissenschaft, begründet und zu einer Staatswissenschaft erhoben von R. Kjellén, in Deutschland u.a. von K. Haushofer vertreten, sucht die Beziehungen zwischen politischen Gegebenheiten und Raum zu erforschen. Nach dem Ersten Weltkrieg wurden in Deutschland geopolitische Theorien (z.B. Lebensraum) von Gruppen der extremen politischen Rechten agitatorisch vertreten (besonders von den Nationalsozialisten). Seit 1945 sind geopolitische Auffassungen stärker Ausdruck einer praktischen, politischen Geographie.«

Brockhaus Enzyklopädie, 19. Auflage, Band 8, Mannheim 1989, S. 326.

181

## GEOPOLITIK ALS ÄUSSERER BESTIMMUNGSFAKTOR EINES STAATES

»*Äußere Bestimmungsfaktoren:* Diese beziehen sich zunächst auf die geographische Lage eines Staates und die hieraus entstehenden Bedingungen seiner äußeren Politik (›Geopolitik‹). Hierzu zählen z.b. Zahl und Größe der Nachbarstaaten, die Art der vorhandenen internationalen Verkehrsverbindungen (wie z. B. das Vorhandensein eines Zuganges zum Meer), die unter militärisch-strategischen Gesichtspunkten zu beurteilende Beschaffenheit des Territoriums eines Landes und seiner Nachbarstaaten u. ä. m. Darüber hinaus umfassen sie aber die gesamte Reichweite und Struktur der äußeren Beziehungen eines Landes, ihre jeweiligen Veränderungen und die sich hieraus ergebenden Rückwirkungen auf die Außenpolitik. Diese werden unter anderem bestimmt durch die jeweiligen Interessen aller an den Außenbeziehungen auf die eine oder andere Art beteiligten Partner. Auch diese können wieder wirtschaftlicher, machtpolitischer, ideologischer usw. Art sein. Vielfältige Konstellationen und Wechselbeziehungen sind hierbei denkbar, die eine Analyse solcher Faktoren häufig zu einer sehr komplexen Aufgabe machen.«

Dirk Berg-Schlosser, Herbert Maier und Theo Stammen: Einführung in die Politikwissenschaft, 2. Auflage, München 1974, S. 266.

## HANS ADOLF JACOBSEN ZUR DEFINITIONSPROBLEMATIK DES BEGRIFFES GEOPOLITIK:

»Schlägt man heute in verschiedenen Lexika unter dem Stichwort ›Geopolitik‹ nach, so finden sich, wie schon in der Vergangenheit, die unterschiedlichsten Definitionen. Im ›Großen Brockhaus‹ (1978) heißt es lapidar: ›Grenzwissenschaft zwischen Geographie, Staatenkunde, Geschichte und Gesellschaftswissenschaft ... sucht die Beziehung zwischen den politischen Gegebenheiten und dem Raum zu erforschen.‹ Im ›Lexikon zur Geschichte und Politik im 20. Jahrhundert‹ wird ›Geopolitik‹ (übersetzt als Erdraumpolitik) als die ›Lehre von der Wirkung des geographischen Raumes auf den Staat und das politische Leben‹ bezeichnet. R. Beck definiert in seinem ›Sachwörterbuch der Politik‹ (1977) ›Geopolitik‹ als ›Lehre von den bestimmenden Einflüssen geographischer Gegebenheiten auf die Politik‹, die

die ›angeblichen gesetzmäßigen Zusammenhänge zwischen geographischem Raum (Lage, Grenze, Größe, Bodenbeschaffenheit und -schätze, Oberfläche, Klima usw.) und politischen Vorgängen und Erscheinungen ... aufzuzeigen‹ sucht. In marxistischer Sicht ist ›Geopolitik‹ eine auf den geographischen Determinismus gestützte unwissenschaftliche soziologische Theorie, die in der Unterschätzung oder bewußten Übertreibung der Bedeutung geographischer Faktoren für das gesellschaftliche Leben behauptet, daß die Politik der Staaten durch die Größe, Lage und Art des Territoriums, die Bodenbeschaffenheit, den Umfang der Bodenschätze u.ä. bestimmt wird. – Diese Liste ließe sich beliebig fortsetzen.

Es kann hier nicht versucht werden, die weltweit geführte Diskussion von Geographen, Historikern, Politologen und Sozialwissenschaftlern über Sinn und Unsinn, Möglichkeiten und Grenzen der ›Geopolitik‹ zusammenzufassen. Zum Teil haben dies bereits u.a. Bakker und Matern geleistet. Hier soll lediglich verdeutlicht werden, welche Vorstellungen K. Haushofer mit dem Begriff ›Geopolitik‹ verbunden hat. Einer seiner wohl schärfsten Kritiker aus der Reihe der Geographen, P. Schöller, hat – ausgehend von der Definition Kjelléns: ›Geopolitik ist die Lehre über den Staat als geographischen Organismus oder Erscheinung im Raum‹ – der deutschen geopolitischen Schule, insbesondere ihrem geistigen Führer K. Haushofer, vorgeworfen, die ›Prinzipien des geographischen Determinismus in die Deutung des Weltbildes‹ überführt zu haben. Bei K. Haushofer sei aus der ›Raumbezogenheit‹ des politisch-staatlichen Lebens die ›Lehre von der geographischen Bedingtheit der Politik, von der Erdgebundenheit der politischen Vorgänge‹ geworden. Im übrigen sei es ihm jedoch weder gelungen, ›eine verbindliche Definition der Geopolitik zu erarbeiten‹, noch ›eine geschlossene Systematik mit eigener Schwerpunktbildung als Grenzfach zwischen Geographie, Staatswissenschaft, Geschichte und Soziologie‹ zu entwickeln. Zuletzt 1977 hat sich J. Matznetter in seiner Einführung zu dem Sammelband ›Politische Geographie‹ mit diesem Problem auseinandergesetzt und gemeint, man werde damit wohl zwischen dem ›früheren Haushofer‹, der von seiner Asienreise beeindruckt und vom Ausgang des Ersten Weltkrieges betroffen war, und dem ›späteren Haushofer‹ unterscheiden müssen,

der ›unter den Einfluß einer Ideologie‹ geraten sei. Diese Annahme
dürfte nur zum Teil zutreffend sein.«

Hans-Adolf Jacobsen: »Kampf um Lebensraum«. Karl Haushofers »Geopolitik« und der
Nationalsozialismus, in: Aus Politik und Zeitgeschichte, B 34-35/79, 25. August 1979, S. 19.

## KLAUS-ACHIM BOESLER ÜBER DIE NEUE BEDEUTUNG DES BEGRIFFS GEOPOLITIK

»Der Begriff Geopolitik erscheint heute nicht mehr als Bezeichnung
für eine wissenschaftliche Disziplin, sondern für einen Politikbereich,
der sich mittel- oder langfristig mit räumlich-strategischen Zielen
befaßt. Sehr häufig wird unter diesem Begriff die reale, auf den Raum
und seine Ressourcen gerichtete Politik von Staaten und Staatengrup-
pen verstanden, z.B. bei der Rohstoffsicherung oder bei den See-
rechtsansprüchen. Es zeichnet sich darüber hinaus aber auch ab, daß
traditionelle Vorstellungen wie die strategische Bedeutung von abso-
luter und relativer Lage, Distanz, Isoliertheit in der praktischen Politik
unter der Vorsilbe ›Geo‹ subsumiert werden (D.M. Smith, 1980; J.
Child, 1979). Neuerdings erscheint der Begriff Geopolitik auch im
Rahmen strategischer Diskussionen in den kommunistischen Ländern.
So versteht z.B. A. Abdel-Malek darunter die ›fundamentale soziale
Dialektik unserer Zeit, d.h. die Dialektik zwischen dem Imperialismus
und nationalen Befreiungsbewegungen oder den entsprechenden
Volksmassen (A. Abdel-Malek 1977). Insofern ist Geopolitik ein real
existierender Politikbereich, dessen Grundlagen und Raumwirksam-
keit von der Politischen Geographie zu untersuchen sind. Analysiert
man den Gebrauch des Begriffes Geopolitik in den Äußerungen der
Politiker und in der öffentlichen Diskussion, dann zeigt sich allerdings
bald, daß sich diese erneute Verwendung des Begriffes als nicht völlig
immun gegenüber traditionellen geopolitischen Ideologien erweist.
Auf die Unpäßlichkeit einer solchen Verwendung des Begriffs mit dem
Politikverständnis einer freiheitlich-parlamentarischen Demokratie,
verstärkt durch die Verantwortung Deutschlands seiner Geschichte
gegenüber, haben verschiedene Wissenschaftler erst jüngst hingewie-
sen (H.-U. Wehler, 1982; K. Harprecht, 1982; P. Schöller, 1982). Die

184

Wissenschaft hat sich aus guten Gründen vom Begriff Geopolitik getrennt, mit seiner Verwendung in der realen Machtpolitik müssen wir uns abfinden. Wir müssen seine Konsequenzen mit unserem wissenschaftlichen Instrumentarium und der moralischen Verantwortung aller Wissenschaft analysieren.«

Klaus Boesler: Die Raumbezüge politischen Handelns. Ansätze einer Neubelebung der Politischen Geographie in der Bundesrepublik Deutschland, in: 45. Deutscher Geographentag Berlin, 30. September bis 5. Oktober 1985. Tagungsbericht und wissenschaftliche Abhandlungen im Auftrag des Zentralverbandes der Deutschen Geographen, hrsg. von Wolf-Dieter Hütteroth und Hans Becker, Redaktion: Rüdiger Beyer, Stuttgart 1987, S. 88f.

## IMANUEL GEISS: SCHWIERIGKEITEN MIT EINEM DISKREDITIERTEN BEGRIFF. »GEOPOLITIK« IM VEREINTEN DEUTSCHLAND

»Der Zusammenbruch des Kommunismus hat die Grenzen postkommunistischer Nachfolgestaaten zur Disposition gestellt. Der Durchbruch lang unterdrückter Nationalismen erzwingt allenthalben neues Interesse an Geopolitik, da Macht im Raum sich neu gruppiert. Um so erstaunlicher, daß das vereinte Deutschland, in der Mitte des sich neuformierenden Europa, für das weite Feld der Geopolitik eine ›Terra Incognita‹ ist. Die Gründe lassen sich nachempfinden: Der Sache nach ist Geopolitik zwar so alt wie artikulierte Machtgeschichte seit 5000 Jahren. Aber der Begriff ist noch jung, geprägt vom schwedischen Geographen Rudolf Kjellén als Hilfe für deutsche Machtansprüche im Ersten Weltkrieg. Weil danach Karl Haushofer und die Nationalsozialisten Geopolitik zur Verfechtung extremer Machtansprüche mißbrauchten, hinterließ sie auf deutschem Boden, von dem zwei Weltkriege zur Eroberung von ›Lebensraum‹ ausgingen, nur noch verbrannte Erde.

Nach 1945 folgten der Verpönung des für Deutsche fragwürdig gewordenen Begriffs die Verdrängung und die Tabuisierung des Dings an sich – und damit eine Verknüpfung von Geographie mit Geschichte und Politik, wie sie in Frankreich selbstverständlich ist. Im ›Historikerstreit‹ sanktionierte die ›kulturelle Hegemonie‹ der Linken (Wehler, W.J. Mommsen) ihr Anathema gegen das ›geopolitische Tam-Tam‹ (Habermas) und ›Geopolitik als Denkverbot‹ (Wehler), ließ aber

185

kritische Rückfragen zur legitimen Verwendung von Geographie und Mitte für die Erklärung von Geschichte in Raum und Zeit unbeantwortet. Seit der Wende von 1989 regen sich, wie vorher schon zu erwarten, am rechtsextremen Rand auch im vereinten Deutschland altneue Machtansprüche. Aber in der respektablen Wissenschaft gibt es kaum nennenswerte systematische Beschäftigung mit der Substanz der ›Geopolitik‹, keine sachliche Diskussion über ihren Sinn oder Unsinn.

Deutschland ist über die ›Geopolitik‹ verstört. Gewiß sollte die Distanz zum belasteten Begriff bleiben. Aber es wäre reiner Wortfetischismus, wollten sich die Deutschen die Beschäftigung mit einem elementaren Tatbestand in Geschichte und Politik weiterhin selbst verbieten, der sich so brutal zurückmeldet. Allmählich wirkt der lähmende Bannfluch selbstzerstörerisch: Geschichte spielt sich nun einmal auf der Erde ab. Selbstverständlich ist Geographie als Rahmen für äußere Lebensbedingungen der Menschheit nur ein, wenn auch elementarer Faktor unter anderen, aber ohne sie ist Vergangenheit nicht zu verstehen, von der Vorgeschichte bis zur Politik der Gegenwart als künftiger Geschichte.

Am Eingang eines überfälligen Neuanfangs muß eine klare Unterscheidung stehen zwischen ›Geopolitik‹ als pseudo-wissenschaftlicher Verbrämung aggressiver Expansions- und Eroberungspolitik – meist für die eigene Nation – und Erklärung von Geschichte mit Hilfe der geographischen Dimension. Nur davon soll im folgenden die Rede sein. Macht und ihre Ausübung, in Expansion und Kontraktion bis zum Kollaps, ist gebunden an physische wie klimatische Vorgaben der Erde. Selbst Aufklärung und Industrielle Revolution konnten irdische Mechanismen nicht aufheben, wie Grenzen des Machbaren in der ökologischen Gefahr zeigen.

Bisher waren geographische Grundlagen zur Erklärung aller großen Etappen in der menschheitsgeschichtlichen Entwicklung für rationale Geschichtswissenschaft selbstverständlich. Und dabei sollte es bleiben. Die Anfänge der Menschheit und ihre Ausbreitung über den Erdball, die Entstehung der agrarischen Produktion vor ca. 10 000 Jahren, der Zivilisation und ersten Großreiche seit 3000 v. Chr., selbst die Industrialisierung mit ihren ambivalenten Folgen bleiben ohne Kenntnis geographischer Faktoren unverständlich. Schon die ›Beherrschung der Natur< durch den Menschen setzt die Kenntnis natürlicher Bedingungen voraus. Die Geschichte von Rückzugsvölkern, Konflikte seßhafter Bauern- und Stadtkulturen mit den großen Nomadenvölkern, das Auf und Ab von Großreichen, die Entwicklung von Landwirtschaft und Industrie, Fernhandel und Geldwesen, von Staaten und Staatensystemen in Konflikten und Kriegen – alles bleibt wirres Knäul chaotischer Fakten ohne die geographische Dimension. Ihre Mobilisierung zur Erhellung von Vergangenheit hat nichts mit ›Geopolitik‹ im NS-Sinn zu tun, sondern mit gesundem Menschenverstand. Heute verlangt die Globalisierung des Europäischen Weltsystems seit 1492/98 eine Globalisierung historischer Perspektiven auf unserer Erde.

Analoges gilt für das fortschrittliche neudeutsche Ressentiment gegen ›Mitte‹, als ob die Rede von ›Deutschland in der Mitte Europas‹ schon nationalistisch oder ›geopolitisch‹ sei: Alles menschliche Dasein, in Vergangenheit, Gegenwart und Zukunft, gruppiert sich um Mitten, gewiß in Spannung zu vielfältigen Peripherien und Grenzen. ›Zentrum‹ und ›Peripherie‹ sind unentbehrlich für politische Praxis wie historische Theorie. Für jede National-, Regional- oder Stadtgeschichte ist die Kenntnis der Nachbarn unabweisbar, in feindseligen wie freundlichen Wirkungen.

Bisher starrten wir vielleicht zu gebannt auf Ausgangspunkte und Zentren großer Entwicklungen seit den großen Zivilisationen und ihren unterschiedlich strukturierten imperialen Zentren, vor allem im Westen, in Indien und China. Dagegen steckt in Peripherie und Grenzen – ökologischen wie kulturellen und politischen – eine Brisanz, die uns heute dramatischer als je zuvor bewußt wird: Mit dem Quadrat der Entfernung nehmen zu Lande Ausstrahlungen der Zivilisation und Machtausübung ab. Daher steuern Grenze und Peripherie das Schicksal von Machtstrukturen, u. a. durch Grenzbefestigungen (Limes, Chinesische Mauer) und Niederlagen an der Peripherie, mit denen Expansion eines Machzentrums in Zerfall und Absturz als Machtvakuum umschlägt. Letztes Beispiel für diesen Mechanismus ist der Afghanistankrieg, der den Kollaps des Imperiums Sovieticum sichtbar und voraussehbar machte.

Der Fall der Berliner Mauer schleuderte das vereinte Deutschland in seine neue ›*not so splendid*‹ Mittelage eines halsbrecherischen Balanceakts zwischen Labilität und neuer Hybris: Einerseits ist es latent wieder einmal zu mächtig für das Gleichgewicht der Kräfte in Europa. Andererseits ballen sich in ihm Spannungen unserer mittlerweile Einen Welt zusammen, gerade in Berlin, von denen wir erst einen leichten Vorgeschmack erhalten. ›Geopolitik‹ hin, ›Geopolitik‹ her – die Deutschen können ihre Gratwanderung, auch im Interesse Europas und der Welt, nur konstruktiv bewältigen, wenn sie sich eine nationale Identität aufbauen – in friedlicher und demokratischer Absicht. Ihre Nachbarn müßten ihre schwierige Lage würdigen und sie von außen wohlwollend stützen. Dazu brauchen wir u. a. ein gelassenes Verhältnis zur ›Geopolitik‹ als Sache, selbst wenn wir in Deutschland das anstößige Wort aus honorigen Gründen besser weiterhin vermeiden, um überflüssigen Mißverständnissen oder böswilligen Verdrehungen keinen Vorschub zu leisten.«

In: Das Parlament, Nr. 9, 4. März 1994.

# Geopolitische bzw. geostrategische Lage in der konkreten Raum-Mächte-Konstellation

Darunter versteht man die zu einem bestimmten Zeitpunkt feststellbare Fixierung der Mächte (= Staaten) auf bestimmte Erdräume sowie die sich hieraus ergebende Lage der Mächte – unter Einbeziehung der Meeresräume – zueinander. Die globale Raum-Mächte-Konstellation ist durch Expansion oder Neuentstehung der einen und Schrumpfung, Vernichtung oder Zerfall der anderen Staaten einer ständigen Veränderung unterworfen. Dabei verändert sich die militärgeographische Lage (geostrategische Lage) der Staaten (z.B. durch Bündnisse, Wechsel der Freund-Feind-Staaten) schneller als die Raum-Mächte-Konstellation.[1]

Nur die Lage im Gradnetz und die Lage zu natürlichen Faktoren sind konstante Größen. Die Lage innerhalb der bewohnten Welt und zwischen politischen Nachbarn kann wechseln. Gerade die neue geopolitische Lage Deutschlands Anfang der neunziger Jahre ist ein Beispiel dafür.[2]

---

1 Vgl. Helmut Heinzlmeir und Günther Michler: Welt- und Großmächte, Braunschweig 1979, (= Westermann-Colleg, Raum + Gesellschaft, Heft 6), S. 26.
2 Vgl. Martin Schwind: Die räumlichen Kategorien des Staates, in: Allgemeine Staatengeographie, Berlin/New York 1972, S. 9–169.

# Geostrategische Lage NATO – Warschauer Pakt (1975/1976)

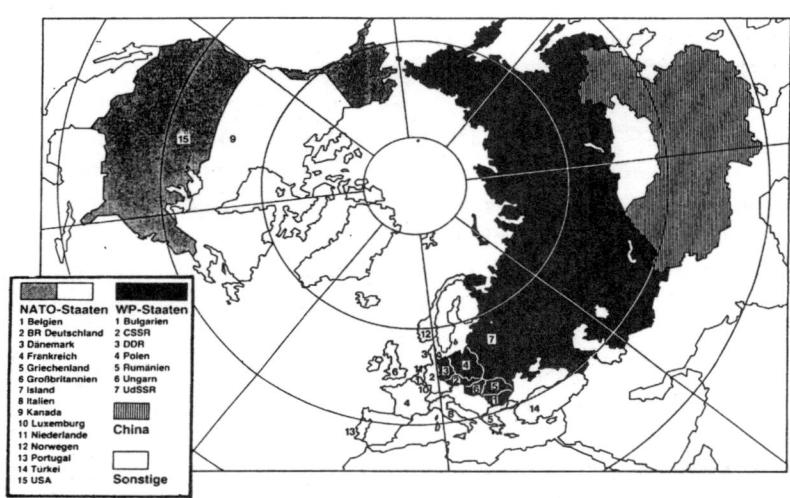

## NATO
**Vorteile:** günstige strategische Verhältnisse
**Nachteile:** vielfach gegliederter Raum mit geringer Tiefe, lange See- und Luftverbindung zwischen USA und europäischen NATO-Staaten

## WARSCHAUER PAKT
**Vorteile:** räumliche Geschlossenheit und große Raumtiefe, kurze Landverbindung zwischen UdSSR und übrigen WP-Staaten
**Nachteile:** eingeschränkter Zugang zu den Weltmeeren

Quelle: Verteidigungsweißbuch 1975/76, hrsg. vom Presse- und Informationsamt der Bundesregierung

190

# Deutschlands geostrategische Lage in Europa (1990)

VKSE Regionalkonzept

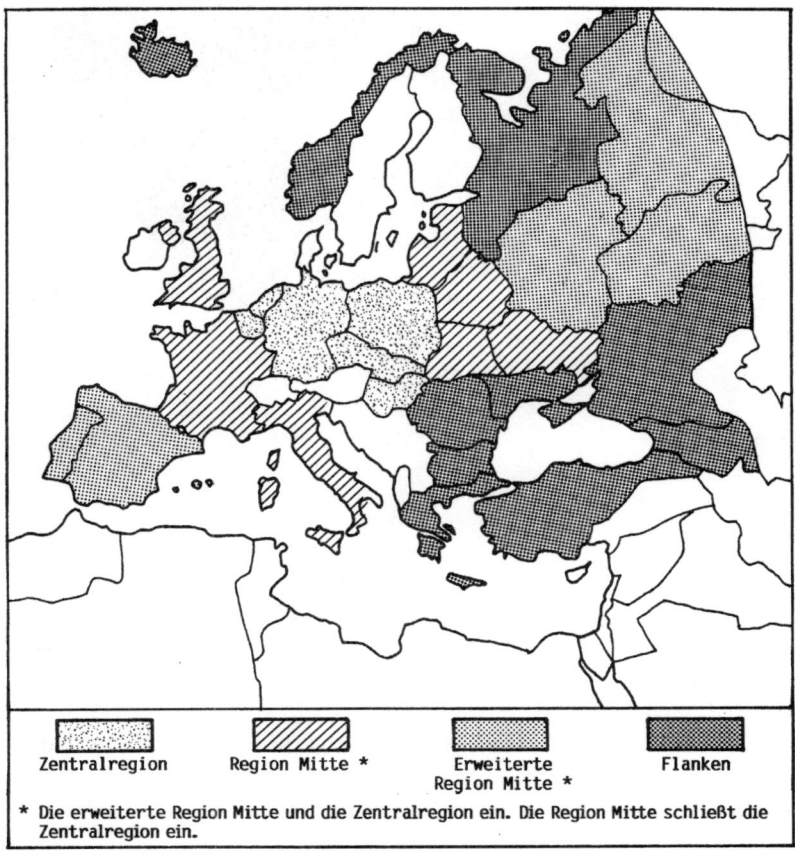

Zentralregion — Region Mitte * — Erweiterte Region Mitte * — Flanken

* Die erweiterte Region Mitte und die Zentralregion ein. Die Region Mitte schließt die Zentralregion ein.

Nach dem Vertrag über konventionelle Streitkräfte in Europa (19. 11. 1990)
Herausgeber: Presse- und Informationsamt der Bundesregierung. Bonn (1990).

# Anmerkungen

## TEIL I
## STAND DER GEOPOLITISCHEN FORSCHUNG
## IN DER BUNDESREPUBLIK DEUTSCHLAND

1 Vgl. Heinz Brill: Wehrgeopolitik = Geostrategie? Ein Beitrag über die Ursprünge eines aktuellen Begriffes, in: *Wehrwissenschaftliche Rundschau*, 1/1982, S. 22–26.

2 Vgl. Friedrich Korkisch: Geopolitik – Geostrategie – Geoökonomie. Grundlagen und Bedeutung in der Vergangenheit, Gegenwart und Zukunft. In: *Österreichische Militärische Zeitschrift*, 1/1987, S. 18–27.

3 Franz Freistetter: Konfrontation – Konflikte – Kriege, in: *Österreichische Militärische Zeitschrift*, 2/1977; Colin S. Gray: Geopolitik. Ihre Entwicklung und Bedeutung in Gegenwart und Zukunft, in: *Österreichische Militärische Zeitschrift*, 1/1979, S. 5–11.

4 Wilfried Aichinger: Die globale Bündnispolitik der USA. Teil 1: Südostasien und Pazifik, in: *Österreichische Militärische Zeitschrift*, 3/1986. Teil 2: Westliche Hemisphäre, Afrika und Mittlerer Osten, in: *Österreichische Militärische Zeitschrift*, 4/1986. Teil 3: Europa, in: *Österreichische Militärische Zeitschrift*, 5/1986; Hans-Christian Pilster: Die Iberische Halbinsel, ihre strategische Lage und Bedeutung für die NATO, in: *Österreichische Militärische Zeitschrift*, 3/1988; Aloysius G. Guarghias: Die geopolitisch-strategische Lage und die Militärregionen Chinas, in: *Österreichische Militärische Zeitschrift*, 5/1982; Rudolf Hecht, Die amerikanische und sowjetrussische Strategie – Ein Vergleich der Grundsätze und Entwicklungen, in: *Österreichische Militärische Zeitschrift*, 6/1978; des weiteren: USA – Strategie und Seemacht, (Verfasser ungenannt), in: *Österreichische Militärische Zeitschrift* 5/1984, S. 473–475.

5 Vgl. Karl Haushofer: Wehr-Geopolitik, 3. Aufl., Berlin 1941 (1. Aufl. 1932); ders.: Wehrgeopolitik, in: Durch Wahrhaftigkeit zum Frieden, Hamburg 1934; Oskar Ritter von Niedermayer: Wehrgeographie und Wehrgeopolitik, in: Die Wehrwissenschaften der Gegenwart, hrsg. von Friedrich von Cochenhausen, Berlin 1934, S. 8–96; N. Golowin: Die Weltmacht Großbritannien. Wehrgeopolitische Betrachtungen zur Gegenwart. Reihe: »Großmächte der Gegenwart«. Übersetzt von R. Freiherr von Campenhausen (Riga), mit einem Vorwort von General von Cochenhausen, Berlin 1936; ferner die Reihe »Schriften zur Wehrgeopolitik« (Heidelberg, Berlin, Magdeburg: Vowinckel). In dieser Reihe sind die folgenden drei Bände erschienen:

Karl Haushofer: Grenzen in ihrer geographischen und geopolitischen Bedeutung (1939); Walter Heissig: Das gelbe Vorfeld. Die Mobilisierung der chinesischen Außenländer (1941); Gustav Fochler-Hauke: Die Mandschurei. Eine geographisch-geopolitische Landeskunde (1941).

6 Vgl. Oskar Ritter von Niedermayer: Wehrgeographie und Wehrgeopolitik, in: Die Wehrwissenschaften der Gegenwart, hrsg. von Friedrich von Cochenhausen, Berlin 1934, S. 88–96; ders.: Wehrgeographie. Handbuch der neuzeitlichen Wehrwissenschaften, Bd. I, Wehrpolitik und Kriegführung, hrsg. von Hermann Franke, Berlin und Leipzig 1936, S. 112–117; ders., Wehrgeographie, in: *Wissen und Wehr* 15/1934, S. 305–318; ders.: Wehrgeographie, Berlin 1942.

7 Vgl. statt vieler Pierre Célérier: Géopolitique et Géostratégie, Paris 1955.

8 Eine Auswahl sei hier genannt: Friedrich Ratzel: Politische Geographie. Neudruck der 3. Aufl. von 1923. Durchgesehen und ergänzt von Eugen Oberhummer, Osnabrück 1974; Otto Maull: Politische Geographie, Berlin 1956; J.R.V. Prescott: Einführung in die Politische Geographie, München o.J. (1975); Josef Matznetter (Hrsg.): Politische Geographie, Darmstadt 1977; Ulrich Ante: Politische Geographie, Braunschweig 1981.

9 Vgl. Hans-Ulrich Wehler: Renaissance der Geopolitik? In: Preußen ist wieder chic. Frankfurt a. M. 1973, S. 60–66. Heinz Magenheimer: Renaissance der Geopolitik. Deutschland und Mitteleuropa 1890–1990, in: *Österreichische Militärische Zeitschrift,* 2/1991, S. 131–139. Alfred Zänker: Die Welt als Ganzes. Renaissance der Geopolitik. Teil I: Denkverbote, Realitäten, Nachholbedarf, in: MUT, Nr. 283, März 1991, S. 40–49. Teil II: Amerika als Weltpolizist – oder das Chaos, in: MUT, Nr. 284, April 1991, S. 34–46. Klaus-Achim Boesler: Die Raumbezüge politischen Handelns – Ansätze einer Neubelebung der Politischen Geographie in der Bundesrepublik Deutschland, in: 45. Deutscher Geographentag Berlin, 30. September bis 5. Oktober 1985. Tagungsbericht und wissenschaftliche Abhandlungen. Herausgegeben von Wolf-Dieter Hütteroth und Hans Becker. Redaktion: Rüdiger Beyer, Stuttgart 1987, S. 83–94.

10 Es handelt sich hierbei um das Lehrbuch von Martin Schwind: »Allgemeine Staatengeographie«, Berlin–New York 1972; um Josef Matznetters Aufsatzsammlung »Politische Geographie«, Darmstadt 1977; Klaus-Achim Boeslers Werk »Politische Geographie«. Stuttgart 1983; um den Neuansatz von Jürgen Ossenbrügge: »Politische Geographie als räumliche Konfliktforschung. Konzepte zur Analyse der politischen und sozialen Organisation des Raumes auf der Grundlage anglo-amerikanischer Forschungsansätze«, Hamburg 1983; und um die Studien von Ulrich Ante: »Politische Geographie«, Braunschweig 1981, und »Zur Grundlegung des Gegenstandsbereiches der Politischen Geographie. Über das ›Politische‹ in der Geographie«, Stuttgart 1985.

11 Zu den zahlreichen neueren Definitionsversuchen vgl. insbesondere Hans-Joachim Jacobsen: »Kampf um Lebensraum«. Karl Hausdorfers »Geopolitik« und der Nationalsozialismus, in: APZG B 35/79 vom 25. August 1979, S. 17–29; Klaus-Achim Boesler: Die Raumbezüge politischen Handelns. Ansätze einer Neubelebung der Politischen Geographie in der Bundesrepublik Deutschland, in: 45. Deutscher Geographentag Berlin, 30. September bis 5. Oktober 1985. Tagungsbericht und wissenschaftliche Abhandlungen im Auftrag des Zentralverbandes der Deutschen Geographen, hrsg. von Wolf-Dieter Hütteroth und Hans Becker. Redaktion: Rüdiger Beyer, Stuttgart 1987, S. 88f.

12 Vgl. Abb. 1: »Geopolitik«, Synonyme und Ersatzbegriffe.

13 Einen guten Abriß der historischen Entwicklung des Begriffes »Geopolitik« bietet die Studie »Globale Trends. Daten zur Weltentwicklung 1991«, S. 40f., auf die sich der Verfasser hier im wesentlichen bezieht.

14 Vgl. P. Hauck: Immanuel Kant als Geograph. Zum 175. Todestag I. Kants, in: PGM, 124 (4), 1980, S. 263–274.

15 Vgl. Otto Maull: Politische Geographie, Berlin 1925, S. 1 ff.

16 Vgl. z.B. Mohl, in: Enzyklopädie der Staatswissenschaften (1859), S. 124 ff.

17 Friedrich Ratzel: Politische Geographie. Neudruck der 3. Auflage von 1923, durchgesehen und ergänzt von Eugen Oberhummer, Osnabrück 1974. In Ergänzung hierzu Hans Rudolf Brunner: Friedrich Ratzels Politische Geographie und der Staat, Diss. Zürich 1977.

18 Vgl. Rudolf Kjellén: Die politischen Probleme des Weltkrieges, 3. Auflage, Leipzig und Berlin 1916; ders.: Die Großmächte der Gegenwart, 8. Auflage, Leipzig und Berlin 1915; ders.: Der Staat als Lebensform, Leipzig 1917.

19 Siehe hierzu die berühmte »Staatslehre« von Hermann Heller, Leiden (Niederlande) 1963. Dort vor allem das Kapitel »Die geographischen Bedingungen des staatlichen Handelns«, S. 142–147.

20 Vgl. Josef Matznetter: Politische Geographie, Darmstadt 1977, S. 6.

21 Vgl. Alfred Thayer Mahan: The Influence of Sea Power upon the French Revolution and Empire, 2 Bde., London 1892.

22 Vgl. Sir Halford J. Mackinder: The Geographical Pivot of History, in: *The Geographical Journal*, Bd. 23, Nr. 4, April 1904, S. 421–442.

23 Vgl. Friedrich Ratzel: Die Gesetze des räumlichen Wachstums der Staaten, in: *Petermanns Mitteilungen*, Bd. 42/1896, S. 97–107.

24 Vgl. hierzu insbesondere Hans-Adolf Jacobson: Karl Haushofer – Leben und Werk. Bd. I: Lebensweg 1869–1946 und ausgewählte Texte zur Geopolitik. Bd. II: Ausgewählter Schriftwechsel 1917–1946, Boppard am Rhein 1979.

25 Vgl. Peter Schöller: Weg und Irrwege der Politischen Geographie und Geopolitik, in: *Erdkunde*, 11/1957, S. 1–20

26 Vgl. Albrecht Haushofer: Allgemeine Politische Geographie und Geopolitik, Heidelberg 1951.

27 Vgl. Ursula Laack-Michel: Albrecht Haushofer und der Nationalsozialismus. Ein Beitrag zur Zeitgeschichte, Stuttgart 1974. Siehe hierzu die Rezension von Heinz Brill in: *Wehrkunde*, 2/1976, S. 110

28 Thomas Greenwood: Albrecht Haushofers letztes Werk. Erneuerung der deutschen Geopolitik, in: *Zeitschrift für Geopolitik*, 4/1952, S. 241–245.

29 Vgl. Ulrich Noack: Geist und Raum in der Geschichte. Einordnung der deutschen Geschichte in den Aufbau der Weltgeschichte, Göttingen 1961.

30 Vgl. Adolf Grabowsky: Raum, Staat und Geschichte, Köln–Berlin 1960.

31 Siehe hierzu die kritischen Anmerkungen von Ursula Lasch-Michel: Albrecht Haushofer und der Nationalsozialismus, Stuttgart 1974.

32 Vgl. Heinz Brill: Politische Geographie in Deutschland. Ein Literaturbericht. In: *Zeitschrift für Politik*, 1/1992, S. 86–109; ders.: Geopolitik und Geostrategie. Aufgaben sicherheitspolitischer Forschung – Plädoyer für eine Wiederbelebung, in: ÖMZ, 5/1993, S. 393–398.

33 Vgl. G.P. Sloan: Geopolitics in United States Strategic Policy, 1890–1987, Brighton 1988.

34 Vgl. Geoffrey Parker: Western Geopolitical Thought in the Twentieth Century, London und Sydney 1985.

35 Vgl. Pierre Célérier: Géopolitique et Géostratégie, Paris 1969.

36 Vgl. Wolfgang Geierhos: Das Kräfteverhältnis. Die neue Globalstrategie der Sowjetunion, Lüneburg 1980.

37 Vgl. Oskar Weggel: China und die Drei Welten. Herausgegeben von der Bayerischen Landeszentrale für politische Bildungsarbeit, München 1979.

38 Vgl. John Child: Geopolitical Thinking in Latin America. In: *Latin American Research Review,* Vol. 19, Nr. 2, 1979, S. 89–112. Justo P. Briano: Geopolítica y Geoestrategía Americana, Buenos Aires 1966.

39 Vgl. International Political Science Association (Hrsg.): Time, Space and Politics. Xth World Congress of Political Science. Edinburgh 1976. Ferner Kurt P. Tudyka: Zeit, Raum und Politik. Der X. Weltkongreß der Politologen, in: *Frankfurter Rundschau,* Nr. 189, 26. August 1976, S. 10.

40 Vgl. hierzu die Kritik von Josef Matznetter: Politische Geographie, Darmstadt 1977, S. 23ff., und Ulrich Ante: Zur Grundlegung des Gegenstandsbereiches der Politischen Geographie. Über das »Politische« in der Geographie, Stuttgart 1985, S. 13ff.

41 Hans-Ulrich Wehler: Entsorgung der deutschen Vergangenheit? Ein polemischer Essay zum Historikerstreit. München 1988. Anmerkung 92, S. 243.

42 Vgl. Karl-Georg Faber: Die Vorgeschichte der Geopolitik. Staat, Nation und Lebensraum im Denken deutscher Geographen vor 1914. In: Weltpolitik – Europagedanke – Regionalismus. Festschrift für Heinz Gollwitzer zum 65. Geburtstag. Hrsg. von Heinz Dollinger u.a. Münster 1982, S. 403.

43 Vgl. Peter Schöller: Geopolitische Versuchungen bei der Interpretation der Beziehungen zwischen Raum und Geschichte. Eine kritische Bilanz der Konzeptionen und Theorien seit Friedrich Ratzel. In: Geographie in der Geschichte. Hrsg. von Dietrich Denecke und Klaus Fehn. Stuttgart 1989, S. 73/74.

44 In: Aufgaben Deutscher Forschung. Im Auftrage des Ministerpräsidenten Fritz Steinhoff. Zusammengestellt und herausgegeben von Staatssekretär Professor Leo Brandt, 2. Auflage, Bd. I, Geisteswissenschaften. Köln und Opladen 1956, S. 392/393.

45 Vgl. Otto Heinrich von der Gablentz: Politische Forschung in Deutschland. In: Politische Forschung. Herausgegeben von Otto Stammer. Köln und Opladen 1960, S. 171.

46 Hervorgehoben vom Verfasser.

47 Vgl. Otto Heinrich von der Gablentz, a.a.O.

48 Vgl. hierzu die politikwissenschaftlichen Lehrbücher von Otto Heinrich von der Gablentz: Einführung in die Politische Wissenschaft. Köln und Opladen 1965, S. 99–113. Ernst-August Roloff: Was ist und wie studiert man Politikwissenschaft. Mainz 1969. Gerhard Lehmbruch: Einführung in die Politikwissenschaft. Stuttgart (usw. ) 1967, S. 195 f. Ithiel de Sola Pool: Der Staat: Seine Elemente und Probleme (Probleme der Geopolitik). In: Grundlegung der Politischen Wissenschaft. Herausgegeben von Ossip K. Flechtheim. Meisenheim am Glan 1958. Arthouros-David Calamaros: »Zum Beispiel Geopolitik oder vom Einfluß wissenschaftlicher Beratung.« In: Internationale Beziehungen. Theorien – Kritik – Perspektiven. Stuttgart, Berlin, Köln, Mainz 1974, S. 19–22. Wolfgang Abendroth und Kurt Lenk (Hrsg.): Einführung in die Politische Wissenschaft. Bern und München 1968, S. 161–164. Max Schulz: Grundwissen von der Politik, 2. Auflage, Essen 1977, S. 49–51. Heinz L. Krekeler: Die Außenpolitik. Eine Einführung in die Grundlagen der internationalen Beziehungen. München–Wien 1967, S. 151–162.

49 Vgl. Arnold Bergstraesser: Weltpolitik als Wissenschaft. Geschichtliches Bewußtsein und politische Entscheidung. Köln–Opladen 1965.
50 Hans-Peter Schwarz: Die gezähmten Deutschen. Von der Machtbesessenheit zur Machtvergessenheit. Stuttgart 1985, S. 137.
51 Hans-Adolf Jacobsen: Karl Haushofer. Leben und Werk. Band I: Lebensweg 1869–1946 und ausgewählte Texte zur Geopolitik. Bd. II: Ausgewählter Schriftwechsel 1917–1946. Boppard am Rhein 1979. Ferner Hans-Adolf Jacobsen: Kampf um Lebensraum. Karl Haushofers Geopolitik und der Nationalsozialismus. In: *Aus Politik und Zeitgeschichte.* Beilage zur Wochenzeitung *Das Parlament,* Heft 34/35, Bonn 1979, S. 17–29.
52 Vgl. Heinz Gollwitzer: Geschichte des weltpolitischen Denkens, Bd. I: Vom Zeitalter der Entdeckungen bis zum Beginn des Imperialismus, Göttingen 1972, S. 29.
53 Band II umfaßt das »Zeitalter des Imperialismus und der Weltkriege« und erschien ebenfalls in Göttingen 1982.
54 Vgl. Die Würdigung von Gollwitzers Werk von Heinz Brill in: *Das Parlament,* Nr. 46, 19. Novemher 1983, S. 10.
55 Das Problem der »Dialogfähigkeit zwischen den einzelnen Disziplinen« war im Juli 1990 Gegenstand der »Bonner Akademie-Tagung«. Die Ursache für den Verlust der »Interdisziplinarität« wurde vor allem mit der weiteren »Spezialisierung« und der damit verbundenen Zunahme der Einzelfächer begründet. Vgl. »Wie interdisziplinär muß Wissenschaft sein? In: *Die Welt,* Nr. 149, 29. Juni 1990, S. 23.
56 Geographie in der Geschichte. Herausgegeben von Dietrich Denecke und Klaus Fehn. Erdkundliches Wissen. Schriftenreihe für Forschung und Praxis. Herausgegeben von Emil Meynen in Verbindung mit Gerd Kohlhepp und Adolf Leidlmair, Heft 96, Stuttgart 1989.
57 Ulrich March: In Trier tagt der 36. Deutsche Historikertag über »Probleme des Raumes«. In: *Die Welt,* Nr. 237, 11. Oktober 1986, S. 15. Ferner »36. Deutscher Historikertag in Trier«. Thema: »Räume der Geschichte – Geschichte des Raumes«. In: *Das Parlament.* Nr. 43, 25. Oktober 1986, S. 16.
58 Vgl. Heiner Dürr: Geographie und Friedensforschung und das Beispiel Dritte Welt, in: Das Erbe des Sokrates. Wissenschaftler im Dialog über die Befriedung der Welt, hrsg. von Rudolf Steinmetz, München 1986, S. 84.
59 Vgl. ebd., S. 86 f.
60 Vgl. ebd., S. 88.
61 Vgl. Otto Heinrich von der Gablentz: Einführung in die Politische Wissenschaft, Köln und Opladen 1965, S. 12.
62 Vgl. Wilhelm Sacher: Die Eigenständigkeit der Politikwissenschaft als Staatsführungslehre (Politikologie). Eine staatswissenschaftliche Untersuchung, Linz 1965.
63 Vgl. Geleitwort der Herausgeber zu Ulrich Ante: Zur Grundlegung des Gegenstandsbereiches der Politischen Geographie. Über das »Politische« in der Geographie, Stuttgart 1985, S. 9.
64 Vgl. ebd., S.13 f.
65 Vgl. Dieter S. Lutz (Hrsg.): Lexikon Rüstung – Frieden – Sicherheit, München 1987; Buchbender / Bühl / Kujat: Wörterbuch zur Sicherheitspolitik, 3. Auflage, Herford und Bonn 1992.
66 Vgl. Klaus Ritter: 25 Jahre Stiftung Wissenschaft und Politik: Zum Stand einer Entwicklungsaufgabe. Reden zum 25jährigen Bestehen der Stiftung Wissenschaft und Politik am 2. Oktober 1987, Ebenhausen 1987, S. 17.

67 Vgl. ebd., S. 16.

68 Bonner Vertrag und Zusatzvereinbarungen (Urfassung). Erläutert von Hans Kutscher mit einer Einführung von Wilhelm Grewe, München und Berlin 1952. Becksche Textausgabe der Pariser und Bonner Verträge (1955). Dieter Blumenwitz: Die Grundlagen eines Friedensvertrages mit Deutschland, Berlin 1966. Helmut Rumpf: Land ohne Souveränität. Kritische Betrachtungen zur Deutschlandpolitik von Adenauer bis Brandt. 2. erweiterte Auflage, Karlsruhe 1973. Otto Kimminich: Die Souveränität der Bundesrepublik Deutschland, Hamburg 1970. Wilhelm Kewenig: Grenzen der Souveränität, in: Außenpolitische Perspektiven des westdeutschen Staates, Bd. 1. Das Ende des Provisoriums. (Schriften des Forschungsinstitutes der Deutschen Gesellschaft für Auswärtige Politik e.V., Bd. 30/1 München–Wien 1971, S. 137–157).

69 Verwiesen sei auf die Kritik von Wilfried von Bredow in: Die unbewältigte Bundeswehr. Zur Perfektionierung eines Anachronismus. Frankfurt a.M. 1973. Hierzu: Bibliographie mit Anmerkungen IV. Zur Strategie und militärischen Bedeutung der Bundeswehr, S. 229 bis 231.

70 Bogislaw von Bonin: Die militärische Bedeutung atomarer Waffen, in: Weltmacht Atom. Frankfurt a.M. 1955, S. 61–86. Alfons Bühl: Atomwaffen, Bad Honnef 1968.

71 Detlef Herold: Politische Geographie und Geopolitik. Ihre historisch-politisch bedingte Entwicklung und neue Forschungsansätze am Beispiel der Vergroßstädterung. *Aus Politik und Zeitgeschichte*. Beilage zur Wochenzeitung *Das Parlament*, B 12/73, 24. März 1973. Hier: I. Entwicklung und Stand der Politischen Geographie und der Geopolitik, S. 3–15.

72 Manfred Dormann: Demokratische Militärpolitik. Die alliierte Militärstrategie als Thema deutscher Politik, Freiburg i. Br. 1970.

73 Wolf Graf von Baudissin: Vorwort zu Beaufre, in: Abschreckung und Strategie (1966). Wiederabdruck in: Soldat für den Frieden. Entwürfe für eine zeitgemäße Bundeswehr. Hrsg. und eingeleitet von Peter von Schubert, München 1969, S. 263 ff.

74 Verzeichnisse von Forschungsinstituten sind zu finden bei Karl Kaiser: Friedensforschung in der Bundesrepublik, Göttingen 1970; und Paul Noack: Friedensforschung ein Signal der Hoffnung?, Freudenstadt 1970.

75 Vgl. Carl Friedrich von Weizsäcker (Hrsg.): Kriegsfolgen und Kriegsverhütung, München 1971, S. 6.

76 Unter »nationalem Interesse« bzw. »nationaler Situation« im Hinblick auf die Verteidigungspolitik soll hier eine Kombination mehrerer Faktoren verstanden werden, die sich aus dem militärischen und wirtschaftlichen Potential der innenpolitischen Struktur, der Position im internationalen System und der politisch-geographischen Lage zusammensetzt. Benutzt wird hier ein von Stanley Hoffmann geprägter Begriff. Siehe dazu Stanley Hoffmann: Obstinate or Obsolete? The Fate of the Nation-State of Western Europe, in: Morton A. Kaplan (Hrsg.): Great Issues of International Politics, Chicago 1970, S. 90. Zitiert nach Dieter Dettke: Westeuropäische Verteidigungskooperation, München 1972, S. 32.

77 Heinz Trettner: Die militärischen Aspekte deutscher Sicherheit, in: *Kampftruppen*, Nr. 5, 1969, S. 118.

78 G. Fochler-Hauke (Hrsg.): Allgemeine Geographie, Frankfurt a.M. 1971 (Das Fischer-Lexikon), S. 265. Vgl. auch Ch. A. Fisher (Hrsg.): Essays in Political Geography, London 1968, S. 4.

79 Vgl. hierzu Wolf Graf von Baudissin: Soldat in der offenen Gesellschaft, in: Armee gegen den Krieg, hrsg. von Wolfram von Raven, Stuttgart 1966, S. 292; Eberhard Stammler: Recht und Freiheit, *Information für die Truppe*, Beilage »Dokumentation und Kommentare«, Heft 1/1964.

80 Besonders verwiesen sei hier auf den Appell des Vizepräsidenten der Georgetown University, E.A. Walsh: »Wahre anstatt falsche Geopolitik für Deutschland«, hrsg. v. Forum Academicum, Frankfurt a.M. 1946; Peter Schöller: Artikel »Geopolitik«, in: Staatslexikon, 6. Aufl., Bd. 3, Freiburg i. Br. 1959, Sp. 776 ff.

81 Vgl. Friedrich Ruge: Seemacht und Sicherheit, Tübingen 1955; Michael Meyer-Sach (Hrsg.): Die See und unsere Sicherheit. Gedanken und Analysen zur maritimen Interessenlage der Bundesrepublik Deutschland, Bonn 1984; Lennart Souchon: Neue deutsche Sicherheitspolitik, Herford und Bonn 1990; ders.: Die Renaissance Europas. Europäische Sicherheitspolitik. Ein internationales Modell, Herford und Bonn 1992; Ulrich Weisser: Strategie im Umbruch. Europas Sicherheit und die Supermächte, Herford 1987; ders.: NATO ohne Feindbild. Konturen einer europäischen Sicherheitspolitik, Bonn-Berlin 1992.

82 Vgl. Boris Meissner und Gotthold Rhode (Hrsg.): Grundfragen sowjetischer Außenpolitik, Stuttgart 1970, S. 9.

83 So hebt zum Beispiel L.L. Bennard in seinem Buch: »War and its Causes«, New York 1944, S. 412 ff., die Geopolitik als besonders kriegsverursachend hervor.

84 Zu den häufigsten Zielen gehören: Der Drang zum Meer, Beherrschung der Gegenküste, Streben nach Einräumigkeit. Die Schaffung von Vorfeldern. Die Einkreisung etc.

85 Vgl. Otto Kimminich: Rüstung und politische Spannung. Studien zum Problem der internationalen Sicherheit, Gütersloh 1964, S. 56 ff.

86 Karl Haushofer selbst hat die Möglichkeit einer solchen Begriffsbildung nicht ausgeschlossen. Allerdings ist eine Analyse des Begriffes in seinen Schriften nicht zu finden. Erwähnt wird der Begriff in Haushofers Werk: Wehr-Geopolitik. Geographische Grundlagen einer Wehrkunde, 4. und 5. Auflage, Berlin 1941, S. 25. Vgl. hierzu auch einen der Antipoden Karl Haushofers, Oskar von Niedermayer: Wehrgeographie, Berlin 1942. Bezüglich der Begriffsbildung hat Adolf Grabowsky in einer seiner letzten Studien den Hinweis geliefert, im Rahmen der Lehre von »Druck und Gegendruck« den Begriff der Geostrategie als bedeutsamen Teil der Geomethodik zu entwickeln. Vgl. Adolf Grabowsky: Raum, Staat und Geschichte. Grundlegung der Geopolitik, Köln–Berlin 1960, S. 204, 149 ff.

87 Vgl. Adolf Grabowsky: Raum, Staat und Geschichte, Köln 1960; R. Aron: Frieden und Krieg, Frankfurt a.M. 1962, S. 217 ff.

88 Vgl. ebd., S. 338.

89 Auf dem Gebiet der beiden deutschen Staaten waren im Jahre 1989 ca. 1,5 Millionen Soldaten stationiert. Nach einer Untersuchung von Dieter S. Lutz hatte die Bundeswehr zum damaligen Zeitpunkt eine Sollstärke von ca. 490 000 Soldaten und die Nationale Volksarmee von ca. 173 000 Soldaten. Die Sollstärke der Streitkräfte, die die einzelnen Bündnispartner in den beiden deutschen Staaten (und in Berlin) unterhielten, gibt Lutz wie folgt an: »Belgien (26 000), Frankreich (50 000), Großbritannien (70 000), Kanada (7000), die Niederlande (5500) sowie die USA (245 000) und die Sowjetunion (380 000). Folgt man den Ansätzen, so standen auf ›deutschem Boden‹ insgesamt rund 1,5 Mio. Soldaten unter Waffen. Geht man von einer Bevölkerung von insgesamt ca. 78 Mio. Personen aus (Bundesrepublik: 61,2 Mio; DDR: 16,6 Mio), so ergibt sich ein Verhältnis von einem Soldaten pro 53 Einwohnern – ein

Spitzenwert, der selbst in krisengeschüttelten Regionen wie dem Nahen Osten, wo militärische Gewalt auf der Tagesordnung steht, nicht erreicht wird. Für die DDR allein berechnet, war das Verhältnis sogar noch erheblich höher: Bei 16,6 Mio. Einwohnern und einer Gesamtzahl von 553 000 Soldaten belief es sich auf 1 zu 30.« Quelle: Dieter S. Lutz: Deutsche Einheit – Europäische Sicherheit oder Brauchen wir noch (deutsche) Streitkräfte?, in: Hamburger Beiträge zur Friedensforschung und Sicherheitspolitik, Heft 43, Hamburg 1990, S. 7f.

90 Was die strategischen Interessen der NATO in Westeuropa betrifft, so ließ die Nukleare Planungsgruppe der NATO für den Einsatz von Nuklearwaffen von verschiedenen Staaten (entsprechend ihrer geostrategischen Lage) spezifische Studien ausarbeiten. Die Vereinigten Staaten unterbreiteten beispielsweise eine Abhandlung über den Einsatz taktischer Atomwaffen als Warnsignal. Andere Studien befaßten sich mit dem Einsatz solcher Waffen auf dem Gefechtsfeld (Bundesrepublik Deutschland), mit speziell defensiven Waffensystemen (Italien) oder mit dem Einsatz auf See (Großbritannien). Entnommen dem Buch von Dieter Mahncke: Nukleare Mitwirkung. Die Bundesrepublik Deutschland in der atlantischen Allianz 1954–1970, Berlin 1972, S. 246.

91 Klaus von Schubert: Wiederbewaffnung und Westintegration. Die innere Auseinandersetzung um die militärische und außenpolitische Orientierung der Bundesrepublik 1950–1952. Stuttgart 1970.

92 Gerhard Wettig: Entmilitarisierung und Wiederbewaffnung. Internationale Auseinandersetzungen um die Rolle der Deutschen in Europa. München 1967.

93 Manfred Dormann: Demokratische Militärpolitik. Die alliierte Militärstrategie als Thema deutscher Politik 1949–1968. Freiburg i. Br. 1970.

94 Klaus von Schubert: Wiederbewaffnung und Westintegration. Die innere Auseinandersetzung um die militärische und außenpolitische Orientierung der Bundesrepublik 1950–1952, Stuttgart 1970.

95 Vgl. Forschungsbericht (III) der Bundesregierung. Titel:»Strategische Studien, Friedens- und Konfliktforschung«, S. 44.

96 So durch das »Forschungsinstitut der Deutschen Gesellschaft für Auswärtige Politik«. Quelle: Schriftenreihe Forschungsplanung 1, Herausgeber: Der Bundesminister für Bildung und Wissenschaft. 1970. S. 65.

97 Vgl. Politik im 20. Jahrhundert, hrsg. von Hans-Hermann Hartwich, 4. Auflage, Braunschweig 1974, S. 408 f.

98 Ebd.

99 Vgl. Politik im 20. Jahrhundert, hrsg. von Hans-Herman Hartwich, Neuausgabe, Braunschweig 1984, S. 379 f.

100 Vgl. Politik im 20. Jahrhundert, hrsg. von Hans-Hermann Hartwich, 4. Auflage, a. a. O.

101 Ebd.

102 Vgl. hierzu die Kritik von Hans-Ulrich Wehler: Vom Unsinn geostrategischer Konstanten, in: *Der Monat*, Nr. 284, Juli 1982. Ferner Thomas P. Rona: Our Changing Geopolitical Premises, New Brunswick (USA) and London (UK) 1982.

103 Eine Ausnahme ist in der deutschen Politikwissenschaft das Sonderforschungsprojekt der Freien Universität Berlin:»Bestimmungsfaktoren der Außenpolitik in der zweiten Hälfte des 20. Jahrhunderts«, herausgegeben von Gilbert Ziebura, Franz Ansprenger, Gerhard Kirsch, Berlin 1974 (= Schriften des Fachbereichs Politische Wissenschaft, Nr. 4).

104 Vgl. Maurice Duverger: Introduction à la politique, Paris 1964, S. 31 ff.

105 Ähnlich unterscheidet der französische Politikwissenschaftler Georges Burdeau zwischen den soziologischen, den geographischen, den demographischen, den wirtschaftlichen und den technischen Gegebenheiten. Vgl. Georges Burdeau: Einführung in die Politische Wissenschaft. Aus dem Französischen, Neuwied und Berlin 1964, S. 286 ff.

106 Vgl. Johann Baptist Müller: Determinanten politischer Entscheidung, Berlin 1985.

107 Vgl. Ebd., S. 23 ff.

108 Vgl. Ebd., S. 118 ff.

109 Vgl. Ebd., S. 55 ff.

110 Vgl. Heinz Brill: Politischer Entscheidungsprozeß. Rezension zu Johann Baptist Müller: Determinanten politischer Entscheidung, Berlin 1985, in: *Das Parlament*, Nr. 52, 26. Dezember 1987, S. 14.

111 Zur Kritik an den sogenannten »Ein-Faktor-Theorien« in den Sozialwissenschaften siehe statt vieler Guido Casetti: Die Kategorie des sozialen Wandels, Freiburg (Schweiz) 1970, S. 28 ff. Ferner Hans-Ulrich Wehler: Vom Unsinn geostrategischer Konstanten oder »Deutschland verkeilt in der Mittellage«, in: *Der Monat*, Nr. 284, 1982, S. 64–67.

112 Hermann Heller: Staatslehre, Leiden (Niederlande) 1963, S. 142 ff.

Teil II

## GEOPOLITISCHE LEITLINIEN DER SUPER- UND GROSSMÄCHTE GEGENÜBER DEUTSCHLAND

1 Raymond Aron: Frieden und Krieg. Eine Theorie der Staatenwelt, Frankfurt a. M. 1962, S. 153–181.

2 Ludwig Dehio: Gleichgewicht und Hegemonie, Betrachtungen über ein Grundproblem der neueren Staatengeschichte, Krefeld 1947.

3 Vgl. statt vieler Andreas Hillgruber: Die Zerstörung Europas. Beiträge zur Weltkriegsepoche 1914–1945, Berlin 1988; ders.: Europa in der Weltpolitik der Nachkriegszeit (1945–1963), 2. Auflage, München 1981.

4 Ludwig Dehio, a. a. O. (s. Anm. 2).

5 Vgl. Wilfried Loth: Die Teilung der Welt. Geschichte des Kalten Krieges 1941–1955, 5. Auflage, München 1985; K. Waltz: The Stability of a Bipolar World, in: *Daedalus*, Summer 1964, S. 881.

6 Vgl. Wolfgang Michalka (Hrsg.): Ost-West-Konflikt und Friedenssicherung, Stuttgart 1985 (Vorwort).

7 Vgl. statt vieler Wichard Woyke/Klaus Nieder/Manfred Görtemaker: Sicherheit für Europa? Die Konferenz von Helsinki und Genf, Opladen 1974, S. 54 ff.

8 Ebd.

9 Klaus-Peter Weiner (Hrsg.): Weltpolitik im Umbruch. Strukturveränderungen in den internationalen Beziehungen. Neue Instabilität oder Chance zur Lösung globaler Probleme, Marburg/Lahn 1989 (=Schriftenreihe des Arbeitskreises Marburger Wissenschaftler für Friedens- und Abrüstungsforschung und der Interdisziplinären Arbeitsgruppe Friedens- und Abrüstungsforschung an der Universität Marburg [IAFA], Nr. 14), S. 7.

10 Ebd.

11  Vgl. Lennart Souchon: Neue deutsche Sicherheitspolitik, Herford und Bonn 1990, S. 12.

12  Ebd.

13  Vgl. H.R.: 25 Jahre Entwicklungszentrum der OECD. Von einer bipolaren zu einer multipolaren Welt, in: *Neue Zürcher Zeitung*, Fernausgabe, Nr. 33, 10. Februar 1989, S. 15.

14  Vgl. Thomas S. Kuhn: Die Struktur wissenschaftlicher Revolutionen. Titel der Originalausgabe:»The Structure of Scientific Revolutions« 1962; deutsch, Frankfurt a.M. 1973.

15  Vgl. hierzu die »Gedanken zum Paradigma-Begriff« von Reinhard Löw, in: *Die Welt*, Nr. 98, 27. April 1991, S. 2.

16  Ebd.

17  Vgl. Bernd Malunat: Auf dem Weg zu einer »Neuen Weltordnung«, in: Hochschule für Politik München. Personen- und Vorlesungsverzeichnis für das Sommer-Semester 1991, S. 58.

18  Knud Krakau: Missionsbewußtsein und Völkerrechtsdoktrin in den Vereinigten Staaten von Amerika, Frankfurt/M.–Berlin 1967, (= Abhandlungen der Forschungsstelle für Völkerrecht und ausländisches Öffentliches Recht der Univ. Hamburg, Bd. 14), S. 274.

19  Vgl. Militärmacht USA. Strategische Grundsituation, in: Verteidigung, hrsg. von Emil Obermann, Stuttgart 1970, S. 369; Ernst-Otto Czempiel: Das amerikanische Sicherheitssystem 1945–1949. Studie zur Außenpolitik der bürgerlichen Gesellschaft, Berlin 1966, S. 14; Ekkehart Krippendorff: Die amerikanische Strategie. Entscheidungsprozeß und Instrumentarium der amerikanischen Außenpolitik, Frankfurt a. M. 1970, S. 13 ff.

20  Vgl. Militärmacht USA – Strategische Grundsituation, a. a. O., S. 369 f.

21  Zur Person und Werk Mahans sei auf die Beiträge von W.H. Russel, United States Naval Academy, Annapolis (Maryland, USA) – übersetzt von Josef Westhof, in: Klassiker der Kriegskunst, bearbeitet und zusammengestellt von Werner Hahlweg, Darmstadt 1960, S. 319–345, und J.L. Wallach: »Kriegstheorien. Ihre Entwicklung im 19. und 20. Jahrhundert«, S. 317–327, verwiesen. Zu Mahans wichtigsten Schriften zählen:»The Influence of Sea Power upon History 1660–1783« (1890). (Die erste deutsche Übersetzung erschien unter dem Titel »Einfluß der Seemacht auf die Geschichte«, 2 Bde., Berlin 1898 und 1899. Eine jüngere deutsche Bearbeitung stammt von Gustav Adolf Wolter und ist 1967 bei der Koehlers Verlagsgesellschaft in Herford erschienen). Weitere Werke Mahans:»The Influence of Sea Power upon the French Revolution and Empire, 1793–1812«, 2. Bde., 1892; »The Life of Nelson«, 2 Bde., 1897; »Sea Power and its Relation to the War of 1812«, 2 Bde., 1905; »The Interest of America in International Conditions«, 1910; »Naval Strategy«, 1911. Darüber hinaus sei auf die ausführliche Bibliographie, einschließlich aller Artikel Mahans in Zeitschriften, in: W.E. Livezey: Mahan – On Sea Power, Oklahoma 1947, verwiesen. Eine der wichtigsten deutschsprachigen Auseinandersetzungen mit Mahan ist die Dissertation von Michael Hanke: Das Werk Alfred Thayer Mahan's, Osnabrück 1974. Mit der »Seemachtslehre« haben sich in Deutschland insbesondere Ernst Wolgast, Carl Schmitt und Friedrich Ruge auseinandergesetzt. »Eine Theorie der Seemacht in unserer Zeit« ist in dem umfassenden Werk »Seemacht« von E.B. Potter/Ch.W. Nimit/J. Rohwer, Frankfurt a.M. 1973, zu finden.

22  Vgl. M. Sprout: Mahan: Evangelist of Sea Power, in: E.M. Earle (ed.), Makers of Modern Strategy, Princeton 1943.

23 Zitiert nach James D. Atkinson. Bis zum Flammentod des Krieges. The Edge of War, Frankfurt a.M. 1961, S. 9.

24 Ebd.

25 Alfred Thayer Mahan: Der Einfluß der Seemacht auf die Geschichte. hrsg. und bearbeitet von Gustav Adolf Wolter, Herford 1967, hier »Zur Einführung«, S. 7 f.

26 Ebd., S. 10 f.

27 Vgl. hierzu insbesondere folgende Grundlagenwerke: Richard Dean Burns (Hrsg.): Guide to American Foreign Relations since 1700. Society for the Historians of American Foreign Relations – Santa Barbara/Cal.: ABC-Clio Information Services, 1983; A.P. Brigham: Geographic Influences in American History. Boston 1903; W.F. Johnson: A Century of Expansion. New York 1903; E. Kimpen: Die Ausbreitungspolitik der Vereinigten Staaten von Amerika, Stuttgart 1924; C.O. Paullin: Atlas of Historical Geography of the United States. New York 1932; Ellen Churchill Semple: American History and its Geographic Conditions, Boston–New York 1903; E. Sparks: The Expansion of the American People. Chicago 1900; A. Wirth: Das Wachstum der Vereinigten Staaten und ihre Auswärtige Politik, Bonn 1899; Ernst Samhaber: Die Erschließung von Nord- und Südamerika. Ein geopolitischer Vergleich, in: Zeitschrift für Geopolitik, 8/1934, S. 469–477; Henry Steel Commager: Documents of American History, 5. Auflage. New York 1949.

28 Vgl. Abb. 7.

29 Friedrich Ruge: Seemacht und Sicherheit, 3., wesentlich erweiterte Auflage, Frankfurt a. M. 1968, S. 65 f.

30 Die beste Arbeit, die bisher im Rahmen der Admiralstabsausbildung an der Führungsakademie der Bundeswehr zu diesem Thema geschrieben wurde, stammt von Kurt Kipp:»Die politische Bedeutung der Gegenküste. Dargestellt an den Beispielen – Schweden im 17. Jahrhundert, die USA im 20. Jahrhundert«, in: Zehn Jahre Führungsakademie der Bundeswehr. Eine Erinnerungsschrift zum 1. Januar 1967. Hamburg-Blankenese 1967, S. 61–108. Wiederabdruck in Wehrkunde 1967, S. 397 bis 409. Außer dieser wichtigen Arbeit sei noch auf folgende Jahresarbeiten, die ebenfalls im Rahmen der Admiralstabsausbildung an der Führungsakademie der Bundeswehr von Lehrgangsteilnehmern angefertigt wurden, verwiesen: a) »Seemachtsgrundsätze nach Mahan und ihre Anwendbarkeit heute«, b) »Bedeutung maritimer Strategie in der internationalen Politik«, c) »Die Bedeutung von Stützpunkten für Seemächte. Eine historische Analyse und die Beurteilung der Stützpunkte der USA in der Gegenwart«. (Quelle: Zehn Jahre Führungsakademie der Bundeswehr. Hamburg 1967, S. 244). Nach Auskunft der Bibliothek der Führungsakademie der Bundeswehr vom 12. Februar 1974 soll die Arbeit c) zwar angefangen, aber nie beendet worden sein. – Vgl. auch Adelbert Weinstein: Amerika und die strategische Gegenküste, in: Frankfurter Allgemeine Zeitung vom 28. Februar 1972, S. 1.

31 In der von George F. Kennan (als Leiter des Planungsstabes im amerikanischen Außenministerium) begründeten »Politik der Eindämmung« (»Containment«) des sowjetischen Einflusses ist die militärische Kontrolle der Gegenküste der eine wesentliche Faktor, der andere wesentliche Faktor lag auf wirtschafts- und sozialpolitischem Gebiet. Als Kennan in der Zeitschrift Foreign Affairs 1947 unter dem Decknamen »Mr. X.« Amerikas Rolle als Schützer des Westens beschrieb, war die entscheidende Wende bereits vollzogen. Wenn auch in der von Kennan (1946/47) entworfenen außenpolitischen Konzeption der wirtschaftlich-sozialpolitische Faktor (Marshallplan) überwog, setzte sich doch – vornehmlich durch die praktizierte Bündnisstrategie (NATO, SEATO, CENTO) – der erstgenannte Faktor durch. –

Kennan verstand »Eindämmung« jedoch nicht in einem Erstarren, geschweige denn in einer »roll-back«-Politik, wie sie von John Foster Dulles vertreten wurde. 1956, zu einer Zeit, als dies im Westen wie im Osten Häresie gleichkam, unterstützte er die von dem polnischen Außenminister Rapacki angeregte Disengagement-Diskussion. Im Herbst 1957 unterbreitete er im Rahmen einer Vortragsreihe im britischen Rundfunk einen eigenen Disengagement-Vorschlag. Er meinte, der einzige »vernünftige hoffnungsvolle« Weg würde in einer »geographischen Trennung der Truppen der großen Atommächte« liegen, und zwar in Form eines »allgemeinen Rückzugs der amerikanischen, britischen und sowjetischen bewaffneten Macht aus dem Herzen des Kontinents«. Wichtig für jede Auseinandersetzung mit Kennan sind seine Memoiren.

32 Vgl. Militärmacht USA – Strategische Grundsituation, in: Verteidigung, hrsg. von Emil Obermann, Stuttgart 1970, S.69.
33 Grundlegend hierzu W.H. Russell: »Mahans Doctrine and the Air Age«, in: *Military Affairs*, Bd. XX, Nr. 4, Winter 1956. Adelbert Weinstein, a. a. O. (s. Anm. 30).
34 Heinz Trettner: Die militärischen Aspekte deutscher Sicherheit, in: *Kampftruppen*, 5/1969, S. 149–152.
35 Vgl. Abb. 8.
36 Vgl. Friedrich Ruge, a. a. O. (s. Anm. 29) S. 63.
37 Nicholas J. Spykman: America's Strategy in World Politics, New York 1942, S. 5.
38 Vgl. Helmut Handzik: Nationale Sicherheit und internationales Engagement: Der isolationistische Impuls im Widerstreit amerikanischer Interessen, in: Stiftung Wissenschaft und Politik (Hrsg.): Polarität und Interdependenz, Baden-Baden 1978, S. 278.
39 Ebd., S. 279.
40 Ebd., S. 280.
41 Ebd., S. 281.
42 Vgl. Hans-Adolf Jacobsen: Karl Haushofer – Leben und Werk. Bd. I: Lebensweg 1869–1946 und ausgewählte Texte zur Geopolitik, Boppard am Rhein 1979, S. IX.
43 Colin S. Gray: The Geopolitics of Superpower, Lexington: The University Press of Kentucky, 1988.
44 Zbigniew Brzezinski: Planspiel. Das Ringen der Supermächte um die Welt. Aus dem Amerikanischen ins Deutsche übertragen von Wolfgang und Wolfram Scharrer, Erlangen–Bonn–Wien 1989.
45 Vgl. Terry L. Deibel: Strategies Before Containment. Patterns for the Future, in: *International Security*, Spring 1992, S. 79–108.
46 Vgl. Bush: Weiter Militärpräsenz in Europa. Neugewichtung der amerikanischen Sicherheitsstrategie befürwortet, in: *Frankfurter Allgemeine Zeitung*, Nr. 188. 15. August 1991, S. 5; Washington sieht noch viele Gründe für militärische Stärke. Sicherheitsbericht weist auf weltweite Gefahrenpotentiale hin / Nachlassende Bedrohung durch die Sowjetunion registriert, in: *Frankfurter Rundschau*, Nr. 188, 15. August 1991, S. 1; Die USA in einem neuen strategischen Umfeld. Jüngster Lagebericht des Nationalen Sicherheitsrates, in: *Neue Zürcher Zeitung*, Nr. 187, 16. August 1991, S. 1.
47 Vgl. Bush: Weiter Militärpräsenz in Europa. Neugewichtung der amerikanischen Sicherheitsstrategie befürwortet, a. a. O.
48 Vgl. Francis Sempa: The Geopolitics of the Post-Cold War World, in: *Strategic Review*, Winter 1992, S. 9–18.
49 Vgl. Bush: Weiter Militärpräsenz in Europa. Neugewichtung der amerikanischen Sicherheitsstrategie befürwortet, a. a. O.

50 Ebd.
51 Vgl. Washington sieht noch viele Gründe für militärische Stärke, a.a.O. (Anm. 46).
52 Vgl. Washington sieht noch viele Gründe für seine militärische Stärke, in: *Frankfurter Rundschau*, Nr. 188, 15. August 1991, S. 5.
53 Vgl. hierzu auch Clay Clemens: Die inneramerikanische Diskussion über die künftige Rolle der USA in Europa, hrsg. vom Forschungsinstitut der Konrad-Adenauer-Stiftung, St. Augustin, August 1991.
54 Vgl. Washington sieht noch viele Gründe für seine militärische Stärke, a.a.O.
55 Vgl. Amerikanische Truppen werden auch weiterhin in Deutschland stationiert sein, in: *Frankfurter Allgemeine Zeitung*, Nr. 38, 14. Februar 1991, S. 4.
56 Vgl. Powell gegen weitere Truppenreduzierung, in: *Frankfurter Allgemeine Zeitung*, Nr. 84, 8. April 1992, S. 5.
57 Vgl. Generalinspekteur der Bundeswehr: Für starke Präsenz Amerikas in Europa, in: *Frankfurter Allgemeine Zeitung*, Nr. 56, 6. März 1992, S. 2.
58 Vgl. Stefan Fröhlich: Die USA und die neue Weltordnung. Zwischen Kontinuität und Wandel, Bonn–Berlin 1992.
59 Hans-Adolf Jacobsen, Artikel »Balance of Power«, in: Das Fischer Lexikon »Internationale Beziehungen«, hrsg. von Karl Dietrich Bracher und Ernst Fraenkel, Frankfurt a.M. 1969, S. 37/38.
60 Diese Prinzipien, die in der zweiten Hälfte des 19. Jahrhunderts formuliert wurden, sind 1907 am eindeutigsten von Sir Eyre Crowe in seiner Denkschrift über den Stand der britischen Beziehungen zu Frankreich und Deutschland, London, Januar 1907, in: G.P. Gooch und H. Temperly (Hrsg.), British Documents on the Origins of the War 1898–1914, Command 2276, London 1928, Bd. III, niedergelegt worden. Sie sind auch in der unlängst veröffentlichten offiziellen Zusammenstellung: British Foreign Policy: A Brief Collection of Fact and Quotation, Central Office of Information, rev. Aufl., London 1963, enthalten. Joseph Frankel, der sich in seinem Aufsatz »Die geistigen Grundlagen der britischen Außenpolitik« im wesentlichen auf diese beiden Quellen stützt, geht es nicht so sehr um die Aufzählung bekannter Prinzipien, sondern um deren Einordnung in ihre geschichtlichen und logischen Zusammenhänge. Quelle: Strukturwandlungen der Außenpolitik in Großbritannien und der Bundesrepublik, hrsg. von Karl Kaiser und Roger Morgan, München und Wien 1970, S. 73 ff.
61 Joseph Frankel, a.a.O., S. 81. Grundlegend sind die Betrachtungen zu diesem Grundproblem der neueren Staatengeschichte von Ludwig Dehio: Gleichgewicht oder Hegemonie, Krefeld (1947), und R. Stadelmann: Hegemonie und Gleichgewicht, 1950. Vgl. auch die völkerrechtlich orientierte Arbeit von Ulrich Scheuener: Das europäische Gleichgewicht und die britische Seeherrschaft, Hamburg 1943.
62 David Hume: On the Balance of Power, in: Essays: Moral, Political and Literary, Bd. 1, London 1912.
63 Friedrich Gentz: Fragmente aus der neuesten Geschichte des politischen Gleichgewichts in Europa (1806), zitiert nach: Staatsschriften, Auswahl in 2 Bänden, hrsg. von Hans von Ekkart, München 1921, Bd. 1, S. 117.
64 Joseph Frankel, a.a.O., S. 82.
65 Zitiert nach Joseph Frankel, a.a.O., S. 84.
66 Vgl. hierzu Heinz Höpfl: Geschichte Englands und des Commonwealth, Frankfurt a.M. 1973.
67 Vgl. Reinhard Meyers: Sicherheit und Gleichgewicht. Das britische Kabinett und die Remilitarisierung des Rheinlandes 1936, in: *Rheinische Vierteljahresblätter*,

38/1974, S. 406–449; ders.: Das Ende des Systems von Locarno. Die Remilitarisierung des Rheinlandes in britischer Sicht, in: Les Relations Franco-Allemandes
1933–1939. Colloques Internationaux du Centre National de la Recherche Scientifique No 563. Paris: Editions du CNRS 1976, S. 299–334.

68 Vgl. David Sanders: Losing an Empire, Finding a Role: British Foreign Policy since
1945, London 1990.

69 Protokoll Nr. II zum WEU-Vertrag, Artikel 6, BGBl 1955 II S. 264. Eine entspre-
chende Zusicherung gab die britische Regierung schon in der Schlußakte der Londo-
ner Neun-Mächte-Konferenz vom 03.10.1954, Abschnitt III. Vgl. hierzu Helmut
Rumpf: Das Recht der Truppenstationierung in der Bundesrepublik, Karlsruhe 1969,
S. 10 f.; Waldemar Besson: Die Außenpolitik der Bundesrepublik. München 1970,
S. 132 f.; Hermann Proebst: Deutsch-britische Beziehungen nach dem Kriege, in:
Strukturwandlungen der Außenpolitik ..., S. 187 f.; Gerhard Wettig: Entmilitarisie-
rung und Wiederbewaffnung in Deutschland 1943–1955, München 1967, S. 548–551;
Britisches Weißbuch der Verteidigung. Command 1639, London 1962, S. 3.

70 Joseph Frankel, a.a.O., S. 91. Kritisch die Beiträge von Heinrich Bodensieck: Provozierte Teilung Europas? Die britisch-nordamerikanische Regionalismus-Diskussion und die Vorgeschichte des Kalten Krieges 1939–1945, Opladen 1970; ders.:
Ansätze zur Teilung Deutschlands in anglo-amerikanischen Sicherheitskonzeptionen, in: *Geschichte in Wissenschaft und Unterricht* 1968, S. 585–595.

71 J.F. Byrnes: In aller Offenheit, Frankfurt a.M., o.J., S. 263.

72 Zitiert nach Raimond Jean Guiton: Paris–Moskau. Die Sowjetunion in der auswärtigen Politik Frankreichs seit dem Zweiten Weltkrieg, Stuttgart 1956, S. 48 f.

73 In diesem Zusammenhang ist bemerkenswert, daß die beiden wichtigsten Bücher
zum Konzept eines Disengagement in Mitteleuropa von englischen Autoren
geschrieben wurden. E. Hinterhoff: Disengagement, London 1959; M. Howard:
Disengagement in Europa, Harm. Middlesex, 1958. Vgl. hierzu Helmut Schmidt:
Das Mißverständnis des Disengagements (Kap. IX), in: Verteidigung oder Vergeltung, 4. Auflage. Stuttgart 1965, S. 174 f. Eine 1970 im Rahmen des Forschungs-
projektes »Europäische Sicherheit« an der Universität Hamburg geplante Untersuchung: »Das Konzept eines Disengagements in Mitteleuropa als Thema britischer
Außen- und Sicherheitspolitik« wurde lt. Mitteilung (04.12.1973) von Herrn Professor Hans-Peter Schwarz (jetzt Universität Bonn) nicht fortgeführt.

74 Wiesbaden, o.J., S. 265.

75 Marshal of the RAF Sir John Slessor: Strategy for the West, London und New York
1954.

76 Zitiert nach Liddell Hart, a.a.O., S. 265.

77 Text in: *Europa-Archiv* 15–16/1970, S. D 372.

78 Curt Gasteyger: Großbritanniens Abschied von der Weltmacht-Rolle. Die Pläne für
die britische Verteidigungspolitik in den siebziger Jahren, in: *Europa-Archiv,* Folge
9/1968, S. 331.

79 Vgl. Helmut Schmidt: Strategie des Gleichgewichts. Deutsche Friedenspolitik und
die Weltmächte, Stuttgart 1969, S. 144; Hans-Georg von Studnitz: Bismarck in
Bonn. Bemerkungen zur Außenpolitik, 2. Auflage, Stuttgart 1965, S. 102 f.; Patrick
Gordon Walker: Das Ziel heißt Entspannung. Deutschland im englischen Verteidigungsprogramm – Politik des Gleichgewichts, in: Armee gegen den Krieg. Wert und
Wirkung der Bundeswehr, hrsg. von Wolfram von Raven, Stuttgart-Degerloch
1966, S. 161–175.

80 Im Jahre 1968 löste die britische Regierung die aus Freiwilligen bestehende Terri-

torialarmee auf. An ihre Stelle trat eine neue Organisation, bestehend aus rd. 100000 Mann, die im Mobilisierungsfall die britische Rheinarmee verstärken sowie als strategische Reserve für die NATO dienen sollte. Die Regierung begründete ihre Maßnahme mit dem Hinweis, eine Territorialarmee erübrige sich, da Großbritannien an der Elbe, nicht aber an der Themse verteidigt werde. Quelle: Britisches Verteidigungsweißbuch für das Jahr 1968 (Auszug), in: *Europa-Archiv* 23/1968, S. D 386 ff.

81 Heinz Trettner, a.a.O., S. 118.

82 Siehe Kapitel »Der deutsche Einigungsprozeß und die Interessen der Vier Mächte« (1989/90).

83 Vgl. Margaret Thatcher: Downing Street No. 10. Die Erinnerungen. Düsseldorf 1993. Spiegel-Gespräch: »Ihr wollt den Rest Europas«. Margaret Thatcher über Engländer, Deutsche, Franzosen und die Zukunft des Nationalstaates, in: *Der Spiegel*, Nr. 43, 25. Oktober 1993, S. 173–175.

84 Grundlegend hierzu Karl-Günther von Hase: Großbritannien und der Kontinent, in: Ein Kontinent im Umbruch. Perspektiven für eine europäische Außenpolitik, hrsg. von Armin Laschet u. Peter Pappert, Berlin 1993, S. 189–200.

85 Friedrich Ruge a.a.O. (s. Anm. 29).

86 Ebd., S. 63. Vgl. hierzu besonders »Europe or the open sea? The political and strategic implications for Britain in the common market«, hrsg. von Ivor Richard, Geoffrey Williams, Alan Lee Williams, Glyn Mathias, London 1971.

87 Vgl. Jochen Löser / Ulrike Schilling: Neutralität für Mitteleuropa. Das Ende der Blöcke, München 1984, S. 185 f.

88 Vgl. Christian Greiners Rezension zu Olaf Mager: Die Stationierung der britischen Rheinarmee – Großbritanniens EVG-Alternative, Baden-Baden 1990, in: *Militärgeschichtliche Mitteilungen* 1/1992, S. 293.

89 Lothar Kettenacker, Manfred Schlenke, Hellmut Seier (Hrsg.): Studien zur Geschichte Englands und der deutsch-britischen Beziehungen. Festschrift für Paul Kluke, München 1981, (Vorwort), S. 10.

90 Vgl. Günter R. Gross: Fesseln Sie sich nicht selber ohne Not, in: *Die Welt*, Nr. 232 vom 5. Oktober 1991.

94 Joseph Frankel, a.a.O., S. 75.

92 Vgl. Jaques Bariéty: Les relations franco-allemandes après la première guerre mondiale. 10 novembre 1918 – 10 janvier 1925, de l'exécution à la négociation. Préface de Jacques Droz, Paris 1978.

93 Vgl. Hellmuth Auerbach: Als Paris den Rheinstaat wünschte. Zwei Publikationen mit neuer historischer Sicht, in: *Süddeutsche Zeitung*, Nr. 251, 31. Oktober / 1. November 1978, S. 10.

94 Vgl. Johannes Haller: Tausend Jahre deutsch-französische Beziehungen, Stuttgart–Berlin 1930.

95 Vgl. Ernst Weidenfeld: Literatur zur Geschichte Frankreichs. Von der Vormacht einer Nation. Auch ein klassisches Beispiel europäischer Politik, in: *Die Zeit*, Nr. 44, 24. Oktober 1980, S. 23.

96 Vgl. Walter Hagemann: Richelieus politisches Testament. 300 Jahre europäische Unsicherheit, Berlin 1934.

97 Vgl. Alfred Kohler: Das Reich im Kampf um Hegemonie in Europa 1521–1648, München 1990.

98 Vgl. Jürgen Voss: Geschichte Frankreichs, Band II: Von der frühneuzeitlichen Monarchie bis zur Ersten Republik, 1500–1800, München 1980.

99 Vgl. Guillaume-André de Bertier de Sauvigny: Geschichte der Franzosen, Hamburg 1980.

100 Vgl. Fernand Braudel: 1. Raum und Geschichte. Aus dem Französischen von Peter Schöttler, Stuttgart 1986, S. 325 ff.

101 Vgl. N.J.G. Pounds: Frankreich und seine Ostgrenzen, in: Historische und politische Geographie von Europa, Braunschweig 1950, S. 185.

102 Vgl. Walter Hagemann, a.a.O. (s. Anm. 96).

103 Vgl. N.J.G. Pounds, a.a.O., S. 186.

104 Vgl. Ebd.

105 Vgl. N.J.G. Pounds: Historische und politische Geographie von Europa, Braunschweig 1950, S. 188.

106 Vgl. Ernst Rudolf Huber: Die Annexion der Rheinlande, in: Deutsche Verfassungsgeschichte seit 1789, Band I, Stuttgart 1957, S. 33 ff.

107 Vgl. N.J.G. Pounds, a.a.O., S. 189.

108 Zitiert nach Jean-Baptiste Duroselle: Frankreich. Vom historischen Erbfeind zum europäischen Partner, in: Europa und die Einheit Deutschlands. Eine Bilanz nach 100 Jahren, hrsg. von Walther Hofer, Köln 1970, S. 66.

109 Vgl. Friedrich Engels: Po und Rhein, in: Marx / Engels / Lenin / Stalin: »Zur deutschen Geschichte«, Band II, Berlin (Ost) 1954, S. 689–720

110 Vgl. Hans Speidel: Französischer Sicherheitsbegriff und französische Führung, in: Hans Speidel: Aus unserer Zeit. Erinnerungen, Berlin 1977, S. 438.

111 Vgl. N.J.G. Pounds, a.a.O. (s. Anm. 105), S. 191.

112 Zitiert nach Heinrich Schneider: Unsere Saar, Berlin-Tempelhof 1934, S. 4.

113 Zitiert nach Hans Speidel: Französischer Sicherheitsbegriff und französische Führung, in: Hans Speidel: Aus unserer Zeit. Erinnerungen, Berlin 1977, S. 433.

114 Vgl. J. Wütschke: Ein geopolitisches Grundgesetz in der Entwicklung der französischen Geopolitik, in: *Zeitschrift für Geopolitik*, 1924, S. 271–276.

115 Vgl. N.J.G. Pounds, a.a.O. (s. Anm. 105), S. 190.

116 Vgl. hierzu statt vieler Hermann Meyer: Frankreichs Kampf um die Macht in der Welt, Tübingen 1918.

117 Paul Darmstädter: Die Machtpolitik Frankreichs, in: Deutschland und der Weltkrieg, hrsg. von Otto Hintze, Ferdinand Meinecke, Hermann Oncken und Hermann Schumacher, Leipzig und Berlin 1915, S. 393–434.

118 Norman J.G. Pounds: The Origin of the Idea of Natural Frontiers in France, in: *Annals Assoc. Amer. Geogr.* 41/1951, S. 146–157; Norman J.G. Pounds: France and »Les Limites Naturelles« from the Seventeenth to the Twentieth Centuries, in: *Annals Assoc. Amer. Geoor.* 44/1954, S. 51–62; Vgl. hierzu auch Julian V. Minghi: Grenzen in der Politischen Geographie, in: Politische Geographie, hrsg. von Josef Matznetter, Darmstadt 1977, S. 367.

119 Vgl. Rudolf Buchner: Die elsässische Frage und das deutsch-französische Verhältnis im 19. Jahrhundert, Darmstadt 1969, S. 1 f.

120 Vgl. J. William Fulbright: Die Arroganz der Macht, Hamburg 1967, S. 11. Vgl. zu den Kriegsursachen ferner Jochen Dittrich: Ursachen und Ausbruch des deutschfranzösischen Krieges, in: Reichsgründung 1870/71. Tatsachen – Kontroversen – Interpretationen, hrsg. von Theodor Schieder und Ernst Deuerlein, Stuttgart 1970, S. 64–94.

121 Vgl. Jochen Dittrich: Bismarck, Frankreich und die spanische Thronkandidatur der Hohenzollern. Die »Kriegsschuldfrage« von 1870, mit einer Einführung von Gerhard Ritter, München 1962. Ferner Bruno Gebhardt: Handbuch der Deutschen

Geschichte, Bd. 3: Von der Französischen Revolution bis zum Ersten Weltkrieg, 8. vollständig neubearbeitete Auflage, Stuttgart 1960, S. 182.

122 Vgl. Volker Ulrich: Keine Alternative zur Annexion. Das schwer durchschaubare Lavieren des Kanzlers hatte schon die Zeitgenossen verwirrt, in: *Die Zeit*, Nr. 10, 2. März 1990, S. 53; Eberhard Kolb: Bismarck und das Aufkommen der Annexionsforderung 1870, in: *Historische Zeitschrift* 1969, S. 318–356; Ernst Deuerlein: Die Annexion von Elsaß-Lothringen, in: Die Gründung des Deutschen Reiches 1870/71 in Augenzeugenberichten, hrsg. und eingeleitet von Ernst Deuerlein, München 1977, S. 346–375, W. Lipgens: Bismarck, Die öffentliche Meinung und die Annexion von Elsaß und Lothringen 1870, in: *Historische Zeitschrift* Bd. 199/1964, S. 31–112; ders.: Bismarck und die Frage der Annexion 1870. Eine Erwiderung, in: *Historische Zeitschrift* Bd. 206/1968, S. 586–617; J. Becker: Baden, Bismarck und die Annexion von Elsaß und Lothringen, in: *Zeitschrift für die Geschichte des Oberrheins*, Bd. 115/1967, S. 1–38;, Lothar Gall: Das Problem Elsaß-Lothringen, in: Reichsgründung 1870/71. Tatsachen – Kontroversen – Interpretationen, hrsg. von Theodor Schieder und Ernst Deuerlein, Stuttgart 1970, S. 366–385.

123 Vgl. Richard Hartshone: The Franco-German Boundary of 1871, in: *World Politics. A Quarterly Journal of International Relations*, Vol. 2, 1949/50, No. 2, S. 209–250.

124 Texte und Kommentar aus Ernst Rudolf Huber: Deutsche Verfassungsgeschichte, Bd. IV, Stuttgart/Berlin/Köln/Mainz 1969, S. 451 f.

125 Anmerkung zum Begriff »Glacis«: Ursprünglich verstand man unter Glacis eine feindwärts flache, ins Vorfeld verlaufende Erdaufschüttung vor dem Grabenrand einer Befestigung, um keinen Feuer entzogenen Raum entstehen zu lassen. Dem Feind sollte keine Deckungsmöglichkeit Schutz bieten, damit er von der Wirkung der eigenen Waffen voll erfaßt werden konnte. Allgemein wird heute unter einem Glacis ein strategisches Vorfeld verstanden (Artikel »Glacis«, in: Meyers Neues Lexikon). Hier soll mit einem »Glacis« das Territorium vor der Grenze eines Staates verstanden werden, das er als Vorfeld gegen andere benutzen kann. Sei es für Operationen als Aufmarschgebiet oder zur Verzögerung von feindlichen Aggressionen bzw. deren Abwehr (Jordis von Lohausen: Mut zur Macht, Berg am See 1979, S. 207 f.).

126 Der Satz, so bemerkt Ernst Rudolf Huber, ist im Original ein Anakoluth; des Verständnisses wegen hat Huber die eingeklammerten Worte hinzugefügt.

127 Verhandlungen des Reichstages, Bd. 34, S. 393 ff.

128 Vgl. Dietmar Rösner: Die geschichtliche Entwicklung der Glacistheorie in Deutschland und Frankreich (1871–1944), Seminarthema an der Führungsakademie der Bundeswehr, (Manuskript), Hamburg, im November 1980.

129 Vgl. hierzu vor allem den kritischen Beitrag von Hans-Ulrich Wehler: Unfähig zur Verfassungsreform: Das »Reichsland« Elsaß-Lothringen von 1870 bis 1918, in: Krisen des Kaiserreiches 1871–1918. Studien zur deutschen Sozial- und Verfassungsgeschichte, Göttingen 1970, S. 17–63 und 328–347.

130 Dokumente deutschen Daseins. Eine STERN TV-Serie über deutsche Geschichte im ZDF. Sendung vom 17. September 1978 (Manuskript). Siehe hierzu auch: Wolfgang Venohr / Hellmut Diwald / Sebastian Haffner: Dokumente deutschen Daseins 1445–1945. 500 Jahre deutsche Nationalgeschichte, Krefeld 1983.

131 Ebd.

132 Vgl. Robert Ingrim: Die Rettung Deutschlands, Düsseldorf 1952, S. 29 f.

133 Zitiert nach Robert Ingrim, a.a.O., S. 30.

134 Vgl. Hermann Stegemann: Der Kampf um den Rhein. Das Stromgebiet des Rheins

im Rahmen der großen Politik und im Wandel der Kriegsgeschichte, Berlin und Leipzig 1924, S. 615 f.

135 Vgl. Gitta Steinmeyer: Die Grundlagen der französischen Deutschlandpolitik 1917 bis 1919, Stuttgart 1979, S. 77. Ferner Henning Köhler: Novemberrevolution und Frankreich. Die französische Deutschlandpolitik 1918–1919, Düsseldorf 1980.

136 Vgl. Karl Dietrich Erdmann: Die minimalen und die maximalen Kriegsziele Frankreichs: Elsaß-Lothringen und die Kontrolle des Rheins, in: ders.: Adenauer und die Rheinlandpolitik nach dem Ersten Weltkrieg, Stuttgart 1966, S. 14.

137 Karl Dietrich Erdmann bezieht sich bei seiner Argumentation insbesondere auf die aktenmäßige Erforschung der französischen Kriegsziele gegenüber Deutschland durch Erwin Hölzle und Pierre Renouvin. Hölzle: Das Experiment des Friedens im Ersten Weltkrieg 1914–1917, in: *Geschichte in Wissenschaft und Unterricht,* 13/1962, hat für seine Studie Akten aus dem Archiv des Quai d'Orsay zur Verfügung gehabt. Renouvin, Die Kriegsziele der französischen Regierung 1914–1918, in: *Geschichte in Wissenschaft und Unterricht,* 17/1966, hat insbesondere die der Forschung jetzt zugänglich gewordenen Berichte über geheime Kommissionssitzungen in Senat und Kammer ausgewertet.

138 Zitiert nach Dr. Hermann Meyer: Frankreichs Kampf um die Welt, Tübingen 1918, S. 71, Fußnote 134.

139 Zitiert nach Dr. Hermann Meyer, a. a. O.

140 Vgl. Karl Dietrich Erdmann: Die minimalen und maximalen Kriegsziele Frankreichs: Elsaß-Lothringen und die Kontrolle des Rheins, in: Adenauer in der Rheinlandpolitik nach dem Ersten Weltkrieg, Stuttgart 1966, S. 13–20; Gitta Steinmeyer: Das linke Rheinufer in der Kriegszieldiskussion, in: Die Grundlagen der französischen Deutschlandpolitik 1917–1919, Stuttgart 1979, S. 77–86.

141 Vgl. H. Hirsch: Die Saar in Versailles. Die Saarfrage auf der Friedenskonferenz von 1919, Bonn 1952 (= Rheinisches Arch., Veröffentlichung des Instituts für geschichtliche Landeskunde der Rheinlande an der Universität Bonn, 42).

142 Vgl. Friedrich Grimm: Frankreich am Rhein. Rheinlandbesetzung und Separatismus im Lichte der historischen französischen Rheinpolitik, Hamburg–Berlin 1931; Friedrich Adolph Rheinau: Die Pfalz als Ziel des französischen Strebens, in: *Zeitschrift für Geopolitik* 11/1926, S. 832–838.

143 Bruno Gebhardt: Handbuch der Deutschen Geschichte, Bd. 4: Die Zeit der Weltkriege, von Karl Dietrich Erdmann, 8. Auflage, Stuttgart 1965, S. 100.

144 Zitiert nach Jean-Baptiste Duroselle: Frankreich. Vom historischen Erbfeind zum europäischen Partner, in: Europa und die Einheit Deutschlands. Eine Bilanz nach 100 Jahren, hrsg. von Walther Hofer, Köln 1970, S. 75 f.

145 Zitiert nach J.-B. Duroselle, a. a. O. S. 76.

146 Urkunden über die Verhandlungen betreffend die Sicherheitsbürgschaften gegen einen deutschen Angriff (10. Januar 1919 bis 7. Dezember 1923), veröffentlicht vom französischen Ministerium der Auswärtigen Angelegenheiten, Berlin 1924, S. 9 f.

147 P. Mantoux (Hrsg.): Les délibérations du Conseil des Quatre (24 mars–28 juin 1919), Vol. I, Paris 1955, S. 42 ff., 72.

148 Ebd., S. 50 f.

149 Vgl. Paul Wentzcke: Drei »Brückenköpfe« am Rhein, in: *Zeitschrift für Geopolitik* 7/1927, S. 600–604.

150 Karlheinz Dederke: Deutschland zwischen West und Ost 1919–1932, Stuttgart 1971, S. 7.

151 Vgl. Ernst Tiessen: Der Friedensvertrag von Versailles und die Politische Geogra-

phie, in: *Zeitschrift für Geopolitik* 4/1924, S. 203–220; ders.: Versailles und Fortsetzung. Eine geopolitische Studie, Berlin-Grunewald 1924.

152 Vgl. Jacques Bariéty, a.a.O. (Anm. 92). Ferner Hellmuth Auerbach: Als Paris den Rheinstaat wünschte, in: *Süddeutsche Zeitung*, Nr. 251, 31. Oktober / 1. November 1978, S. 10.

153 Vgl. Karl Dietrich Erdmann: Die minimalen und maximalen Kriegsziele Frankreichs: Elsaß Lothringen und die Kontrolle des Rheins, in: Adenauer in der Rheinlandpolitik nach dem Ersten Weltkrieg, Stuttgart 1966, S. 13–20.

154 Gitta Steinmeyer: Die Grundlagen der französischen Deutschlandpolitik 1917–1919, Stuttgart 1979, S. 13.

155 Vgl. Klaus Hänsch: Frankreich. Eine politische Landeskunde, Berlin 1967, S. 100.

156 Vgl. Hans Rohde: Deutsch-französische Machtfaktoren (Potentiels de Guerre). Ein vergleichender Beitrag zur Abrüstungsfrage, Berlin 1932.

157 Jacques Bariéty: Les relations franco-allemandes après la première guerre mondiale. Paris 1977, S. 752 f. Zitiert nach Wilfried Pabst: Das Jahrhundert deutsch-französischer Konfrontation. Hannover 1983, S. 83/84.

158 Ferdinand Foch: Erinnerungen von der Marneschlacht bis zur Ruhr, Dresden 1929, S. 147.

159 Ebd., S. 172.

160 Charles de Gaulle: Lettres, notes et carnets juin 1940 – juilet 1941, suivi d'un complément pour les années 1905 – juin 1940, Paris 1981, S. 437. Zitiert nach Wilfried Pabst: Das Jahrhundert der deutsch-französischen Konfrontation. Ein Quellen- und Arbeitsbuch zur deutsch-französischen Geschichte von 1866 bis heute, Hannover 1983, S. 97.

161 Hans Speidel: Französischer Sicherheitsbegriff und französische Führung. Denkschrift vom 5. Juli 1937, Wiederabdruck in: Hans Speidel: Aus unserer Zeit. Erinnerungen, Berlin 1977, S. 432 f.

162 Norman J.G. Pounds: The Origin of the Idea of Natural Frontiers in France, in: *Annals Assoc. Amer. Geogr.* 41/1951, S. 146–157.

163 Norman J.G. Pounds: France and »Les Limites Naturelles« from the Seventeenth to the Twentieth Centuries, in: *Annals Assoc. Amer. Geogr.* 44/1954, S. 51–62.

164 Vgl. hierzu auch Julian V. Minghi: Grenzen in der Politischen Geographie, in: Politische Geographie, hrsg. von Josef Matznetter, Darmstadt 1977, S. 367f.

165 Vgl. Hans-Georg Ehrhart: Das europäische System und Frankreichs Rolle im Ost-West-Konflikt, in: Wilhelm Bruns (Hrsg.): Die Ost-West-Beziehungen am Wendepunkt? Bilanz und Perspektiven, Bonn 1988, S. 136; Raymond Poidevin: Frankreich und die Deutsche Frage, in: Die Deutsche Frage im 19. und 20. Jahrhundert, hrsg. von Josef Becker und Andreas Hillgruber, München 1983, S. 405–420.

166 Vgl. Charles de Gaulle: Mémoires de guerre. Le Salut. Paris 1959, S. 46 f. Zitiert nach Hans-Georg Ehrhart, a.a.O.

167 Vgl. Hans-Georg Ehrhart, a.a.O.

168 Richard Thilenius: Die Teilung Deutschlands. Eine zeitgeschichtliche Analyse, Hamburg 1957 (Ausgabe Juli 1967), S. 129.

169 Ebd., S. 130.

170 Vgl. die Rezension von Manfred Funke zu Jochen Thies / Kurt von Daak: Südwestdeutschland Stunde Null. Die Geschichte der französischen Besatzungszone 1945–1948. Ein Bild/Text-Band, Düsseldorf 1979, in: *Das Parlament*, Nr. 18, 3. Mai 1980, S. 11.

171 Ebd.

172 Zitiert nach Richard Thilenius, a.a.O., S. 131.
173 Ebd.
174 Ebd.
175 Vgl. hierzu die Rezension von Heinz Brill, in: *Zeitschrift für Politik* 23/1976, S. 191
176 Vgl. Klaus Hänsch: Frankreich zwischen Ost und West. Die Reaktion auf den Ausbruch des Ost-West-Konfliktes 1946–1948, Berlin–New York 1972, S. 23.
177 Vgl. ebd., S. 40.
178 Vgl. Raymond Poidevin: Die französische Deutschlandpolitik 1943–1949, in: Die Deutschlandpolitik Frankreichs und die französische Zone 1945–1949, hrsg. von Claus Scharf und Hans-Jürgen Schröder, Wiesbaden 1989, S. 15–25.
179 Vgl. Klaus Hänsch, a.a.O., S. 82 ff.; 101 ff.
180 Klaus Hänsch: Frankreich. Eine politische Landeskunde Berlin 1967, S. 101.
181 Vgl. Klaus Hänsch: Frankreich zwischen Ost und West (s. Anm. 176).
182 Vgl. hierzu statt vieler Alain Lattard: Zielkonflikte französischer Besatzungspolitik in Deutschland. Der Streit Laffon-Koenig 1945–1947, in: *Vierteljahreshefte für Zeitgeschichte*, 39/1991, S. 1–35.
183 Vgl. R. Lauret: Les trois Grands et la bombe atomique, Hachette 1946, S. 10 ff.
184 Vgl. Klaus Hänsch, a.a.O., S. 28.
185 Zitiert nach Heinrich Bodensieck: Die Deutsche Frage seit dem Zweiten Weltkrieg., S. 44.
186 André Beaufre: Vorfeld und Hinterland. Frankreich und Deutschland von der Warte der Verteidigungspolitik, in: *Wehrkunde*, Nr. 3, 1966, S. 113–118. Diese Studie ist von General Beaufre auf der III. Internationalen Wehrkunde-Begegnung in München am 29./30. Januar 1966 als Diskussionsgrundlage vorgelegt worden. Wiederabdruck erfolgte unter dem Titel »Vorfeld und Hinterland. Verteidigung für Deutschland und Frankreich – Gemeinsamkeit und Gegensätze« in dem Sammelwerk von Wolfram von Raven: Armee gegen den Krieg – Wert und Wirkung der Bundeswehr, Stuttgart 1966, S. 176 ff.
187 Vgl. Verteidigung, hrsg. von Emil Obermann, Stuttgart 1970, S. 522.
188 André Beaufre, in W. von Raven, a.a.O., S. 177; Hans-Georg von Studnitz: Bismarck in Bonn, S. 87.
189 So der damalige Brigadegeneral H. Bertram in seinem Aufsatz »Der deutsche Beitrag zur NATO-Sicherheit durch Integration«, in: *Flugwelt*, Heft 5, Mai 1965, S. 361 f. Ferner Ludwig Mailinger: MBFR – Die Sicherheitspolitik der Bundesrepublik Deutschland und die Wiener Abrüstungsverhandlungen. Beiträge zur internationalen Politik (3) der Hochschule der Bundeswehr München, hrsg. von Jürgen Schwarz, München 1980.
190 Heinz Trettner, a.a.O., S. 118. Vgl. hierzu auch Gustav W. Heinemann, der in seinem Entlassungsschreiben an Konrad Adenauer vom 9. Oktober 1950 u.a. schrieb: »Wir dürfen uns völlig klar darüber sein, daß die Westmächte um ihres eigenen Schutzes willen eine etwaige Auseinandersetzung mit dem Osten lieber auf deutschem Boden als in ihren Heimatländern vollziehen.« Heinemann verweist hierbei ausdrücklich auf die Erklärungen von Jules Moch zur französischen »Glacis-Politik«.
191 André Beaufre, a.a.O., S. 178.
192 Vgl. Heinz Brill: Frankreichs taktisch-nukleares Waffensystem Pluton. Ein wehrgeopolitisches Problem, in: *Wehrkunde*, 9/1975, S. 441–448.
193 Vgl. Paris stoppt das umstrittene Projekt der Hadès-Raketen, in: *Kölner Stadt-Anzeiger*, Nr. 136, 13./14. Juni 1992, S. 1.

194 Vgl. Klaus Hänsch: Frankreich. Eine politische Landeskunde, Berlin 1967, S. 102f.
195 Ebd., S. 99.
196 Renata Fritsch-Bournazel: Deutschlands Rolle in Europa aus Pariser Sicht, in: *Beiträge zur Konfliktforschung* 2/1983, S. 30f.
197 Vgl. Horst Möller: Sicher mit dem deutschen Nachbarn, in: *Rheinischer Merkur / Christ und Welt* (1990).
198 Vgl. ebd.
199 Vgl. auch Bruno Charrière: Frankreich und die Deutsche Frage, in: *Führungsakademie der Bundeswehr.* Jahresbericht 1991/1992, S. 49ff.
200 Vgl. Horst Möller, a.a.O.
201 Günther Nonnenmacher: Zwischenprüfung für die Gemeinschaft. Der Konflikt in Jugoslawien wird zeigen, ob aus der EG eine politische Union werden kann, in: *Frankfurter Allgemeine Zeitung,* Nr. 188, 15. August 1991, S. 8.
202 Vgl. Richard Hennig: Geopolitik, Leipzig und Berlin 1928, S. 204–206.
203 Vgl. Rudolph Chimelli: Mitterands polnische Variante, in: *Süddeutsche Zeitung,* Nr. 57, 9. März 1990, S. 4; Peter Ruge: Frankreich und die UdSSR beschließen Entente in Paris. Enge Konsultationen, »wenn Frieden bedroht ist«, in: *Die Welt,* Nr. 254, 30. Oktober 1990, S. 1; Freundschaftsvertrag zwischen Paris und Prag, in: *Süddeutsche Zeitung,* Nr. 228, 2./3. Oktober 1991, S. 10; Hanspeter Oschwald: Mitterands kurioser Einkreisungsversuch mit Polen. Wie Frankreich seine Vormachtstellung gegenüber Deutschland sichern will, in: *Die Welt,* Nr. 56, 6. März 1990, S. 2.
204 Heinz Pächter: Weltmacht Rußland. Außenpolitische Strategie in drei Jahrhunderten, Oldenburg und Hamburg 1968, S. 7.
205 Dietrich Geyer: Voraussetzungen sowjetischer Außenpolitik in der Zwischenkriegszeit, in: Osteuropa-Handbuch, hrsg. von Dietrich Geyer, Bd. Sowjetunion, Teil: Außenpolitik I, Köln/Wien 1972, S. 1.
206 Ebd. Dort auch weiterführende Literatur qualifizierter Spezialstudien zu einzelnen Perioden und Problemfeldern der sowjetischen Außenpolitik.
207 Ebd. So geht Heinz Pächter: Weltmacht Rußland, Außenpolitische Strategie in drei Jahrhunderten, Hamburg 1968, von einer ungebrochenen Kontinuität der zaristischen und sowjetischen Außenpolitik aus. Vgl. auch Boris Meissner und Gotthold Rhode (Hrsg.): Grundfragen sowjetischer Außenpolitik, Stuttgart–Berlin–Köln–Mainz 1970; Russian Foreign Policy. Essays in Historical Perspective, hrsg. v. I. J. Lederer, New Haven 1962.
208 Dietrich Geyer, a.a.O., S. 1.
209 Zur Bedeutung der geographischen Faktoren: Boris Meissner: Die Konstanten und variablen Faktoren russischer Außenpolitik, in: Boris Meissner und Gotthold Rhode (Hrsg.): Grundfragen sowjetischer Außenpolitik, S. 9ff; Dietrich Geyer: Staatsterritorium und Interessenlage, in: Osteuropa-Handbuch, S. 2ff. Weitere Literatur bei Geyer: J. C. Adams: Two Constants in Russian Foreign Politicy, in: Power, Public Opinion and Diplomacy. Essays in Honor of E. M. Caroll, Durham (N.C.) 1959, S. 338–370; C. E. Black: The Pattern of Russian Objectives, in: Russian Foreign Policy, S. 3–38. Grundsätzliches zur Methodologie bei Carsten Goehrke: Versuch einer Analyse des Stellenwerts geographischer Gegebenheiten im Spiel der historischen Kräfte, in: *Jahrbücher für Geschichte Osteuropas,* 1970, Nr. 2, S. 161–204.
210 Dietrich Geyer, a.a.O., S. 3. Das russische Staatsgebiet ist seit der Regierungszeit des Großfürsten Iwan III. im 15. Jahrhundert von 840 000 qkm auf 21,5 Mio. qkm im Jahre 1897 angewachsen (vgl. B. Meissner, a.a.O., S. 10). Seit dem Jahre 1945 verfügt die Sowjetunion über ein Staatsgebiet von 22 402 200 qkm und ist damit mit

Abstand der größte Staat der Erde. Vor ca. 300 Jahren verlief die russische Westgrenze 180 km von Moskau. Seit 1945 liegt die Peripherie des Hegemonialbereichs 2 300 km entfernt.

211 Boris Meissner, a.a.O., S. 9f.
212 Vgl. Dietrich Geyer, a.a.O., S. 3f. Geyer verweist hier auf die »zugespitzte Deutung der russischen Geschichte unter dem Gesichtspunkt eines kontinuierlichen Drangs zum Meer« von R. J. Kerner: The Urge to the Sea. The Course of Russian History, Berkeley 1952. Zum Meerengenproblem selbst siehe statt vieler E. Zechlin: Die türkischen Meerengen. Ein Brennpunkt der Weltgeschichte, in: *Geschichte in Wissenschaft und Unterricht* 1966, Nr. 1, S. 1–31.
213 Boris Meissner, a.a.O., S. 10.
214 R. Essén: Die russische Gleichung, Leipzig 1943, S. 20f.
215 Dazu die Zusammenfassung von Gotthold Rhode: Russische Politik gegenüber Polen von Peter dem Großen bis Chruščev. Konstanten und Varianten, in: Grundfragen sowjetischer Außenpolitik, hrsg. von B. Meissner und G. Rhode, Stuttgart 1970, S. 41–63.
216 Dietrich Geyer, a.a.O., S. 4.
217 Vgl. K. Koerlin: Zur Vorgeschichte des russisch-französischen Bündnisses 1879-1890, Halle/Saale 1926; Peter Jakobs: Das Werben des französisch-russischen Zweibundes 1890–1894, Wiesbaden 1968.
218 Aber auch Frankreich betrachtet die Sowjetunion im Rahmen des europäischen Gleichgewichts als seinen natürlichen Verbündeten. Weitere Literatur: Raimond Jean Guiton: Paris–Moskau. Die Sowjetunion in der auswärtigen Politik Frankreichs seit dem zweiten Weltkrieg, Stuttgart 1956; Jürgen Schwarz: Grundzüge der Ostpolitik de Gaulles insbesondere in den Jahren 1958 bis 1963, in: Adenauer-Studien III, hrsg. von Rudolf Morsey und Konrad Repgen, Mainz 1974, S. 92–115, hier: S. 111. Eine der letzten Äußerungen zu diesem Regelkreis stammt von François Mitterrand. In einem Interview meinte er: »Enge Beziehungen zwischen Frankreich und der Sowjetunion sind unerläßlich für das Gleichgewicht in Europa. Das ist eine Konstante der französischen Diplomatie durch Jahrhunderte hindurch. Aufgrund der Ergebnisse im Zentrum Europas brauchte Frankreich immer ein östliches Gleichgewicht. Ich glaube auch heute noch an diese Notwendigkeit«, in: *Die Welt*, Nr. 113, 16.05.1974, S. 7.
219 Dazu der Überblick von Gerhard Wettig: Kontinuität und Wandel der russischen Deutschland-Politik 1815-1969, in: Grundfragen sowjetischer Außenpolitik, hrsg. von B. Meissner und G. Rhode, Stuttgart 1970, S. 65–94.
220 Dietrich Geyer, a.a.O., S. 4f.
221 Dietrich Geyer, a.a.O., S. 5.
222 Ebd.
223 Walter Theimer, Artikel »Cordon sanitaire«, in: Lexikon der Politik, 7., neubearbeitete Auflage, Bern und München 1967, S. 119.
224 Zuerst von Pichon in der Kammer gebraucht am 29.03.1919. Vgl. Ernst Birke: Die französische Osteuropa-Politik 1914 bis 1918, in: *Zeitschrift für Ostforschung* 3/1954, S. 357. Vgl. Artikel »Cordon sanitaire«, in: Meyers Enzyklopädisches Lexikon, Bd. 6, Mannheim–Wien–Zürich 1972, S. 20f. Aber auch Marschall Pilsudski, der eigentliche Herr Polens, hatte ein starkes Interesse an der Schaffung eines breiten Gürtels unabhängiger Staaten in Ostmitteleuropa, um die sowjetrussische Macht in Schach zu halten. Vgl. Harald Laeuen: Polnische Tragödie, 2. Auflage, Stuttgart 1956, S. 289–293.

225 Dieser Begriff entstand nach dem 1. Weltkrieg. Er bezeichnet jenen vom Eismeer bis an die Ägäis reichenden Streifen, der nach der Niederlage Deutschlands, der Zerschlagung Österreich-Ungarns, der Rückdrängung Rußlands und der schon vorher erfolgten Verdrängung der Türkei zahlreiche Mittel- und Kleinstaaten beherbergte. Die meisten dieser Staaten waren Neugründungen nach 1918, die anderen erfuhren damals erhebliche Umbildungen. In ihnen gelangten die in diesem Raum siedelnden kleineren Nationen – teilweise zum ersten Male in der Geschichte – zu eigener Staatlichkeit. Vgl. Artikel Europa/Zwischeneuropa von Rolf-Joachim Sattler, Beiträge zu einem Lexikon historischer Grundbegriffe, Sonderdruck aus dem Internationalen Jahrbuch für Geschichtsunterricht 1959/60, S. 33.

226 Das mit Ostmitteleuropa bezeichnete Gebiet entspricht etwa dem schon besprochenen Zwischeneuropa. Der Begriff Ostmitteleuropa hat jedoch nicht den pejorativen Klang, mit dem Zwischeneuropa auf jenes Vakuum hinweisen will, das durch das gleichzeitige Verschwinden mehrerer Großmächte entstand und die Voraussetzung zur Bildung ephemerer Kleinstaaten schuf. Ostmitteleuropa gilt da, wo über den Begriff gründlich nachgedacht wird (vor allem bei Halecki und jenen, die auf seinen Ergebnissen fußen), als eine geschichtlich und kulturell ausgeprägte und von anderen deutlich abgehobene Größe neben West- und Mitteleuropa. Daß diesem Gebiet und seinen Gliedern für Jahrhunderte die Eigenstaatlichkeit versagt blieb oder verlorenging, schränkt nach dieser Auffassung die ihm zugeschriebene geschichtliche Eigenstellung nicht ein (vgl. Artikel Europa/Ostmitteleuropa von R.-J. Sattler, a.a.O., S. 33). Vgl. hierzu auch Fritz T. Epstein: Ost-Mitteleuropa als Spannungsfeld zwischen Ost und West um die Jahrhundertwende bis zum Ende des Ersten Weltkrieges, in: *Geschichte in Wissenschaft und Unterricht* 6/1955, S. 6ff.; Rolf-Joachim Sattler: Ostmitteleuropa als These und Tatsache, in: *Neue Politische Literatur* 1/1956, Sp. 335ff.

227 Vgl. Gotthold Rhode: Ostmitteleuropa und Südosteuropa, in: Weltgeschichte der Gegenwart, Bd. I, Die Staaten, hrsg. von Felix von Schroeder, Bern und München 1962, S. 258.

228 Oskar Halecki: Europa, Grenzen und Gliederung seiner Geschichte, Darmstadt 1957, S. 127; ders.: Soviet Russia and the Cordon Sanitaire, in: *Thought* 20/1947, S. 87–92; ders.: Grenzraum des Abendlandes. Eine Geschichte Ostmitteleuropas, Salzburg o. J.; Michael Freund: Deutsche Geschichte, Gütersloh 1964, S. 452.

229 Vgl. Gotthold Rhode, a.a.O., S. 258.

230 Vgl. Bruno Gebhardt: Handbuch der Deutschen Geschichte, 8., völlig neubearbeitete Auflage, hrsg. von Herbert Grundmann, Bd. 4: Die Zeit der Weltkriege, von Karl Dietrich Erdmann, 4. Nachdruck, Stuttgart 1965, S. 102f. Was die französische Bündnispolitik gegenüber Deutschland und der Sowjetunion betrifft, so schloß Frankreich 1921 Bündnisse mit Polen (1926 erneuert) und Rumänien ab. 1922 kamen Freundschaftsverträge zwischen Polen, Lettland, Estland und Finnland zustande. 1926 folgten Bündnis- und Freundschaftsverträge zwischen Rumänien und Polen, Frankreich und Italien. Die Politik des Cordon sanitaire wurde durch das Abkommen von Rapallo (1922) vom Deutschen Reich erstmals durchbrochen, durch das Einschwenken Frankreichs auf eine Sicherheitspolitik (Kleine Entente) in der Sorge vor einem wiedererstarkten Deutschland und durch den Eintritt der UdSSR in den Völkerbund (1934) abgeschwächt. Vgl. Artikel »Cordon sanitaire«, in: Meyers Enzyklopädisches Lexikon, Bd. 6, Mannheim–Wien–Zürich, S. 20f.

231 Bruno Gebhardt: Handbuch der Deutschen Geschichte, 8. Auflage, Bd. 4, S. 103.

232 Lloyd George in seiner großen Denkschrift von Fontainebleau »Some Considerati-

ons for the Peace Conference before they finally draft their terms« vom 25.03.1919. Zitiert nach Ernst Birke, a.a.O., S. 358.

233 Vgl. H. J. Mackinder: The Geographical Pivot of History, in: *The Geographical Journal*, Nr. 4, Vol. XXIII, pp. 421–437, London 1904.

234 Vgl. Ernst Birke, a.a.O., S. 358.

235 Ebd.

236 Documents on British Foreign Policy, 1. Serie, Bd. 2, No. 56.

237 A. Brackmann (Hrsg.): Deutschland und Polen (1933).

238 Gotthold Rhode: Die Entstehung der Curzon-Linie, in: *Osteuropa* 5/1955.

239 Zitiert bei Bruno Gebhardt, a.a.O., S. 103f.

240 Vgl. Gotthold Rhode, a.a.O., S. 258, 272f., 276. Das Bündnissystem war nicht zuletzt deswegen so labil, weil das Verhältnis zwischen Polen und der Tschechoslowakei selbst machtpolitischen Spannungen ausgesetzt war.

241 Georg v. Rauch: Geschichte der Sowjetunion, Stuttgart 1969, S. 251. Wegen der deutschen Wiedererstarkung unternahm Frankreich im Jahre 1934 den Versuch, einen multilateralen Ostpakt unter Einschluß der Sowjetunion zur Erhaltung des Status quo zustande zu bringen, der die sofortige Hilfeleistung gegen einen unprovozierten Angriff vorsah. Das Zustandekommen des »Ostpaktes« scheiterte vor allem am Widerstand Polens. Der polnische Außenminister Beck, der versuchte, die Außenpolitik Pilsudskis weiterzuführen, befürchtete in einem solchen Bündnissystem eine allzu weitgehende Einflußnahme der Sowjetunion auf die Entwicklung Ostmitteleuropas. Vgl. hierzu Gotthold Rhode, a.a.O., S. 278. Bereits im Jahre 1927 bot die Sowjetunion (wenn auch aus anderen Motiven) der französischen Regierung einen Nichtangriffspakt an. Nachdem der Quai d'Orsay die Einbeziehung Polens und Rumäniens in dieses Vertragssystems verlangte, kam eine solche Vereinbarung ebenfalls wegen polnischer Forderungen nicht zustande. Hingegen schloß Polen zur Überraschung Frankreichs und der Sowjetunion am 26.01.1934 einen »Nichtangriffspakt und Freundschaftsvertrag« mit dem Deutschen Reich ab. Der Vertrag hatte für Hitler den großen Vorteil, daß das französische Sicherheitssystem in Osteuropa gelockert wurde; denn er entwertete das französisch-polnische Bündnis aus dem Jahre 1921. In der Folge traf sich der Wunsch Rußlands, bei den Westmächten gegen Deutschland Anschluß zu suchen, mit dem Verlangen Frankreichs, an Stelle Polens einen neuen Partner für sein östliches Bündnissystem zu gewinnen. Vgl. Weltgeschichte, Bd. 5, Weltgeschichte des 20. Jahrhunderts, von Erich Gruner und Eduard Sieber, Erlenbach/ Zürich und Stuttgart, S. 156. Die französisch-russische Annäherung führte am 02.05.1935 zum Abschluß eines auf fünf Jahre befristeten »Beistandspaktes«. Allerdings konnte Frankreich dieses Bündnisses nie recht froh werden, es krankte an innerer Schwäche. Rußland und Deutschland besaßen keine gemeinsame Grenze. Da Polen verständlicherweise gegenüber der Sowjetunion von tiefem Mißtrauen erfüllt war und sich deshalb weigerte, im Kriegsfalle russischen Truppen den Durchmarsch zu gestatten, mußte dieses Bündnis im Entscheidungsfall wirkungslos bleiben. So bot der Pakt mit Sowjetrußland keinen Ersatz für das brüchig gewordene französische Bündnissystem in Osteuropa. Vgl. Weltgeschichte des 20. Jahrhunderts, a.a.O., S. 157.

242 Vgl. Gotthold Rhode, a.a.O., S. 258. Vgl. auch Heinz Brahm: Der Übergang der Sowjetunion zur außenpolitischen Aktion, in: *Locarno und die Weltpolitik* (1924 bis 1932), hrsg. von Hellmuth Rößler unter Mitarbeit von Erwin Hölzle, Göttingen 1969, S. 133f.

243 Boris Meissner und Gotthold Rhode (Hrsg.): Grundfragen sowjetischer Außenpoli-

216

tik, Stuttgart/Berlin/Köln/Mainz 1970, S. 9. Russian Foreign Policy. Essays in Historical Perspective, hrsg. von I. J. Lederer, New Haven 1962.

244 Vgl. Kurt W. Gasteyger: Europapolitik, in: Fischer Lexikon/Internationale Beziehungen, hrsg. von Karl Dietrich Bracher und Ernst Frankel, Frankfurt a. M. 1969, S. 99.

245 Vgl. Oskar Halecki: Soviet Russia and the Cordon Sanitaire, in: *Thought* 20/1947, S. 87–92.

246 Vgl. Edward R. Stettinius: Roosevelt and the Russians. The Yalta Conference, London 1950, S. 277.

247 Vgl. Ernst Birke: Zur Sowjetisierung Ost-Mitteleuropas (Forschungsbericht), in: *Zeitschrift für Ostforschung* 9/1960, S. 78–101. Ferner Studien Forschungskreis Wehr und Wirtschaft. Grundfragen der deutschen Wehrpolitik. Hier: Die geopolitische Bedeutung des Sowjetischen Vorfeldes, in: *Wehr und Wirtschaft* 1/1969, S. 36.

248 Vgl. Thomas Wolfe: Moskaus strategisches Interesse an der DDR, in: *Europa-Archiv* 15/1971, S. 536; Eberhard Schulz/Hans Dieter Schulz: Braucht der Osten die DDR?, Opladen 1968.

249 Vgl. statt vieler Heinz Brill: Containment contra Disengagement, in: Zentraleuropa: Glacis oder Cordon Sanitaire? Eine geostrategische Betrachtung, in: *Wehrkunde* 8/1974, S. 359ff.

250 Heinz Pächter: Weltmacht Rußland. Außenpolitische Strategie in drei Jahrhunderten. Oldenburg und Hamburg 1968, S. 6/7.

251 Vgl. Lothar Rühl: Die Rückkehr des Bären. In: *Die Welt*, 3. Februar 1993, S. 3.

252 Vgl. Olga Alexandrova: Geostrategische Neuordnung in der früheren UdSSR. In: *Außenpolitik*, IV/1992, S. 324ff.

253 Vgl. Wolfgang Pfeiler: Konflikte, Krisen, Kriege. Rußlands Geopolitik und die künftige europäische Sicherheit, in: *Aus Politik und Zeitgeschichte*, B 18-19/94, 6. Mai 1994, S. 20–31.

254 Ähnliche Vorschläge machte auch Außenminister Baker kurz darauf in eine Rede am 12. Dezember 1989 vor dem Berliner Presse-Club. Dokument dazu in: *Europa-Archiv* 4/1990, D. 77 – D. 84.

255 Zitiert nach Michael H. Haltzel: Amerikanische Einstellungen zur deutschen Wiedervereinigung, in: *Europa-Archiv* 4/1990, S. 127–132.

256 Diese Politik der Besonnenheit sollte jedoch nicht mit der ähnlichen Politik in Paris und London verwechselt werden.»Ohne diese deutliche amerikanische Unterstützung der sich zu Beginn 1990 abzeichnenden Einheit Deutschlands hätten die europäischen Verbündeten weitaus länger den retardierenden Part in diesem Prozeß gespielt.« So Thomas Kielinger: Nach der Revolution 1989/90: Die deutschen Interessen, in: Dieter Mahncke (Hrsg.): Amerikaner in Deutschland. Grundlagen und Bedingungen der transatlantischen Sicherheit, Bonn–Berlin 1991, S. 103.

257 Vgl. Michael Haltzel, a.a.O., S. 131.»Die Regierung Bush ist definitiv auf eine starke Unterstützung für Gorbatschow und seine Reformen umgeschwenkt und hat sich bemüht, ihr Eintreten für eine deutsche Vereinigung beizubehalten, ohne den sowjetischen Führer zu schwächen.«

258 Vgl. Bernd W. Kübbig: Geteilt oder eins?, in: ders. (Hrsg.): Transatlantische Unsicherheit. Die amerikanisch-europäischen Beziehungen im Umbruch, Frankfurt a. M. 1991. S. 200–215, hier S. 210.

259 Vgl. Erhard Forndran: Die Vereinigten Staaten von Amerika und Europa. Erfahrungen und Perspektiven transatlantischer Beziehungen seit dem Ersten Weltkrieg, Baden-Baden 1991, S. 425f.

260  Vgl. Chronik der Woche, in: *Das Parlament* 22/1990.
261  Vgl. Gerhard Wettig: Deutsche Vereinigung und europäische Sicherheit, in: *Außenpolitik* 1/91, S. 13–20. Wettig betont nicht nur die strategische Lage der Bundesrepublik, sondern weist auch auf den deutschen Beitrag zur NATO als wichtigen Aspekt hin.
262  Zitiert nach Hans Peter Riese: Die Geschichte hat sich ans Werk gemacht. Der Wandel der sowjetischen Position zur Deutschen Frage, in: *Europa-Archiv* 4/1990, S. 118.
263  Zitiert nach ebd., S. 123.
264  Dokument dazu in: *Europa-Archiv*, Nr. 4/1190, D. 77 – D. 84.
265  Vgl. Stefan Fröhlich: Umbruch in Europa. Die deutsche Frage und ihre sicherheitspolitischen Herausforderungen für die Siegermächte, in: *Aus Politik und Zeitgeschichte* B 29/1990, S. 35–45, hier S. 43.
266  Vgl. Hannes Adomeit: Gorbachev and German Unification: Revision of Thinking, Realigment of Power, in: *Problems of Communism*, July-August 1990, Vol. XXXIX, S. 1–23, hier S.13.
267  Vgl. Roland Höhne: Frankreichs Stellung in der Welt. Weltmacht oder Mittelmacht?, in: *Aus Politik und Zeitgeschichte* B 47-48/1991, S. 44.
268  Ebd., S. 45.
269  Vgl. Walter Schütze: Frankreich angesichts der deutschen Einheit, in: *Europa-Archiv* 4/1990, S. 133-138.
270  Vgl. Roland Höhne, a.a.O., S. 45f.
271  Vgl. Walter Schütze, a.a.O., S. 138, Anm. 16.
272  Vgl. Stefan Fröhlich, a.a.O., S. 39.
273  Vgl. Angelika Volle: Das lange Zögern der Maggie Thatcher. Londons Probleme mit der deutschen Einigung, in: *Das Parlament*, Nr. 23-24/1990, S. 15.
274  Vgl. Richard Davy: Großbritannien und die Deutsche Frage, in: *Europa-Archiv* 4/1990, S. 141.
275  William Wallace: Britische Außen- und Verteidigungspolitik: Thatcherismus und die Folgen, in: *APZG* B 28/1991, S. 45.
276  Vgl. Stefan Fröhlich, a.a.O., S. 40.
277  Zitiert bei Ulrich Albrecht: Die Abwicklung der DDR. Die »2+4-Verhandlungen«. Ein Insiderbericht, Opladen 1992, S. 179.
278  Über den Prestigewert von Atomwaffen für Groß- und Supermächte siehe Ernst-Otto Czempiel: Die neue Welt der Supermächte, in: *Aus Politik und Zeitgeschichte*, B 36/1991, S. 34–39, hier S. 36.
279  Vgl. *Sunday Times* vom 1. April 1990; zitiert nach Stefan Fröhlich: Die Rolle Großbritanniens im Prozeß der deutschen Einheit, in: APZG B 29/1990, S. 35–45.
280  Vgl. Karl Kaiser: Deutschlands Vereinigung. Die internationalen Aspekte, Bergisch Gladbach 1991, S. 40–45.
280  Ebd.
281  Ebd.
282  Ebd.
283  Ebd.
284  Vgl. Eckart Arnold: German Foreign Policy and Unification. In: *International Affairs*, Oxford, Vol. 67, Nr. 3/1991, S. 455.
285  Karl Kaiser, a.a.O.
286  Exemplarisch für diese Politik war Außenminister Genschers Erklärung vom 31. Januar 1990: »Die Bundesrepublik muß die Frage beantworten, wie sie es im

218

Falle der deutschen Einheit mit ihrer Mitgliedschaft in der Europäischen Gemeinschaft und im westlichen Bündnis hält. Die Antwort ist eindeutig, unsere Mitgliedschaft in der EG im Falle der Einheit ist unwiderruflich und der Wille zu fortschreitender Integration hin zur politischen Union auch. Das gleiche gilt für die Mitgliedschaft im westlichen Bündnis. Ein ›neutralistisches Gesamtdeutschland‹ wollen wir nicht.« Zitiert bei Karl Kaiser, a.a.O., S. 191.

287 Vgl. Gilbert Göring: Die vertragliche Regelung der mit der deutschen Vereinigung verbundenen auswärtigen Probleme, in: *Außenpolitik* 1/1991, S. 3–12, hier S. 6.

288 Vgl. Karl Kaiser, a.a.O., S. 45f.

289 Zur »geopolitischen bzw. geostrategischen Lage in der konkreten Raum-Mächte-Konstellation« siehe Martin Schwind: Die räumlichen Kategorien des Staates. In: Allgemeine Staatengeographie. Berlin–New York 1972, S. 9–169.

290 Bernhard Friedmann: Einheit statt Raketen. Thesen zur Wiedervereinigung als Sicherheitskonzept, Herford 1987, S. 62.

291 Adolf Heusinger: Sicherheitsfragen der westlichen Welt, in: *Politische Vierteljahresschrift* VI/1965, S. 264.

292 Heinz Trettner, a.a.O.

293 Daniel Frei: Neutralisierung und Disengagement als geographische Abrüstung, in: ders.: Kriegsverhütung und Friedenssicherung. Eine Einführung in die Probleme der internationalen Beziehungen, Frauenfeld und Stuttgart 1970, S. 183–190.

294 Richard von Weizsäcker: Die deutsche Geschichte geht weiter, Berlin 1983.

295 Vgl. hierzu die Rezension von Heinz Brill: Deutschlands Aufgabe – Grenze oder Mitte?, in: *Das Parlament*, Nr. 27, 7. Juli 1984, S. 18.


III. TEIL

DEUTSCHLANDS GEOPOLITISCHE LAGE
ZU BEGINN DER 90ER JAHRE

1 Vgl. Alfred Jüttner: Die deutsche Frage. Eine Bestandsaufnahme, Köln–Berlin–Bonn–München 1971, S. 94.

2 Ebd.

3 Ebd.

4 Vgl. Walther Hofer (Hrsg.): Europa und die Einheit Deutschlands. Eine Bilanz nach 100 Jahren, Köln 1970; Horst Groepper: Deutschland und Europa, in: *Zur Lage der Nation*, hrsg. von Jordis von Lohausen u.a., Krefeld 1982, S. 117–174; Renata Fritsch-Bournazel: Das Land in der Mitte. Die Deutschen im europäischen Kräftefeld, München 1986; dies.: Europa und die deutsche Einheit, München 1990; Michael Stürmer: Die deutsche Frage als europäisches Problem, Mainz 1984.

5 Andreas Hillgruber: Die Deutsche Frage im 19. und 20. Jahrhundert – Zur Einführung in die nationale und internationale Problematik, in: Deutsche Frage im 19. und 20. Jahrhundert, hrsg. von Josef Becker/Andreas Hillgruber, München 1983, S. 5f.

6 Michael Stürmer: Die Grenzen der Macht. Begegnung der Deutschen mit der Geschichte, Berlin 1992.

7 Gregor Schöllgen: Die Macht in der Mitte Europas. Stationen deutscher Außenpolitik von Friedrich dem Großen bis zur Gegenwart, München 1992.

8 Vgl. Michael Stürmer, a.a.O., S. 221ff.
9 Vgl. Geert Bakker: Duitse Geopolitiek 1919–1945. Eine imperialistische Ideologie. Mit einer deutschen Zusammenfassung, Utrecht 1967, S. 173f. Siehe hierzu auch den Artikel »Einkreisungspolitik« in: Lexikon der Politik, 7. Auflage, Bern und München 1967, S. 163.
10 Zu diesem Ergebnis gelangt Hans-Peter Schwarz u.a. über Adenauers Außenpolitik im Spiegel der vierbändigen Memoiren Adenauers. Quelle: Adenauer-Studien I, hrsg. von Rudolf Morsey und Konrad Repgen, Mainz 1971. Hier: Hans-Peter Schwarz: Das außenpolitische Konzept Konrad Adenauers, S. 85.
11 Eberhard Pikert: Theodor Heuss und Konrad Adenauer, in: Adenauer Studien I, a.a.O., S. 65.
12 Konrad Adenauer: Erinnerungen 1953-1955, Stuttgart 1966, S. 195f.
13 Hans-Peter Schwarz in: Adenauer-Studien I, a.a.O., S. 85.
14 R. Morsey: Brüning und Adenauer. Zwei deutsche Staatsmänner, Düsseldorf 1972, S. 27.
15 So Eberhard Pikart, a.a.O.
16 Rudolf Morsey, a.a.O., S. 27.
17 So Waldemar Besson: Die Anfänge der bundesrepublikanischen Außenpolitik, in: Demokratisches System und politische Praxis in der Bundesrepublik, hrsg. von Gerhard Lehmbruch, Klaus von Beyme und Iring Fetscher, München 1971, S. 374. Zitiert nach R. Morsey, a.a.O., S. 27.
18 Vgl. Tatsachen über Deutschland. Redaktion: A. Hoffmann, Frankfurt a.M. 1992, S. 7.
19 Vgl. Ludger Kühnhardt / Hans-Peter Schwarz (Hrsg.): Zwölf Nachbarn – ein Europa. Deutschland und die europäische Zukunft aus der Sicht der Diplomaten umliegender Länder, Bonn–Berlin 1991.
20 Vgl. Helmut Schmidt: Die Deutschen und ihre Nachbarn. Menschen und Mächte II, Berlin 1990.
21 Vgl. Tatsachen über Deutschland. Redaktion: A. Hoffmann. Frankfurt a. M. 1992, S. 7.
22 Vgl. Die Bundesrepublik Deutschland ist Haupttransitland, in: *Der Tagesspiegel*, 8. Mai 1992, S. 4; Dirk Fischer: Deutschland als Drehscheibe Europas, in: *Das Parlament*, Nr. 15, 3. April 1992, S. 11; Andreas Hülsmann: Die Bundesrepublik wird Europas Transitland Nr. 1. Erste gesamtdeutsche Verkehrsprognose sagte drastische Steigerung des Transportaufkommens bis 2010 voraus, in: *VDI Nachrichten*, Nr. 40, 4. Oktober 1991, S. 1.
23 Vgl. Tatsachen über Deutschland (1992), S. 7.
24 Vgl. Klaus Naumann: Bundeswehr und Verteidigung, in: *Österreichische Militärische Zeitschrift*, 1/1991, S. 35–41; ders.: Europa erlebt eine Übergangszeit der variablen Geometrien, in: *Welt am Sonntag*, Nr. 24, 14. Juni 1992, S. 31; Standortbestimmung des Generalinspekteurs der Bundeswehr, General Klaus Naumann, vor den Teilnehmern der 33. Kommandeurtagung der Bundeswehr am 12. Mai 1992 in Leipzig, in: Informationen zur Sicherheitspolitik, hrsg. vom Bundesminister der Verteidigung, Mai 1992, S. 15 ff.; General Klaus Naumann zur geopolitischen Lage und künftigen Konfliktfeldern, in: *Das Parlament*, Nr. 41, 2. Oktober 1992, S. 15.
25 Klaus Naumann vor den Teilnehmern der 33. Kommandeurtagung der Bundeswehr am 12. Mai 1992 in Leipzig, a.a.O., S. 17f.
26 Vgl. Weißbuch 1994. Weißbuch zur Sicherheit der Bundesrepublik Deutschland und zur Lage und Zukunft der Bundeswehr, hrsg. vom Bundesministerium der Verteidigung im Auftrag der Bundesregierung, Bonn 1994, S. 42.

27 Vgl. Lennart Souchon: Neue deutsche Sicherheitspolitik, Herford und Bonn 1990, S. 12.

28 Vgl. Gerhard Stoltenberg: Militärpolitische und militärstrategische Grundlagen und konzeptionelle Grundrichtung der Neugestaltung der Bundeswehr, Manuskript, Bonn, Januar 1992.

29 Vgl. »außereuropäische Konflikte«, Band III/I, Naher Osten (einschl. Nordafrika), erstellt vom European Center for International Security (Oktober 1990).

30 Vgl. Imanuel Geiss: Langfristige historische Voraussetzungen zeitgenössischer Konflikte... in: Die Welt nach dem Ost-West-Konflikt, hrsg. von Martin Robbe und Dieter Senghaas, Berlin 1990, S. 145ff.

31 Vgl. Heinz Brill: Ethnische, religiöse und politische Konflikte im europäisch-islamischen Grenzraum Balkan – Kaukasus/Mittelasien – Kurdistan, hrsg. vom Amt für Studien und Übungen der Bundeswehr, Bergisch Gladbach, Februar 1992.

32 Vgl. Sorge um Krisen in Europa. Stoltenberg: UNO-Einsatz der Bundeswehr bei Konflikten, in: *Die Welt*, Nr. 26, 31. Januar 1992, S. 10.

33 Vgl. Gerhard Stoltenberg a.a.O. (Anm. 28).

34 Ebd.

35 Vgl. Lothar Rühl: Die Mittellage Deutschlands in Europa und ihre sicherheitspolitischen Konsequenzen. Sonderforschungsvorhaben »Analysen Sicherheits-/Verteidigungspolitik IV«, Band 9, S. 145, hrsg. von der Stiftung Wissenschaft und Politik, Ebenhausen, Februar 1993.

36 Vgl. Reinhard Wolf: Deutschlands Sicherheitsinteressen in Europa. Kriterien für die Bestimmung geographischer und institutioneller Prioritäten deutscher Sicherheitspolitik. Sonderforschungsvorhaben »Analysen, Sicherheits-/Verteidigungspolitik IV«, Bd. 9, S. 217, hrsg. von der Stiftung Wissenschaft und Politik, Ebenhausen, Februar 1993.

37 Vgl. Waldemar Besson: Die Außenpolitik der Bundesrepublik, München 1970, S. 458f.

38 Vgl. David Calleo: The German Problem Reconsidered. Germany and the World Order 1979 to the Present, Cambridge 1978.

39 Vgl. Frank R. Pfetsch: Die Außenpolitik der Bundesrepublik 1949–1980, München 1981, S. 9–13.

40 Karl Kaiser und John Roper: Die Geopolitik der beiden Dreiecke, in: »Die stille Allianz«. Deutsch-britische Sicherheitskooperation, hrsg. von Karl Kaiser und John Roper, Bonn 1987, S. 311-313.

41 Herbert Kremp: Quadratur der Dreiecke, in: *Die Welt*, Nr. 29, 4. Februar 1988, S. 2.

42 Vgl. Ulrich Weisser: NATO ohne Feindbild. Konturen einer europäischen Sicherheitspolitik, Bonn/Berlin 1992.

43 Vgl. Dieter Mahncke: Die transatlantische Dimension europäischer Sicherheit: in: Europäische Friedenssicherung im Umbruch, hrsg. von Andreas M. Rauch, München 1991, S. 43-51.

44 US-Präsident George Bush in seiner Mainzer Ansprache anläßlich seines Besuches in der Bundesrepublik Deutschland am 31. Mai 1989.

45 Vgl. Peter Tarnoff: America's New Special Relationship, in: *Foreign Affairs* 3/1990, S. 67–80.

46 Vgl. Ronald D. Asmus: Germany and America: Partners in Leadership? in: *Survival* 6/1991, S. 546–566; Christopher Daase/Michael Jochum: Partner in einer Führungsrolle? Das einige Deutschland aus der Sicht der USA, in: *Außenpolitik* 3/1992, S. 237–245.

47 Vgl. US-Botschafter begrüßt neue Rolle Deutschlands, in: *Die Welt*, 9. Dezember 1993, S. 2.
48 Ronald D. Asmus: German Unification and its Ramifications. DADD Publication D-4021-A Santa Monica 1991, S. 35.
49 Vgl. *Bulletin*, 56/1991, S. 442.
50 Vgl. Weizsäcker: Deutschland für die USA unersetzlicher Partner. Präsident will mit Bush über neue Partnerschaft diskutieren, in: *Die Welt*, Nr. 97, 25. April 1992, S. 8.
51 Vgl. Gerhard von Glinski: Auf dem Forum für Deutschland in Berlin: Neue Weltordnung gesucht, in: *Rheinischer Merkur*, Nr. 12, 19. März 1993, S. 5. Jochen Thies: Deutsche schrecken vor Partnerschaft in der Führung zurück. In der Außenpolitik fehlen die klaren Konzepte und Orientierungen, in: *Die Welt*, 24. Januar 1994, S. 6.
52 Vgl. Günther Gillessen: Der Isolationismus der Deutschen. In Amerika wächst die Enttäuschung über den wichtigsten europäischen Bundesgenossen, in: *Frankfurter Allgemeine Zeitung*, Nr. 152, 4. Juli 1991, S. 12.
53 Vgl. Elizabeth Pond: Beyond the Wall – Germany's Road to Unification, Washington (D.C.) 1993.
54 Manfred Wörner: Europäische Außenpolitik und nordatlantische Sicherheitspolitik – Chancen und Grenzen der Gemeinsamkeit, in: Ein Kontinent im Umbruch, hrsg. von Armin Laschet/Peter Pappert, Berlin 1993, S. 38.
55 Vgl. Günter Gillessen: England, Deutschland und Europa, in: *Frankfurter Allgemeine Zeitung*, Nr. 242, 17. Oktober 1992, S. 1.
56 Hans-Dietrich Genscher: Der Atlantik darf nicht breiter werden, in: *Welt am Sonntag*, Nr. 6, 7. Februar 1993, S. 9.
57 Vgl. Werner Link: Am Anfang nur ein Kern-Europa. Die Gemeinsamkeiten in Europa reichen nicht für eine große politische Union, in: *Rheinischer Merkur*, Nr. 48, 27. November 1992, S. 4.
58 Vgl. Thomas Jäger: Europas neue Ordnung. Mitteleuropa als Alternative?, München 1990.
59 Vgl. Christopher Daase/Michael Jochum: Partner in einer Führungsrolle? Das einige Deutschland aus der Sicht der USA, in: *Außenpolitik* 3/1992, S. 237–245.
60 Vgl. Waldemar Besson: Die Außenpolitik der Bundesrepublik, München 1970, S. 458 f.; Hans Wolf Rhode: Deutschland kann aus geopolitischen Gründen keine Schweiz werden, in: *Europäische Wehrkunde* 9/1992, S. 473f.
61 Vgl. Richard Rosecrance: Der neue Handelsstaat. Herausforderungen für Politik und Wirtschaft. Frankfurt am Main 1987; Alfred Zänker: Im geopolitischen Auf und Ab der Großmächte kommt der Ökonomie eine Schlüsselrolle zu. Aufsteiger, nicht Herr der Welt – Deutschland eine Wirtschaftsmacht und Magnet für den Osten, in: *Die Welt*, Nr. 218, 18. September 1990, S. 16; Hanns W. Maull: Germany and Japan – the New Civilian Powers, in: *Foreign Affairs* 69/1990, S. 91–106.
62 Vgl. Karlheinz Weißmann: Rückruf in die Geschichte. Die deutsche Herausforderung: Alte Gefahren – neue Chancen, Berlin 1992; Arnulf Baring: Unser neuer Größenwahn. Deutschland zwischen Ost und West, Stuttgart 1988.
63 Vgl. Christopher Daase/Michael Jochum, a.a.O.; Hornhues: Rußland sucht Bündnis mit Deutschland, in: *Die Welt*, Nr. 29, 4. Februar 1993, S. 3.
64 Vgl. Alfred Zänker (s. Anm. 65).
65 Alfred Zänker: Epoche der Entscheidungen. Deutschland, Eurasien und die Welt von morgen. Asendorf 1992.
66 Vgl. hierzu Reinhard Wolf, a.a.O. (s. Anm. 36), S. 217-228.

67 Vgl. hierzu auch Wilfried von Bredow/Thomas Jäger: Neue deutsche Außenpolitik. Nationale Interessen in internationalen Beziehungen, Opladen 1993, S. 21f.

68 Gregor Schöllgen: Die Macht in der Mitte Europas. Stationen deutscher Außenpolitik von Friedrich dem Großen bis zur Gegenwart, München 1992, S. 46–48.

69 Zitiert nach: Wilhelm Cornides und Walter Bödigheimer: Das Problem der europäischen Sicherheit auf der Berliner Viermächtekonferenz 1954, in: *Europa-Archiv* IX/1954, S. 6489–6513, hier S. 6505.

70 Vgl. Klaus Erdmenger: Das folgenschwere Mißverständnis. Bonn und die sowjetische Deutschlandpolitik 1949–1955. Freiburg i. Breisgau 1967, S. 146.

71 In: Jahresbericht der Studienstiftung des deutschen Volkes 1993. Bonn–Bad Godesberg 1994, S. 14.

# Quellen- und Literaturverzeichnis

*Adams*, J. C.: Two Constants in Russian Foreign Policy, in: Power, Public Opinion and Diplomacy, Essays in Honor of E. M. Caroll, Durham (N.C.) 1959, S. 338-370.

*Adenauer*, Konrad: Erinnerungen 1953-1955, Stuttgart 1966.

*Adomeit*, Hannes: Gorbachev and German Unification: Revision of Thinking, Realignment of Power, in: *Problems of Communism*, July-August 1990 Vol. XXXIX, S. 1–23.

*Alexandrova*, Olga: Geostrategische Neuordnung in der früheren UdSSR, in: *Außenpolitik*, 4/1992, S. 324ff.

*Amouroux*, Henri: La grande histoire des Français sous l'occupation, Bd. 2: Quarante millions de pétainistes. Juin 1940–Juin 1941, Paris 1977.

*Ante*, Ulrich: Anmerkungen zur Politischen Geographie, Würzburg 1976 (= Würzburger Geographische Manuskripte, Heft 11).

ders.: Politische Geographie, Braunschweig 1981.

ders.: Zur Grundlegung des Gegenstandsbereiches der Politischen Geographie. Über das »Politische« in der Geographie, Stuttgart 1985.

*Arnold*, Eckart: German Foreign Policy and Unification, in: *International Affairs*, Oxford, Vol. 67, Nr. 3/1991.

*Aron*, Raymond: Frieden und Krieg. Eine Theorie der Staatenwelt, Frankfurt a. M. 1962.

*Auerbach*, Helmuth: Als Paris den Rheinstaat wünschte. Zwei Publikationen mit neuer historischer Sicht, in: *Süddeutsche Zeitung*, Nr. 251, 31. Oktober/ 1. November 1978, S. 10.

*Bakker*, Geert: Duitse Geopolitik 1919–1945. Eine imperialistische Ideologie. (Mit einer deutschen Zusammenfassung), Utrecht 1967.

*Barakling*, Hans-Joachim: Die Auswirkung der geostrategischen Lage der Sowjetunion auf die Konzeption der sowjetischen Luftstreitkräfte, Vortrag /17. Mil-AttEinwLehrgang, Bad Ems, 11. Mai 1973.

*Bariéty*, Jacques: Les relations franco-allemandes après la première guerre mondiale. 10 Novembre 1918 – 10 Janvier 1925, de l'exécution à la négociation. Préface de Jacques Droz, Ed. Pedone, Paris 1978.

*Baring*, Arnulf: Unser neuer Größenwahn. Deutschland zwischen Ost und West, Stuttgart 1988.

*Beaufre*, André: Vorfeld und Hinterland. Frankreich und Deutschland von der Warte der Verteidigungspolitik, in: *Wehrkunde* 3/1966, S. 113–118.

*Becker*, J.: Baden, Bismarck und die Annexion von Elsaß und Lothringen, in: *Zeitschrift für die Geschichte des Oberrheins* 115/1967, S. 1–38.

*Bergstraesser*, Arnold: Weltpolitik als Wissenschaft. Geschichtliches Bewußtsein und politische Entscheidung, Köln und Opladen 1965.

*Bernard*, L. L.: War and its Causes, New York 1944.

*Besson*, Waldemar: Die großen Mächte – Strukturfragen der gegenwärtigen Weltpolitik, Freiburg i. Br. 1966.

ders.: Die Außenpolitik der Bundesrepublik, München 1970.

ders.: Die Anfänge der bundesrepublikanischen Außenpolitik, in: *Demokratisches System und politische Praxis in der Bundesrepublik*, hrsg. von Gerhard Lehmbruch, Klaus von Beyme und Iring Fetscher, München 1971.

*Birke*, Ernst: Zur Sowjetisierung Ost-Mitteleuropas (Forschungsbericht), in: *Zeitschrift für Ostforschung* 9/1960; S. 78–101.

ders.: Die französische Osteuropa-Politik 1914 bis 1918, in: *Zeitschrift für Ostforschung* 3/1954.

*Bodensieck*, Heinrich: Ansätze zur Teilung Deutschlands in anglo-amerikanischen Sicherheitskonzeptionen, in: *Geschichte in Wissenschaft und Unterricht* 19/1968, S. 585–595.

ders.: Provozierte Teilung Europas? Die britisch-amerikanische Regionalismus-Diskussion und die Vorgeschichte des Kalten Krieges 1939–1945, Opladen 1970.

*Boesler*, Klaus-Achim: Gedanken zur Politischen Geographie, in: Politische Geographie, hrsg. von Josef Matznetter, Darmstadt 1977, S. 423–459.

ders.: Politische Geographie, Stuttgart 1983.

ders.: Die Raumbezüge politischen Handelns: Ansätze einer Neubelebung der Politischen Geographie in der Bundesrepublik Deutschland, in: 45. Deutscher Geographentag Berlin, 30. September bis 5. Oktober 1985. Tagungsbericht und wissenschaftliche Abhandlungen im Auftrag des Zentralverbandes der Deutschen Geographen, Hrsg. von Wolf-Dieter Hütteroth und Hans Becker, Redaktion: Rüdiger Beyer, Stuttgart 1987, S. 88/89.

*Brackmann*, A. (Hrsg.): Deutschland und Polen (1933).

*Braudel*, Fernand: Raum und Geschichte. Teil I. Aus dem Französischen von Peter Schöttler, Stuttgart 1986.

*Bredow*, Wilfried von/*Jäger*, Thomas (Hrsg.): Neue deutsche Außenpolitik. Nationale Interessen in internationalen Beziehungen, Opladen 1993.

*Brigham*, A. P.: Geographic Influences in American History, Boston 1903.

*Brill*, Heinz: Zentraleuropa: Glacis oder Cordon Sanitaire? Eine geostrategische Betrachtung, in: *Wehrkunde* Jg. 1974, S. 189–195, 233–239, 354–364, 410–418.

ders.: Frankreichs taktisch-nukleares Waffensystem Pluton. Ein wehrpolitisches Problem, in: *Wehrkunde* 9/1975, S. 441–448.

ders.: Wehrgeopolitik = Geostrategie? Ein Beitrag über die Ursprünge eines aktuellen Begriffes, in: *Wehrwissenschaftliche Rundschau* 1/1982, S. 22–26.

ders.: Politische Geographie – Geopolitik – Geostrategie. Versuch einer Systematisierung, in: *Österreichische Militärische Zeitschrift* 3/1983, S. 235–243.

ders.: Abrüstung: Vom Atlantik bis zum Ural? Die Konferenz für Abrüstung in Europa, in: *Liberal* 7/1983, S. 499–512.

ders.: Politischer Entscheidungsprozeß. Rezension zu Johann Baptist Müller: Determinanten politischer Entscheidung. Berlin 1985, in: *Das Parlament*, Nr. 52, 26 Dezember 1987, S. 14.

ders.: Politische Geographie in Deutschland. Ein Literaturbericht, in: *Zeitschrift für Politik* 1/1992, S. 86–109.

ders.: Geopolitik und Geostrategie. Aufgaben sicherheitspolitischer Forschung – Plädoyer für eine Wiederbelebung, in: *Österreichische Militärische Zeitschrift* 5/1993, S. 393–398.

ders.: Deutschland im geostrategischen Kraftfeld der Super- und Großmächte (1945–1990), in: Westbindung. Chancen und Risiken für Deutschland, hrsg. von Rainer Zitelmann u.a. Berlin 1993, S. 259–276.

ders.: Zur geostrategischen Lage Deutschland, in: *Österreichische Militärische Zeitschrift* 3/1994, S. 235–242.

*Brzezinski,* Zbigniew: Planspiel. Das Ringen der Supermächte um die Welt. Aus dem Amerikanischen von Wolfgang und Wolfram Scharrer, Erlangen–Bonn–Wien 1989.

*Büchner,* Rudolf: Die elsässische Frage und das deutsch-französische Verhältnis im 19. Jahrhundert, Darmstadt 1969.

*Bundesministerium der Verteidigung* (Hrsg.): »Weißbuch 1994«. Weißbuch zur Sicherheit der Bundesrepublik Deutschland, Bonn 1994.

*Burdeau,* Georges: Einführung in die Politische Wissenschaft. Aus dem Französischen, Neuwied und Berlin 1964.

*Burns,* Richard Dean (Hrsg.): Guide to American Foreign Relations since 1700. Society for the Historians of American Foreign Relations – Santa Barbara/Cal.: ABC-Clio Information Services, 1983.

*Calleo,* David:The German Problem Reconsidered. Germany and the World Order 1870 to the Present, Cambrigde 1978.

*Casetti,* Guido: Die Kategorie des sozialen Wandels, Freiburg (Schweiz) 1970.

*Célérier,* Pierre: Géopolitique et Géostratégie, Paris 1969.

*Child,* John: Geopolitical Thinking in Latin America, in: *Latin American Research Review*, Vol. 19, Nr. 2, 1979, S. 89–112.

*Cline,* Ray S.: Polarity, Geographic and Strategic, in: World Power Assessment 1977. A Calculus of Strategic Drift. Published in cooperation with THE CENTER FOR STRATEGIC AND INTERNATIONAL STUDIES, Washington (D.C.).

*Commager,* Henry Steel: Documents of American History, 5. Auflage, New York 1949.

*Cornides,* Wilhelm/*Bödigheimer,* Walter: Das Problem der europäischen Sicherheit auf der Berliner Viermächtekonferenz 1954, in: *Europa-Archiv* 1954, S. 6489–6513.

*Czempiel,* Ernst-Otto: Das amerikanische Sicherheitssystem 1945–1949. Studie zur Außenpolitik der bürgerlichen Gesellschaft, Berlin 1966.

*Daase,* Christopher/*Jochum,* Michael: Partner in einer Führungsrolle? Das einige Deutschland aus der Sicht der USA, in: *Außenpolitik* 3/1992, S. 237–245.

*Darmstädter,* Paul: Die Machtpolitik Frankreichs, in: Deutschland und der Weltkrieg, hrsg. von Otto Hintze, Ferdinand Meinecke, Hermann Oncken und Hermann Schumacher, Leipzig und Berlin 1915, S. 393–434.

*Davy,* Richard: Großbritannien und die Deutsche Frage, in: *Europa-Archiv* 4/1990.

*Dederke,* Karlheinz: Deutschland zwischen West und Ost 1919–1932, Stuttgart 1971.

*Dehio,* Ludwig: Gleichgewicht oder Hegemonie. Betrachtungen über ein Grundproblem der neueren Staatengeschichte, Krefeld 1947.

*Deibel*, Terry L.: Strategies Before Containment. Patterns for the Future, in: *International Security*, Spring 1992, S. 79–108.

*Denecke*, Dietrich/*Fehn*, Klaus (Hrsg.): Geographie in der Geschichte, Stuttgart 1989 (= Erdkundliches Wissen. Schriftenreihe für Forschung und Praxis, hrsg. von Emil Meynen in Verbindung mit Gerd Kohlhepp und Adolf Leidlmair, Heft 96).

*Deuerlein*, Ernst: Die Annexion von Elsaß-Lothringen, in: Die Gründung des Deutschen Reiches 1870/71 in Augenzeugenberichten, hrsg. und eingeleitet von Ernst Deuerlein, München 1977, S. 346–375.

*Deutsche Forschungsgemeinschaft* (Hrsg.): Denkschrift zur Lage der Geographie, Bonn o. J. (1960).

*Dittrich*, Jochen: Ursachen und Ausbruch des deutsch-französischen Krieges, in: Reichsgründung 1870/71. Tatsachen – Kontroversen – Interpretationen, hrsg. von Theodor Schieder und Ernst Deuerlein, Stuttgart 1970, S. 64–94.

ders.: Bismarck, Frankreich und die spanische Thronkandidatur der Hohenzollern. Die »Kriegsschuldfrage« von 1870, mit einer Einführung von Gerhard Ritter, München 1962.

*Dürr,* Heiner: Geographie und Friedensforschung und das Beispiel Dritte Welt, in: Das Erbe des Sokrates. Wissenschaftler im Dialog über die Befriedung der Welt, hrsg. von Rudolf Steinmetz, München 1986.

*Duroselle*, Jean-Baptiste: Frankreich. Vom historischen Erbfeind zum europäischen Partner, in: Europa und die Einheit Deutschlands. Eine Bilanz nach 100 Jahren, hrsg. von Walther Hofer, Köln 1970.

*Duverger*, Maurice: Introduction à la politique, Paris 1964.

*Ehrhart*, Hans-Georg: Das europäische System und Frankreichs Rolle im Ost-West-Konflikt, in: Wilhelm Bruns (Hrsg.): Die Ost-West-Beziehungen am Wendepunkt? Bilanz und Perspektiven, Bonn 1988.

*Eis*, Egon: »Bollwerke«. Die gefährliche Illusion der Sicherheit. Die großen Abwehrprojekte der Menschheitsgeschichte von der Chinesischen Mauer bis zum Satellitenkiller, München 1965.

*Engels*, Friedrich: Po und Rhein, in: Marx/Engels/Lenin/Stalin: Zur deutschen Geschichte, Band II, Berlin 1954.

*Erdmann*, Karl Dietrich: Die minimalen und maximalen Kriegsziele Frankreichs: Elsaß-Lothringen und die Kontrolle des Rheins, in: ders.: Adenauer in der Rheinlandpolitik nach dem Ersten Weltkrieg, Stuttgart 1966, S. 13-20.

*Erdmenger*, Klaus: Das folgenschwere Mißverständnis. Bonn und die sowjetische Deutschlandpolitik 1949–1955, Freiburg i. Br. 1967.

*Essén*, R.: Die russische Gleichung, Leipzig 1943.

*Faber*, Karl-Georg: Die Vorgeschichte der Geopolitik. Staat, Nation und Lebensraum im Denken deutscher Geographen vor 1914, in: Weltpolitik – Europagedanke – Regionalismus. Festschrift für Heinz Gollwitzer zum 65. Geburtstag, hrsg. von Heinz Dollinger u.a., Münster 1982.

*Fisher*, Ch. A. (Hrsg.): Essays in Political Geography, London 1968.

*Foch*, Ferdinand: Erinnerungen von der Marneschlacht bis zur Ruhr, Dresden 1929.

*Fochler-Hauke*, G. (Hrsg.): Allgemeine Geographie, Frankfurt a. M. 1971 (= Das Fischer-Lexikon).

*Forndran*, Erhard: Die Vereinigten Staaten von Amerika und Europa. Erfahrungen und Perspektiven transatlantischer Beziehungen seit dem Ersten Weltkrieg, Baden-Baden 1991.

*Forschungskreis Wehr und Wirtschaft* (Hrsg.): Grundfragen der deutschen Wehrpolitik. Hier: Die geopolitische Bedeutung des sowjetischen Vorfeldes, in: *Wehr und Wirtschaft* 1/1969.

*Französisches Ministerium für Auswärtige Angelegenheiten* (Hrsg.): Urkunden über die Verhandlungen betreffend die Sicherheitsbürgschaften gegen einen deutschen Angriff (10. Januar 1919 bis 7. Dezember 1923). Veröffentlicht vom französischen Ministerium für Auswärtige Angelegenheiten, Berlin 1924.

*Freund*, Michael: Artikel »Geopolitik, bürgerliche«, in: Handwörterbuch der Sozialwissenschaften, Band 8, Stuttgart/Tübingen/Göttingen 1964, S. 367.

*Fritsch-Bournazel*, Renata: Deutschlands Rolle in Europa aus Pariser Sicht, in: *Beiträge zur Konfliktforschung* 2/1983.

dies.: Das Land in der Mitte. Die Deutschen im europäischen Kräftefeld, München 1986.

dies.: Europa und die deutsche Einheit, München 1990.

*Fröhlich*, Stefan: Die USA und die neue Weltordnung. Zwischen Kontinuität und Wandel, Bonn–Berlin 1992; ders.: Umbruch in Europa. Die Deutsche Frage und ihre sicherheitspolitischen Herausforderungen für die Siegermächte, in: *APZG* B 29/1990, S. 35-45.

*Fulbright*, J. William: Die Arroganz der Macht, Hamburg 1967.

*Gablentz*, Otto Heinrich von der: Einführung in die Politische Wissenschaft, Köln und Opladen 1965.

*Gall,* Lothar: Das Problem Elsaß-Lothringen, in: Reichsgründung 1870/71. Tatsachen – Kontroversen – Interpretationen, hrsg. von Theodor Schieder und Ernst Deuerlein. Stuttgart 1970, S. 366–385.

*Gallois*, Pierre M.: Der paradoxe Frieden. Verteidigungspolitik im Umbruch und die Revolution des militärischen Denkens, Stuttgart 1968.

*Gasteyger*, Curt: Großbritanniens Abschied von der Weltmacht-Rolle. Die Pläne für die britische Verteidigungspolitik in den siebziger Jahren, in: *Europa-Archiv* 9/1968.

*Gaulle*, Charles de: Mémoires de guerre. Le Salut, Paris 1959.

*Gebhardt*, Bruno: Handbuch der Deutschen Geschichte, 8., völlig neu bearbeitete Auflage, hrsg. von Herbert Grundmann, Bd. 4, Die Zeit der Weltkriege, von Karl Dietrich Erdmann, vierter Nachdruck, Stuttgart 1965.

*Geierhos*, Wolfgang: Das Kräfteverhältnis. Die neue Globalstrategie der Sowjetunion, Lüneburg 1980.

*Geiss*, Imanuel: Langfristige historische Voraussetzungen zeitgenössischer Konflikte ..., in: Die Welt nach dem Ost-West-Konflikt, hrsg. von Martin Robe und Dieter Senghaas, Berlin 1990.

*Genscher*, Hans-Dietrich: Der Atlantik darf nicht breiter werden, in: *Welt am Sonntag*, Nr. 6, 7. Februar 1993, S. 9.

*Geyer*, Dietrich: Staatsterritorium und Interessenlage, in: Osteuropa-Handbuch, hrsg. von Dietrich Geyer, Bd. Sowjetunion, Teil I: Außenpolitik I, Köln–Wien 1972, S. 2–4.

ders.: Voraussetzungen sowjetischer Außenpolitik in der Zwischenkriegszeit, in: Osteuropa-Handbuch, hrsg. von Dietrich Geyer, Bd. Sowjetunion, Teil I: Außenpolitik I, Köln–Wien 1972.

*Gierschke*, Herbert: Die Bedeutung der Wehrgeographie und der Geofaktoren für die Sicherheitspolitik. Versuch einer Definition und Systematisierung als

Grundlage für sicherheitspolitische Analysen und Prognosen, in: *Wehrwissenschaftliche Rundschau* 2/1977, S. 50–60.

*Gillessen*, Günter: England, Deutschland und Europa, in: *Frankfurter Allgemeine Zeitung*, Nr. 242, 17. Oktober 1992, S. 1.

*Gollwitzer*, Heinz: Geschichte des weltpolitischen Denkens. Bd. I: Vom Zeitalter der Entdeckungen bis zum Beginn des Imperialismus. Bd. II: Zeitalter des Imperialismus und der Weltkriege, Göttingen 1972 und 1982.

*Goehrke*, Carsten: Geographische Grundlagen der russischen Geschichte. Versuch einer Analyse des Stellenwerts geographischer Gegebenheiten im Spiel der historischen Kräfte, in: *Jahrbücher für Geschichte Osteuropas* 2/1970, S. 161–204.

*Göring*, Gilbert: Die vertragliche Regelung der mit der deutschen Vereinigung verbundenen auswärtigen Probleme, in: *Außenpolitik* 1/1991, S. 3-12.

*Grabowsky*, Adolf: Geopolitik als Forschungsaufgabe, in: Aufgaben deutscher Forschung. Im Auftrage des Ministerpräsidenten Fritz Steinhoff. Zusammengestellt und hrsg. von Staatssekretär Professor Leo Brandt, 2. Auflage, Bd. I: Geisteswissenschaften, Köln und Opladen 1956, S. 392/393.

ders.: Raum, Staat und Geschichte. Grundlegung der Geopolitik, Köln/Berlin 1960.

*Gray*, Colin S.: Geopolitik. Ihre Entwicklung und Bedeutung in Gegenwart und Zukunft, in: *Österreichische Militärische Zeitschrift*, 1/1979, S. 5–11.

ders.: The Geopolitics of Superpower, Lexington 1988.

*Grimm*, Friedrich: Frankreich am Rhein. Rheinlandbesetzung und Separatismus im Lichte der historischen französischen Rheinpolitik, Hamburg–Berlin 1931.

*Groepper*, Horst: Deutschland und Europa, in: Zur Lage der Nation, hrsg. von Jordis von Lohausen u.a., Krefeld 1982, S. 117–174.

*Guiton*, Raimond Jean: Paris–Moskau. Die Sowjetunion in der auswärtigen Politik Frankreichs seit dem Zweiten Weltkrieg, Stuttgart 1956.

*Gyorgy*, Andrew: The Geopolitics of War: Total War and Geostrategy, in: *The Journal of Politics*, Bd. 5, Nr. 4, November 1943.

*Hänsch*, Klaus: Frankreich: Eine politische Landeskunde, Berlin 1967.

ders.: Frankreich zwischen Ost und West. Die Reaktion auf den Ausbruch des Ost-West-Konfliktes 1946–1948, Berlin–New York 1972.

*Hagemann*, Walter: Richelieus politisches Testament. 300 Jahre europäische Unsicherheit, Berlin 1934.

*Halecki*, Oskar: Europa, Grenzen und Gliederung seiner Geschichte, Darmstadt 1957.

ders.: Soviet Russia and the Cordon Sanitaire, in: *Thought* 20/1947, S. 87–92.

ders.: Grenzraum des Abendlandes. Eine Geschichte Ostmitteleuropas. Salzburg o. J.

*Haller*, Johannes: Tausend Jahre deutsch-französische Beziehungen, Stuttgart–Berlin 1930.

*Haltzel*, Michael H.: Amerikanische Einstellungen zur deutschen Wiedervereinigung, in: *Europa-Archiv* 4/1990, S. 127–132.

*Hanke*, Michael: Das Werk Alfred Thayer Mahan's, Osnabrück 1974.

*Hartshone*, Richard: The Franco-German Boundary of 1871, in: *World Politics. A Quarterly Journal of International Relations,* Vol. 2, 1949/50, No. 2, 209-250.

*Hartwich*, Hans-Hermann (Hrsg.): Politik im 20. Jahrhundert, 4. Auflage, Braunschweig 1974; Neuausgabe Braunschweig 1984.

*Hase,* Karl-Günther von: Großbritannien und der Kontinent, in: Ein Kontinent im Umbruch, hrsg. von Armin Laschet und Peter Pappert, Berlin 1993, S. 189–200.

*Haushofer,* Albrecht: Allgemeine Politische Geographie und Geopolitik, Heidelberg 1951.

*Haushofer,* Karl: Politische Erdkunde und Geopolitik, in: Freie Wege vergleichender Erdkunde. Erich von Drygalski zum 60. Geburtstag am 9. Februar 1925 gewidmet von seinen Schülern, München und Berlin 1925, S. 87–103.

ders. u. a.: Bausteine zur Geopolitik, Berlin 1928.

ders.: Geopolitik, in: Handbuch der Neuzeitlichen Wehrwissenschaften, Bd. I, Wehrpolitik und Kriegsführung, hrsg. von Hermann Franken, Berlin und Leipzig 1936, S. 112–117.

ders.: Weltpolitik heute, Berlin 1937.

ders.: Wehr-Geopolitik. Geographische Grundlagen einer Wehrkunde, 4. und 5. Auflage, Berlin 1941.

*Heinzlmeier,* Helmut/*Michler,* Günther: Welt- und Großmächte, Braunschweig 1979.

*Heller,* Hermann: Staatslehre, Leiden (Niederlande) 1963.

*Henning,* Richard: Geopolitik, Leipzig und Berlin 1928.

ders.: Zur Definition des Wortes »Geopolitik«, in: *Geographischer Anzeiger,* 42. Jg., Gotha 1941, S. 150.

*Herold,* Detlef: Politische Geographie und Geopolitik. Ihre historisch-politisch bedingte Entwicklung und neue Forschungsansätze am Beispiel der Vergroßstädterung, *Aus Politik und Zeitgeschichte,* Beilage zur Wochenzeitung *Das Parlament,* B 12/73, 24. März 1973, hier: I: Entwicklung und Stand der Politischen Geographie und der Geopolitik, S. 3–15.

ders.: »Political Geography« und »Geopolitics«, in: *Die Erde* 2/1974, S. 200–213.

*Heyden,* Günter: Kritik der deutschen Geopolitik, Berlin (Ost) 1958.

*Hillgruber,* Andreas: Europa in der Weltpolitik der Nachkriegszeit (1945–1963), 2. Auflage, München 1981.

ders.: Die Deutsche Frage im 19. und 20. Jahrhundert – zur Einführung in die nationale und internationale Problematik, in: Deutsche Frage im 19. und 20. Jahrhundert, hrsg. von Josef Becker/Andreas Hillgruber, München 1983.

ders.: Die Zerstörung Europas, Berlin 1988.

*Hinterhoff,* Eugene: Disengagement, London 1959.

*Hirsch,* H.: Die Saar in Versailles. Die Saarfrage auf der Friedenskonferenz von 1919, Bonn 1952. (= Rheinisches Arch., Veröffentlichung des Instituts für geschichtliche Landeskunde der Rheinlande an der Universität Bonn, 42).

*Höhne,* Roland: Frankreichs Stellung in der Welt. Weltmacht oder Mittelmacht?, in: *Aus Politik und Zeitgeschichte,* Beilage zur Wochenzeitung *Das Parlament,* B 48/1991.

*Höpfl,* Heinz: Geschichte Englands und des Commonwealth, Frankfurt a. M. 1973.

*Höpker,* Wolfgang: Stoßrichtung Atlantik. Die Drohung aus dem Norden, Stuttgart-Degerloch 1973.

*Hofer,* Walther (Hrsg.): Europa und die Einheit Deutschlands. Eine Bilanz nach 100 Jahren, Köln 1970.

*Hoffmann,* A.: Tatsachen über Deutschland, Frankfurt a. M. 1992.

*Hoffmann,* Stanley: Obstinate or Obsolete? The Fate of the Nation-State of Western Europa, in: Morton A. Kaplan (Hrsg.): Great Issus of International Politics, Chicago 1970.

*Howard*, Michael: Disengagement in Europe, London 1959.

*Huber*, Ernst Rudolf: Die Annexion der Rheinlande, in: Deutsche Verfassungsgeschichte seit 1789, Bd. I, Stuttgart 1957.

ders.: Deutsche Verfassungsgeschichte, Bd. IV, Stuttgart–Berlin–Köln–Mainz 1969.

*Hume*, David: On the Balance of Power, in: Essays: Moral, Political and Literary, Bd. 1, London 1912.

*Ingrim*, Robert: Die Rettung Deutschlands, Düsseldorf 1952.

*International Political Science Association* (Hrsg.): Time, Space and Politics. Xth World Congress of Political Science, Edinburgh 1976.

*Jacobsen*, Hans-Adolf: Balance of Power, in: Das Fischer Lexikon »Internationale Beziehungen«, hrsg. von Karl Dietrich Bracher und Ernst Fraenkel, Frankfurt a. M. 1969, S. 37 f.

ders.: Karl Haushofer – Leben und Werk, Bd. I: Lebensweg 1869–1946 und ausgewählte Texte zur Geopolitik, Boppard am Rhein 1979.

*Jäger*, Thomas: Europas neue Ordnung, Mitteleuropa als Alternative?, München 1990.

*Jakobs*, Peter: Das Werben des französisch-russischen Zweibundes 1890–1894, Wiesbaden 1968.

*Johnson*, W. F.: A Century of Expansion, New York 1903.

*Jüttner*, Alfred: Die deutsche Frage. Eine Bestandsaufnahme, Köln–Berlin– Bonn–München 1971.

*Kaiser*, Karl: Friedensforschung in der Bundesrepublik, Göttingen 1970.

*Kaiser*, Karl/*Morgan*, Roger (Hrsg.): Strukturwandlungen der Außenpolitik in Großbritannien und der Bundesrepublik, München und Wien 1970.

*Kaiser*, Karl/*Roper*, John (Hrsg.): Die Geopolitik der beiden Dreiecke, in: »Die Stille Allianz«. Deutsch-britische Sicherheitskonzeption, Berlin 1987.

*Kerner*, R. J.: The Urge to the Sea. The Course of Russian History, Berkeley 1952.

*Kettenacker*, Lothar, u.a. (Hrsg.): Studien zur Geschichte Englands und der deutschbritischen Beziehungen. Festschrift für Paul Kluke, München 1981.

*Kimminich*, Otto: Rüstung und politische Spannung. Studien zum Problem der internationalen Sicherheit, Gütersloh 1964.

*Kimpen*, E.: Die Ausbreitungspolitik der Vereinigten Staaten von Amerika, Stuttgart 1924.

*Kipp*, Kurt: Die politische Bedeutung der »Gegenküste«; dargestellt an den Beispielen: Schweden im 17. Jahrhundert, die USA im 20. Jahrhundert, in: Zehn Jahre Führungsakademie der Bundeswehr. Eine Erinnerungsschrift zum 1. Januar 1967, Hamburg-Blankenese 1967, S. 61–108.

*Kissinger*, Henry: »Das Reich des Friedens gibt es nicht.« … über die Voraussetzungen der US-Außenpolitik, in: *Der Spiegel*, Nr. 47, 19. November 1984, S. 157.

*Kjellén*, Rudolf: Grundriß zu einem System der Politik, Leipzig 1920.

ders.: Geopolitische Betrachtungen über Skandinavien (1905), in: Politische Geographie, hrsg. von Josef Matznetter, Darmstadt 1977, S. 78–98.

*Knorr*, Klaus (Hrsg.): NATO and American Security, Princeton/New Jersey 1959.

*Koerlin*, K.: Zur Vorgeschichte des russisch-französischen Bündnisses 1879–1890, Halle (Saale) 1926.

*Köhler*, Henning: Novemberrevolution und Frankreich. Die französische Deutschlandpolitik 1918–1919, Düsseldorf 1980.

232

*Königseder*, Helmut: Strategische Konzeptionen zwischen den Weltkriegen (1920–1939). Jahresarbeit der Führungsakademie der Bundeswehr, Hamburg 1965.

*Kohler*, Alfred: Das Reich im Kampf um Hegemonie in Europa 1521-1648, München 1990.

*Kolb*, Eberhard: Bismarck und das Aufkommen der Annexionsforderung 1870, in: *Historische Zeitschrift* 1969, S. 318–356.

*Korkisch*, Friedrich: Geopolitik – Geostrategie – Geoökonomie. Grundlagen und Bedeutung in der Vergangenheit, Gegenwart und Zukunft, in: *Österreichische Militärische Zeitschrift*, 1/1987, S. 18–27.

*Kost*, Klaus: Die Einflüsse der Geopolitik auf Forschung und Theorie der Politischen Geographie von ihren Anfängen bis 1945. Ein Beitrag zur Wissenschaftsgeschichte der Politischen Geographie und ihrer Terminologie unter besonderer Berücksichtigung von Militär- und Kolonialgeographie, Bonn 1988.

*Krakau*, Knud: Missionsbewußtsein und Völkerrechtsdoktrin in den Vereinigten Staaten von Amerika. Abhandlungen der Forschungsstelle für Völkerrecht und ausländisches Öffentliches Recht der Universität Hamburg, Bd. 14, Frankfurt/M.–Berlin 1967.

*Kremp*, Herbert: Quadratur der Dreiecke, in: *Die Welt*, Nr. 29, 4. Februar 1988, S. 2.

*Krippendorff*, Ekkehart: Die amerikanische Strategie. Entscheidungsprozeß und Instrumentarium der amerikanischen Außenpolitik, Frankfurt a. M. 1970.

*Kühn*, Arthur: Politische Geographie, in: Westermanns Lexikon der Geographie , hrsg. im Auftrag des Georg Westermann Verlages von Dr. Wolf Tietze, Braunschweig 1970, S. 867f.

*Kühnhardt*, Ludger/*Schwarz*, Hans-Peter (Hrsg.): Zwölf Nachbarn – ein Europa. Deutschland und die europäische Zukunft aus der Sicht der Diplomaten umliegender Länder, Bonn – Berlin 1991.

*Kuhn*, Thomas S.: Die Struktur wissenschaftlicher Revolutionen, Frankfurt a. M. 1973.

*Laack-Michel*, Ursula: Albrecht Haushofer und der Nationalsozialismus. Ein Beitrag zur Zeitgeschichte, Stuttgart 1974.

*Laschet*, Armin, u.a.: Ein Kontinent im Umbruch, Berlin 1993.

*Lattard*, Alain: Zielkonflikte französischer Besatzungspolitik in Deutschland. Der Streit Laffon-Koenig 1945–1947, in: *Vierteljahreshefte für Zeitgeschichte* 1/1991, S. 1-35.

*Lauret*, R.: Les trois Grands et la bombe atomique, Hachette 1946.

*Lehmbruch*, Gerhard: Einführung in die Politikwissenschaft, Stuttgart 1967.

*Link*, Werner: Am Anfang nur ein Kern-Europa. Die Gemeinsamkeiten in Europa reichen nicht für eine große politische Union, in: *Rheinischer Merkur*, Nr. 48, 27. Nov. 1992, S. 4.

*Lipgens*, W.: Bismarck, die öffentliche Meinung und die Annexion von Elsaß und Lothringen 1870, in: *Historische Zeitschrift* 199/1964, S. 31–112.

*Löser*, Jochen/*Schilling*, Ulrike: Neutralität für Mitteleuropa. Das Ende der Blöcke, München 1984.

*Löw*, Reinhard: Gedanken zum Paradigma-Begriff, in: *Die Welt*, Nr. 98, 27. April 1991, S. 2.

*Lohausen*, Jordis von: Mut zur Macht. Denken in Kontinenten, Berg am See 1979.

*Loth*, Wilfried: Die Teilung der Welt. Geschichte des Kalten Krieges 1941–1955, 5. Auflage, München 1985.

*Lutz*, Dieter S.: Deutsche Einheit – Europäische Sicherheit oder Brauchen wir noch (deutsche) Streitkräfte?, Hamburg 1990 (= Hamburger Beiträge zur Friedensforschung und Sicherheitspolitik, Heft 43).

*Mackinder*, Sir Halford J.: The Geographical Pivot of History, in: *The Geographical Journal*, Bd. 23, Nr. 4, April 1904, S. 421-437.

ders.: Democratic Ideals and Reality. A Study in the Politics of Reconstruction, London 1919.

*Magenheimer*, Heinz: Renaissance der Geopolitik. Deutschland und Mitteleuropa 1890–1990, in: *Österreichische Militärische Zeitschrift*, 2/1991, S. 131–139.

*Mahan*, Alfred Thayer: The Influence of Sea Power upon the French Revolution and Empire, 2 Bde., London 1892.

*Mahncke*, Dieter: Nukleare Mitwirkung. Die Bundesrepublik Deutschland in der atlantischen Allianz 1954–1970, Berlin 1972.

ders. (Hrsg.): Amerikaner in Deutschland. Grundlagen und Bedingungen der transatlantischen Sicherheit, Bonn–Berlin 1991.

ders.: Die transatlantische Dimension europäischer Sicherheit, in: Europäische Friedenssicherung im Umbruch, hrsg. von Andreas M. Rauch, München 1991, S. 43–51.

*Maizière*, Ulrich de: Verteidigung in Europa-Mitte, München 1975.

*March*, Ulrich: In Trier tagt der 36. Deutsche Historikertag über »Probleme des Raums«, in: *Die Welt*, Nr. 237, 11. Oktober 1986, S. 15.

*Matznetter*, Josef (Hrsg.): Politische Geographie, Darmstadt 1977.

*Maul*, Hanns W.: Germany and Japan – The New Civilian Powers, in: *Foreign Affairs* 69/1990, S. 91–106.

*Maull*, Otto: Politische Geographie, Berlin 1925.

*Meissner*, Boris: Die konstanten und variablen Faktoren russischer Außenpolitik, in: Boris Meissner und Gotthold Rhode (Hrsg.): Grundfragen sowjetischer Außenpolitik, Stuttgart–Berlin–Köln–Mainz 1970.

*Meyer*, Hermann: Frankreichs Kampf um die Macht in der Welt, Tübingen 1918.

*Meyers*, Reinhard: Sicherheit und Gleichgewicht. Das britische Kabinett und die Remilitarisierung des Rheinlandes 1936, in: *Rheinische Vierteljahresblätter* 38/1974, S. 406–449.

ders.: Das Ende des Systems von Locarno. Die Remilitarisierung des Rheinlandes in britischer Sicht, in: Les Relations Franco-Allemands 1933–1939. Colloques Internationaux du Centre National de la Recherche Scientifique No 563, Paris 1976, S. 299–334.

*Michalka*, Wolfgang (Hrsg.): Ost-West-Konflikt und Friedenssicherung, Stuttgart 1985.

*Mischke*, Ferdinand Otto: Vom Kriegsbild, Stuttgart 1975.

*Minghi*, Julian V.: Grenzen in der Politischen Geographie. in: Politische Geographie, hrsg. von Josef Matznetter, Darmstadt 1977, S. 338–389.

*Mohler*, Armin: Was die Deutschen fürchten. Angst vor der Politik; Angst vor der Geschichte; Angst vor der Macht, Berlin 1966.

*Morsey*, Rudolf: Brüning und Adenauer. Zwei deutsche Staatsmänner, Düsseldorf 1972.

*Müller*, Johann Baptist: Determinanten politischer Entscheidung, Berlin 1985.

*Mulanat*, Bernd: Auf dem Weg zu einer »Neuen Weltordnung«, in: Hochschule für Politik München. Personen- und Vorlesungsverzeichnis für das Sommer-Semester 1991, S. 58.

*Mundt*, Hans: Geographie und Strategie, in: *Geographische Zeitschrift*, 40. Jahrgang, Heft 1/1934, S. 1–16.

*Naumann*, Klaus: Bundeswehr und Verteidigung, in: *Österreichische Militärische Zeitschrift*, 1/1991, S. 35–41.

ders.: Europa erlebt eine Übergangszeit der variablen Geometrien, in: *Welt am Sonntag*, Nr. 24, 14. Juni 1992, S. 31.

ders.: Standortbestimmung des Generalinspekteurs der Bundeswehr, General Naumann, vor den Teilnehmern der 33. Kommandeurtagung der Bundeswehr am 12. Mai 1992 in Leipzig, in: Information zur Sicherheitspolitik, hrsg. vom Bundesminister der Verteidigung, Mai 1992.

*Niedermayer*, O. v.: Wehrgeographie, Berlin 1942.

*Noack*, Paul: Friedensforschung – ein Signal der Hoffnung?, Freudenstadt 1970.

*N. N.:* 36. Deutscher Historikertag in Trier. Thema:»Räume der Geschichte – Geschichte des Raumes«, in: *Das Parlament*, Nr. 43, 25. Oktober 1986, S. 16.

*Nonnenmacher*, Günther: Zwischenprüfung für die Gemeinschaft. Der Konflikt in Jugoslawien wird zeigen, ob aus der EG eine politische Union werden kann, in: *Frankfurter Allgemeine Zeitung*, Nr. 188, 15. August 1991, S. 8.

*Oberhummer*, Eugen: Die politische Geographie vor Ratzel und ihre jüngste Entwicklung, in: Friedrich Ratzel: Politische Geographie, Neudruck der 3. Auflage von 1923, Osnabrück 1974.

*Obermann*, Emil (Hrsg.): Militärmacht USA. Strategische Grundsituation, in: Verteidigung, hrsg. von Emil Obermann, Stuttgart 1970, S. 369, 372.

*Ossenbrügge*, Jürgen: Politische Geographie als räumliche Konfliktforschung. Konzepte zur Analyse der politischen und sozialen Organisation des Raumes auf der Grundlage anglo-amerikanischer Forschungsansätze, Hamburg 1983.

*Overbeck*, Hermann: Das politisch-geographische Lehrgebäude von Friedrich Ratzel in der Sicht unserer Zeit, in: Politische Geographie, hrsg. von Josef Matznetter, Darmstadt 1977.

*Pabst*, Wilfried: Das Jahrhundert der deutsch-französischen Konfrontation. Quellen- und Arbeitsbuch zur deutsch-französischen Geschichte von 1866 bis heute, Hannover 1983.

*Pächter*, Heinz: Weltmacht Rußland. Außenpolitische Strategie in drei Jahrhunderten, Oldenburg und Hamburg 1968.

*Parker*, Geoffrey: Western Geopolitical Thougt in the Twentieth Century, London und Sydney 1985.

*Paullin*, C. O.: Atlas of Historical Geography of the United Staates, New York 1932.

*Pavic*, Radovan: Geopolitisches und geostrategisches Herangehen an die derzeitigen Probleme Berlins, in: *Internationale Politik* (Belgrad), 22. Jg., Heft 499, 20. Januar 1971.

*Pfeiler*, Wolfgang: Konflikte, Krisen, Kriege. Rußlands Geopolitik und die künftige europäische Sicherheit, in: *Aus Politik und Zeitgeschichte*, B 18-19/94, 6. Mai 1994, S. 20–31.

*Pfetsch*, Frank R.: Die Außenpolitik der Bundesrepublik 1949–1980, München 1981.

*Poidevin*, Raymond: Frankreich und die Deutsche Frage, in: Die Deutsche Frage im 19. und 20. Jahrhundert, hrsg. von Josef Becker und Andreas Hillgruber, München 1983, S. 405–420.

ders.: Die französische Deutschlandpolitik 1943–1949, in: Die Deutschlandpolitik

Frankreichs und die französische Zone 1945–1949, hrsg. von Claus Scharf und Hans-Jürgen Schröder, Wiesbaden 1989, S. 15–25.

*Potter*, E. B./Nimitz, Ch. W./ Rohwer, J. (Hrsg.): Seemacht, Frankfurt a. M. 1973.

*Pounds*, N. J. E.: Frankreich und seine Ostgrenzen, in: Historische und politische Geographie von Europa, Braunschweig 1950.

ders.: The Origin of the Idea of Natural Frontiers in France, in: *Annals Assoc. Amer. Geogr.* 41/1951, S. 146–157.

ders.: France and »Les Limites Naturelles« from the Seventeenth to the Twentieth Centuries, in: *Annals Assoc. Amer. Geogr.* 44/1954, S. 51–62.

*Prescott*, J. R. V.: Einführung in die Politische Geographie, München o. J. (1975).

*Ratzel*, Friedrich: Die Gesetze des räumlichen Wachstums der Staaten, in: *Petermanns Mitteilungen* 42/1896, S. 97–107.

ders.: Politische Geographie. Neudruck der 3. Auflage von 1923. Durchgesehen und ergänzt von Eugen Oberhummer, Osnabrück 1974.

*Reiss*, Jürgen: George Kennans Politik der Eindämmung, Berlin 1957.

*Rheinau*, Friedrich Adolph: Die Pfalz als Ziel des französischen Strebens, in: *Zeitschrift für Geopolitik* 11/1926, S. 832–838.

*Rhode*, Gotthold: Die Entstehung der Curzon-Linie, in: *Osteuropa* 5/1955.

ders.: Ostmitteleuropa und Südosteuropa, in: Weltgeschichte der Gegenwart, Bd. I: Die Staaten, hrsg. von Felix von Schroeder, Bern und München 1962.

ders.: Russische Politik gegenüber Polen von Peter dem Großen bis Chruščev. Konstanten und Varianten, in: Grundfragen sowjetischer Außenpolitik, hrsg. von Boris Meissner und Gotthold Rhode, Stuttgart 1970, S. 41–63.

*Riese*, Hans-Peter: Die Geschichte hat sich ans Werk gemacht. Der Wandel der sowjetischen Position zur Deutschen Frage, in: *Europa-Archiv* 4/1990.

*Rode*, Hans Wolf: Deutschland kann aus geopolitischen Gründen keine Schweiz werden, in: *Europäische Wehrkunde* 9/1992, S. 473.

*Rösner*, Dietmar: Die geschichtliche Entwicklung der Glacistheorie in Deutschland und Frankreich (1871–1944). Seminarthema an der Führungsakademie der Bundeswehr (Manuskript), Hamburg, im November 1980.

*Rohde*, Hans: Deutsch-französische Machtfaktoren (»Potentiels de Guerre«). Ein vergleichender Beitrag zur Abrüstungsfrage, Berlin 1932.

*Roloff*, Ernst-August: Was ist und wie studiert man Politikwissenschaft, Mainz 1969.

*Rona*, Thomas P.: Our Changing Geopolitical Premises, New Brunswick (U.S.A.) and London (U.K.) 1982.

*Rosecrance*, Richard: Der neue Handelsstaat. Herausforderungen für Politik und Wirtschaft, Frankfurt a. M. 1987.

*Roucek*, Joseph: Geopolitics and the United States, in: *The American Journal of Economics and Sociology* XIV/1955, S. 185–192 und S. 287–303.

ders.: Politische Geographie und Geopolitik. Der Stand ihrer Entwicklung in den Vereinigten Staaten, in: *Neue Politische Literatur* III/1958, S. 95–123.

*Rühl*, Lothar: Krisen und Perspektiven der deutschen Außenpolitik / WELT-Serie Teil III »Abschied vom Bilateralismus«, in: *Die Welt*, Nr. 115, 21. Mai 1991, S. 8.

ders.: Die Mittellage Deutschlands in Europa und ihre sicherheitspolitischen Konsequenzen. Sonderforschungsvorhaben »Analysen Sicherheits-/Verteidigungspolitik IV«, Bd. 9, S. 145, hrsg. von Stiftung Wissenschaft und Politik, Ebenhausen, Februar 1992.

*Ruge*, Friedrich: Seemacht und Seestrategie, in: Soldat und Kultur. Festschrift zum siebzigsten Geburtstag von Hans Speidel, hrsg. von Max Horst, Berlin 1967, S. 185–196.

ders.: Seemacht und Sicherheit – Eine Schicksalsfrage für alle Deutschen, Tübingen 1955.

*Russel*, W. H.: Mahans Doctrine and the Air Age, in: *Military Affairs*, Bd. XX, Nr. 4, Winter 1956.

*Sacher*, Wilhelm: Die Eigenständigkeit der Politikwissenschaft als Staatsführungslehre, Linz 1965.

*Sanders*, David: Losing an Empire, Finding a Role: British Foreign Policy since 1945, London 1990.

*Scheuner*, Ulrich: Das europäische Gleichgewicht und die britische Seeherrschaft, Hamburg 1943.

*Schmidt*, Helmut: Das Mißverständnis des Disengagements, in: Verteidigung oder Vergeltung, 4. Auflage, Stuttgart 1965.

ders.: Strategie des Gleichgewichts. Deutsche Friedenspolitik und die Weltmächte, Stuttgart 1969.

*Schmitt*, Carl: Der Nomos der Erde im Völkerrecht des Jus Publicum Europaeum, 2. Auflage, Berlin 1974.

*Schöller*, Peter: Geopolitik, in: Staatslexikon, Bd. 3, Freiburg i. Br. 1959, S. 775-780.

ders.: Wege und Irrwege der Politischen Geographie und Geopolitik, in: Politische Geographie, hrsg. von Josef Matznetter, Darmstadt 1977, S. 249–302.

ders.: Geopolitische Versuchungen bei der Interpretation der Beziehungen zwischen Raum und Geschichte. Eine kritische Bilanz der Konzeptionen und Theorien seit Friedrich Ratzel, in: Geographie in der Geschichte, hrsg. von Dietrich Denecke und Klaus Fehn, Stuttgart 1989.

*Schöllgen*, Gregor: Die Macht in der Mitte Europas. Stationen deutscher Außenpolitik von Friedrich dem Großen bis zur Gegenwart, München 1992.

*Schramm*, Wilhelm Ritter von: Verteidigung bleibt die stärkere Wehr-Form, in: *Münchner Merkur*, 10. April 1976.

*Schubert*, Klaus von: Wiederbewaffnung und Westintegration. Die innere Auseinandersetzung um die militärische und außenpolitische Orientierung der Bundesrepublik 1950–1952, Stuttgart 1970.

*Schütze*, Walter: Frankreich angesichts der deutschen Einheit, in: *Europa-Archiv* 4/1990, S. 133–138.

*Schulz*, Eberhard / *Schulz,* Hans Dieter (Hrsg.): Braucht der Osten die DDR?, Opladen 1968.

*Schumann*, Frederick L.: Let us Learn our Geopolitics, in: *Current History*, Bd. 2, Nr. 9, May 1942.

*Schuster*, Hans-Heinz: Geopolitik, in: Das Otto-Suhr-Institut der FU Berlin, hrsg. zur Einweihung des neuen Institutsgebäudes am 7. Mai 1962, S. 24.

*Schwarz*, Hans-Peter: Die gezähmten Deutschen. Von der Machtbesessenheit zur Machtvergessenheit, Stuttgart 1985.

*Schwind*, Martin: Die räumlichen Kategorien des Staates, in: Allgemeine Staatengeographie, Berlin – New York 1972, S. 9–169.

*Sempa*, Francis: The Geopolitics of the Post-Cold War World, in: *Strategic Review*, Winter 1992, S. 9–18.

*Semple*, Ellen Churchill: American History and its Geographic Conditions, Boston – New York 1903.

*Simany*, Tibor: Der Raub Europas. Biographie eines Kontinents, Wien – Frankfurt – Zürich 1967.

*Sloan*, G. R.: Geopolitics in United States Strategic Policy, 1890-1987, Brighton 1988.

*Soppelsa*, Jacques: Jedes Land hat die Geschichte seiner Geographie. (Tout pays a l'histoire de sa geographie), in: *Defense Nationale*, 6. Juni 1980, S. 11–23.

*Souchon*, Lennart: Neue deutsche Sicherheitspolitik, Herford und Bonn 1990.

ders.: Die Renaissance Europas. Europäische Sicherheitspolitik – Ein internationales Modell, Herford – Bonn 1992.

*Speidel*, Hans: Französischer Sicherheitsbegriff und französische Führung. Denkschrift vom 5. Juli 1937. Wiederabdruck in: Hans Speidel: Aus unserer Zeit. Erinnerungen, Berlin 1977, S. 432 f.

*Spengler*, Oswald: Jahre der Entscheidung. Deutschland und die weltgeschichtliche Entwicklung, 2. Auflage, München 1980.

*Sprout*, Harald: Geography: Political Geography, in: International Encyclopedia of the Social Sciences. David L. Stills, Editor, Bd. 5, New York 1972, S. 116–121.

*Sprout*, M.: Mahan: Evangelist of Sea Power, in: E. M. Earle (ed.): Makers of Modern Strategy, Princeton 1943.

*Spykman*, Nicholas J.: America's Strategy in World Politics, New York 1942.

*Stadelmann*, R.: Hegemonie und Gleichgewicht (1950).

*Statistisches Bundesamt* (Hrsg.): Statistisches Jahrbuch 1991 für das vereinte Deutschland, Wiesbaden 1991.

*Stegmann*, Hermann: Der Kampf um den Rhein. Das Stromgebiet des Rheins im Rahmen der großen Politik und im Wandel der Kriegsgeschichte, Berlin und Leipzig 1924.

*Steinmeyer*, Gitta: Das linke Rheinufer in der Kriegszieldiskussion, in: Die Grundlagen der französischen Deutschlandpolitik 1917–1919, Stuttgart 1979, S. 77–86.

*Stürmer*, Michael: Die deutsche Frage als europäisches Problem, Mainz 1984.

ders.: Die Grenzen der Macht. Begegnungen der Deutschen mit der Geschichte, Berlin 1992.

*Thatcher*, Margaret: Downing Street No. 10. Die Erinnerungen, Düsseldorf 1993.

*Theimer*, Walter: Geopolitik, in: Lexikon der Politik, 7., neubearbeitete Auflage, Bern und München 1967, S. 218–220.

ders.: Cordon sanitaire, in: Lexikon der Politik, 7., neubearbeitete Auflage, Bern und München 1967, S. 119.

*Thilenius*, Richard: Die Teilung Deutschlands. Eine zeitgeschichtliche Analyse, Hamburg 1957.

*Tiessen*, Ernst: Der Friedensvertrag von Versailles und die Politische Geographie, in: *Zeitschrift für Geopolitik* 4/1924, S. 203–220.

ders.: Versailles und Fortsetzung. Eine geopolitische Studie, Berlin-Grunewald 1924.

*Traversi*, Carlo: Strategia e Geografia, in: *Rivista Militare* (Roma), Nr. 3 – Marzo 1966, S. 309–321.

*Trettner*, Heinz: Die militärischen Aspekte deutscher Sicherheit, in: *Kampftruppen* 5/1969.

*Tudyka*, Kurt P.: Zeit, Raum und Politik. Der X. Weltkongreß der Politologen, in: *Frankfurter Rundschau*, Nr. 189, 26. August 1976, S. 10.

*Ullrich*, Volker: Keine Alternative zur Annexion. Das schwer durchschaubare

Lavieren des Kanzlers hatte schon die Zeitgenossen verwirrt, in: *Die Zeit*, Nr. 10, 2. März 1990, S. 53.

*Venohr*, Wolfgang/*Diwald*, Helmut/*Haffner*, Sebastian (Hrsg.): Dokumente deutschen Daseins 1445–1945. 500 Jahre deutsche Nationalgeschichte, Krefeld 1983.

*Volle*, Angelika: Das lange Zögern der Maggie Thatcher. Londons Probleme mit der deutschen Einigung, in: *Das Parlament*, Nr. 23-24/90, S. 15.

*Voss*, Jürgen: Geschichte Frankreichs, Bd. II: Von der frühneuzeitlichen Monarchie bis zur Ersten Republik, 1500–1800, München 1980.

*Wallace*, William: Britische Außen- und Verteidigungspolitik: Thatcherismus und die Folgen, in: *Aus Politik und Zeitgeschichte*, B 28/1991.

*Walsh*, Edmund A.: Wahre anstatt falsche Geopolitik für Deutschland, hrsg. vom Forum Academicum, Frankfurt a. M. 1946.

*Walter*, Patrick Gordon: Das Ziel heißt Entspannung. Deutschland im englischen Verteidigungsprogramm – Politik des Gleichgewichts, in: Armee gegen den Krieg. Wert und Wirkung der Bundeswehr, hrsg. von Wolfram von Raven, Stuttgart-Degerloch 1966, S. 161–175.

*Waltz*, K.: The Stability of a Bipolar World, in: *Deadalus*, Summer 1964.

*Weggel*, Oskar: China und die Drei Welten, hrsg. von der Bayerischen Landeszentrale für politische Bildungsarbeit, München 1979.

*Wehler*, Hans-Ulrich: Renaissance der Geopolitik?, in: ders.: Preußen ist wieder chic, Frankfurt a. M. 1973, S. 60–66.

ders.: Entsorgung der deutschen Vergangenheit? Ein polemischer Essay zum »Historikerstreit«, München 1988.

ders.: Vom Unsinn geostrategischer Konstanten oder » Deutschland verkeilt in der Mittellage«, in: *Der Monat*, 3/1982, S. 64–67.

*Weiner*, Klaus-Peter (Hrsg.): Weltpolitik im Umbruch. Strukturveränderungen in den internationalen Beziehungen. Neue Instabilität oder Chance zur Lösung globaler Probleme. Schriftenreihe des Arbeitskreises Marburger Wissenschaftler für Friedens- und Abrüstungsforschung und der Interdisziplinären Arbeitsgruppe Friedens- und Abrüstungsforschung an der Universität Marburg (IAFA), Nr. 14, Marburg/Lahn 1989.

*Weinstein*, Adelbert: Amerika und die strategische Gegenküste, in: *Frankfurter Allgemeine Zeitung*, 28. Februar 1972, S. 1.

*Weisser*, Ulrich: NATO ohne Feindbild. Konturen einer europäischen Sicherheitspolitik, Bonn – Berlin 1992.

*Weißmann*, Karlheinz: Rückruf in die Geschichte. Die deutsche Herausforderung: Alte Gefahren – neue Chancen, Berlin 1992.

*Weizsäcker*, Carl Friedrich von (Hrsg.).: Kriegsfolgen und Kriegsverhütung, München 1971.

*Wentzcke*, Paul: Drei »Brückenköpfe« am Rhein, in: *Zeitschrift für Geopolitik* 7/1927, S. 600–604.

*Wettig*, Gerhard: Entmilitarisierung und Wiederbewaffnung. Internationale Auseinandersetzungen um die Rolle der Deutschen in Europa, München 1967.

ders.: Kontinuität und Wandel der russischen Deutschland-Politik 1815–1969, in: Grundfragen sowjetischer Außenpolitik, hrsg. von Boris Meissner und Gotthold Rhode, Stuttgart 1970. S. 65–94.

ders.: Deutsche Vereinigung und europäische Sicherheit, in: *Außenpolitik* 1/1991, S. 13–20.

239

*Wieland*, Volker: Zur Problematik der französischen Militärpolitik und Militärdoktrin in der Zeit zwischen den Weltkriegen, Boppard am Rhein 1973.

*Willbold*, Hans: Die Maginotlinie, in: *Information für die Truppe* 2/1980.

*Winkler*, Rainer: Deutschlands geopolitische Lage im sich wandelnden Europa (Studienbericht). Hrsg. vom Amt für Studien und Übungen der Bundeswehr, Bergisch Gladbach April 1994.

*Wirth*, Albrecht: Das Wachstum der Vereinigten Staaten von Amerika und ihre Auswärtige Politik, Bonn 1899.

*Wolf*, Reinhard: Deutschlands Sicherheitsinteressen in Europa. Kriterien für die Bestimmung geographischer und institutioneller Prioritäten deutscher Sicherheitspolitik. Sonderforschungsvorhaben »Analysen, Sicherheits-/Verteidigungspolitik IV«, Bd. 9, S. 217, hrsg. von der Stiftung Wissenschaft und Politik, Ebenhausen 1992.

*Wolfe*, Thomas: Moskaus strategisches Interesse an der DDR, in: *Europa-Archiv* 15/1971.

*Wolter*, Gustav Adolf (Hrsg.): Alfred Thayer Mahan: Der Einfluß der Seemacht auf die Geschichte, Herford 1967.

*Woyke*, Wichard/*Nieder*, Klaus/*Görtemarker*, Manfred (Hrsg.): Sicherheit für Europa? Die Konferenz von Helsinki und Genf, Opladen 1974.

*Wright*, Steffen Eske: Der künftige sicherheitspolitische Status Deutschlands nach der Vereinigung: Der 2+4-Vertrag und seine sicherheitspolitische Auswirkung (Seminararbeit Universität Göttingen, Sommersemester 1992).

*Wütschke*, J.: Ein geopolitisches Grundgesetz in der Entwicklung der französischen Geopolitik, in: Zeitschrift für Geopolitik 1924, S. 271–276.

*Zänker*, Alfred: Im geopolitischen Auf und Ab der Großmächte kommt der Ökonomie eine Schlüsselrolle zu. Aufsteiger, nicht Herr der Welt – Deutschland eine Wirtschaftsmacht und Magnet für den Osten. in: *Die Welt*, Nr. 218, 18. September 1990, S. 16.

ders.: Die Welt als Ganzes. Renaissance der Geopolitik. Teil I: Denkverbote, Realitäten, Nachholbedarf, in *MUT*, Nr. 283, März 1991, S. 40–49; Teil II: Amerika als Weltpolizist – oder das Chaos, in: *MUT*, Nr. 284, April 1991, S. 34–46.

ders.: Epoche der Entscheidungen. Deutschland, Eurasien und die Welt von morgen, Asendorf 1992.

*Zechlin*, Egmont: Die türkischen Meerengen. Ein Brennpunkt der Weltgeschichte, in: *Geschichte in Wissenschaft und Unterricht* 1/1966, S. 1–31.